JUAN RAMÓN LODARES

GENTE DE CERVANTES

Historia humana del idioma español

TAURUS

PENSAMIENTO

© Juan Ramón Lodares, 2001
© De esta edición:
  Grupo Santillana de Ediciones, S. A., 2001
  Torrelaguna, 60. 28043 Madrid
  Teléfono   91 744 90 60
  Telefax   91 744 92 24

• Aguilar, Altea, Taurus, Alfaguara, S. A.
Beazley, 3860. 1437 Buenos Aires
• Aguilar, Altea, Taurus, Alfaguara, S. A. de C. V.
Avda. Universidad, 767, Col. del Valle,
México, D.F. C. P. 03100
• Distribuidora y Editora Aguilar, Altea, Taurus, Alfaguara, S. A.
Calle 80, n.º 10-23
Teléfono: 635 12 00
Santafé de Bogotá, Colombia

Diseño de cubierta: Pep Carrió y Sonia Sánchez
Retoque digital: Amador Caballero
ISBN: 84-306-0423-5
Dep. Legal: B-51.813-2000
Printed in Spain - Impreso en España

Índice

PRÓLOGO

Una historia de la lengua suele interesarse por lo que le pasa a la lengua. La historia que se narra en este libro se interesa por lo que les ha pasado a quienes la hablan. Por eso se llama *humana*. No se contará cómo han cambiado los sonidos, la gramática o las palabras del español. Se contará, sobre todo, lo que ha hecho cierta gente para que un modesto romance surgido al norte de la península Ibérica se haya convertido en uno de los grandes dominios lingüísticos del mundo.

Si en América se empezó a hablar español —y así se cimentó la lengua multinacional que ahora es— fue porque cien marineros fondearon un día en sus costas. Los había contratado Juan de Coloma, tesorero de la Corona de Aragón, para que buscasen una ruta de comercio alternativa a la oriental que dominaban los portugueses. Si no hubiera existido pugna entre el puerto de Lisboa y el de Barcelona, la emergente potencia atlántica castellana quizá no hubiera tenido necesidad de mediar en ella con sus barcos, gentes, milicia y diplomacia. La vieja lengua de los mercaderes burgaleses, toledanos, sevillanos, nunca se hubiera aventurado en el Atlántico más allá de las islas Canarias, ni hubiera contactado con los cientos y cientos de idiomas corrientes entonces en América. Durante tres siglos, la dominación colonial facilitó que el español fuera el único código de comunicación compartido en un variopinto ámbito humano y lingüístico. Sus valores mercantiles y económicos, como el hecho de ser la lengua de la representativa minoría criolla y las clases asimiladas a ella, favorecieron el aparente contrasentido de que el español ganara terreno en el laberinto lingüístico americano justo cuando se disolvían los lazos políticos entre la América virreinal y España. Si en los años coloniales uno de cada tres hispanoamericanos hablaba español, las nuevas repúblicas americanas y la emigración fueron las que se preocuparon por instruir en dicha lengua a los dos restantes.

La historia de la gente cervantina es interesante porque da pocas lecciones sentimentales. Tiene poco de espiritual: más bien enseña cómo se crean vínculos materiales que hacen imprescindible la existencia de una lengua común que los garantice. Enseña cómo la imperiosa necesidad de entenderse y comunicarse entre la gente rompe a menudo las barreras de las lenguas, cuya variedad es accidente histórico, no asunto natural.

Esto nos ayuda a repasar algunas ideas en torno a la extensión de las grandes familias lingüísticas: no se han hecho grandes sólo por ellas mismas, sino más bien por lo que prometían a grupos vecinos, por el interés que despertaban en ellos. Son como clubes a los que se van agregando socios. Clubes que se han hecho interesantes, esencialmente, por motivos económicos y comerciales. No quiero decir que éstos hayan transcurrido siempre pacíficamente. En los contactos entre hablantes de lenguas distintas, a menudo, no reinan causas beatíficas, misiones exclusivamente culturales o intereses tan filantrópicos como los que guían a las entusiastas asociaciones de esperantistas. Sin embargo, las espadas y el talante agresivo, por sí mismos, han difundido menos lenguas, y con menos tesón, que las pepitas de oro y las diversas formas de buscarlas y negociar con alguien a quien venderle tan interesante producto. El hierro de las armas no hace interesantes a las lenguas. El oro y su comercio, sin embargo, las dota de tal atractivo que multiplica sus hablantes. En el proceso de concentración o difusión de grupos lingüísticos hay más oro que hierro. A menudo se trata de un proceso que encierra un mensaje simple y poderoso: a menos que permanezca aislada, la gente necesita cooperar y entenderse. Ante tal circunstancia, la diversidad lingüística puede ceder con más facilidad que otros aspectos sobre los que las gentes basan sus identidades, pues a menudo las lenguas se caracterizan más por la utilidad prestada que por la identidad que marcan.

Hoy, más que nunca, la humanidad está expuesta a formas de convergencia social, económica, política y cultural. Se difuminarán fronteras, o se liquidarán, en pro de una comunicación y trato más fluidos. Ya hay, de hecho, formas culturales que igualan a cientos de millones de personas en un proceso de confluencia sin precedentes en la historia. Las lenguas no son ajenas a este curso. Están muy ligadas a una tendencia humana: crear unidades grandes partiendo de otras pequeñas, tendencia en la que actúa de forma decisiva el desarrollo de las comunicaciones. A finales del siglo XV la población suramericana se repartía unos dos mil idiomas. Cinco siglos después, todo el continente puede recorrerse en tres lenguas: inglés, español y portugués (añada la lengua francesa si visita Quebec) para un número de habitantes treinta veces mayor. Se calcula que, en los próximos siglos, la convergencia lingüística habrá sido tan severa que desaparecerán nueve de cada diez lenguas vigentes. Hay quienes ven en ello un presagio pesimista. Pero puede igualmente verse de otra forma: el curso de los acontecimientos juega a favor de aquellos rasgos que nos unen, entre ellos los idiomáticos. Nos entenderemos con menos trabas. El hecho de que muchos problemas que nos afectan tengan ya dimensión universal contribuirá a fortalecer aquellas lenguas que se extienden a través de redes de comunicación masivas. Y si bien la comunidad lingüística, por sí misma, no resolverá nunca las diferencias de clase en la sociedad o las desigualdades entre sus integrantes, bien es verdad que puede contribuir a no agudizarlas. Por todo ello, resulta interesante e instructiva la historia humana de aquellos grupos lingüísticos en los que la gente se ha ido concentrando desde hace mucho tiempo, pues han escrito durante siglos pasados una historia que, por caminos azarosos, perplejos y diversos, parece que persistirá en los próximos.

Las historias que se relatan en este libro no tienen una sucesión lineal. Tampoco pretenden ser el recuento exhaustivo de todo lo que les ha ocurrido a quienes a lo largo del tiempo han difundido la lengua española o la han adoptado como propia. Lo que aquí se cuenta son parcelas notables de ese proceso; al narrarlas, se dejan voluntariamente cabos sueltos; a veces se plantean interrogantes antes que dar respuestas; se apela a la imaginación del lector y se le sugieren reflexiones sobre los aspectos del idioma. Puede considerarse que las cincuenta breves crónicas reunidas en este libro constituyen un ensayo con el que orientar la historia de los hispanohablantes.

Gente de Cervantes no sigue la cronología a la que estamos habituados: comienza con la llegada de los españoles a América, continúa con el relato de sus avatares en el Nuevo Mundo, relacionándolos con lo que entonces ocurría en Europa. Se repasa el desarrollo del español como dominio lingüístico multinacional que emerge en el primer tercio del siglo XIX. Se analiza su situación actual y su prometedor futuro, otra vez, más americano que europeo. Finalmente, se explica por qué en la España medieval pudo surgir un romance tan característico como el castellano que, a principios del siglo XVI, marcaba un hito entre los grupos lingüísticos europeos: era el más numeroso, uniforme y concentrado de todos ellos, circunstancia que fue decisiva en su historia.

El relato sucede así, de forma circular, sin cronología precisa, porque más que el desarrollo del español en el tiempo me interesa considerar ciertas circunstancias de la historia general de la lengua que podrían pasar inadvertidas en una estricta cronología. Por otra parte, con estas historias en vaivén, a mi juicio, se subrayan aquellas características más visibles del idioma, las que le dan su particular color: viajero, variado, hecho por mezcla y agregación de muchas gentes, intereses, circunstancias históricas, necesidades, vínculos, formas y acentos de expresarlo. El español es una lengua que responde muy bien al prototipo de mestiza, hecha desde sus orígenes por mixtura de gente diversa, procedente de muy distintos fondos idiomáticos, cuyas necesidades materiales les llevaron a confluir en un código lingüístico común, sin que tal confluencia les haya obligado a otras vinculaciones. Las palabras que Unamuno le dedicó al idioma hace setenta años tienen plena vigencia: "Lenguaje de blancos y de indios, y de negros, y de mestizos, y de mulatos; lenguaje de cristianos católicos y no católicos, y de no cristianos, y de ateos; lenguaje de hombres que viven bajo los más diversos regímenes políticos". *Gente de Cervantes* trata de explicar cómo esto ha sido posible.

PRIMERA PARTE

I. LAS ISLAS QUE NO VIO ARISTÓTELES

Tras semanas de mar, el almirante empezó a ver árboles muy verdes, frutas de diversas maneras y jóvenes desnudos en la playa. Aquello no parecía un paisaje andaluz. Mandó desembarcar, se acercó a la orilla y saltó a tierra. Detrás de él iban dos escribanos. Sacaron sus papeles y empezaron a dar fe del discurso que el almirante traía preparado para la ocasión. Con pocas palabras nombraba soberanos de aquel paisaje exótico a sus reyes. Podrían haberlo sido de Francia, de Inglaterra, de Portugal, podrían haber sido incluso príncipes italianos. Viajaba, sin embargo, con dos estandartes: en uno estaba grabada la letra *Y*, de la castellana Isabel; en otro la letra *F*, del aragonés Fernando.

Llegó el solemne momento de explicar a los naturales a qué había venido allí, y de dónde. Pero los jóvenes desnudos no entendieron nada de nada. El almirante ya lo había previsto y llamó a Rodrigo de Jerez, un marinero veterano de las exploraciones por las costas de Guinea. El almirante había aprendido leyendo a Aristóteles que en tierras de similar latitud —aunque lejanas— deberían darse elementos similares. Así que lo que sirvió en Guinea bien podía servir ahora en Guanahaní. Guinea, Guanahaní... ¿no sonaban más o menos igual? Poco tardaron los viajeros en advertir que Aristóteles, con toda su sapiencia, quizá no había imaginado este particular caso indiano, porque Rodrigo de Jerez no se hacía entender ni poco ni mucho.

Así que desembarcaron a Luis de Torres, judío converso de Jaén que sabía, según él, hebreo, caldeo y algo de árabe. Luis de Torres podía haber pretendido dominar más lenguas sin posibilidad alguna de saberse si mentía o no, porque ninguna de esas tres sirvió para nada. No había por qué preocuparse, los viajeros traían otros idiomas, así que Jerez y Torres, con mandato expreso de retornar a los seis días, partieron al interior de aquellas frondosas tierras con el recurso lingüístico definitivo, el infalible: un mensaje escrito en latín. Retornaron con una buena noticia: habían visto a gente amigable. Y con otra mala: en Guanahaní la gente no sabía latín.

Quienes cruzan un océano en tres cascarones de nuez no van a asustarse por un leve problema de lenguas. Por otra parte, todos ellos traían una forma de comunicarse mucho más útil que el fulbé, el sudanés, el hebreo, el caldeo, el árabe, el latín y el castellano: las señas. Todos pensaron que podían haber empezado por ahí. Muchas lenguas, y dos de ellas sagradas, habían surcado millas y millas en la boca de aquellos marineros. A pesar de todo, acababan de dar con la que, durante mucho tiempo, iba a ser la forma más eficaz de entenderse con los naturales de la América virreinal. Simples y llanas señas.

Pablo Morillo pisó tierra americana tres siglos y diecisiete años después de Cristóbal Colón. Venía de Cádiz. Durante el viaje consideraría qué tipos tan paradójicos había en su mundo: Simón Bolívar, sin ir más lejos. Morillo veía en él a un hijo de madre española, un joven que había completado sus estudios en España, que en España se casó... y que después de pasar por Londres y llenarse la cabeza de no se sabía qué ideas liberales, las predicaba por las colonias, llamaba a Inglaterra "Señora de los mares", admiraba los discursos del presidente yanqui Monroe y, para colmo, hablaba bien del general Jackson, que hostigaba a los españoles en Florida. ¿Y qué decir de José de San Martín?; este pájaro había luchado en España contra los franceses al lado del general Castaños, y tras una temporada, ¡otra vez!, en Londres —y además, medio comprometido con una logia masónica— le había entrado también la manía independentista. Y ahora, él, Pablo Morillo, venía a tierras americanas, general con mando sobre diez mil soldados, a guerrear contra tipos así para evitar la fatal desmembración del Imperio. Vivir para ver.

Los chicos de Morillo no lo hicieron ni bien, ni mal, sólo que tenían encomendada la fastidiosa tarea de defender una causa perdida. Y no la ganaron. Los antiguos virreinatos españoles se iban transformando uno tras otro en naciones soberanas. Pero si Bolívar, San Martín, O'Higgins o Iturbide hubieran querido recorrerlas minuciosamente anunciando la buena nueva republicana, casi con toda seguridad hubieran tenido que recurrir al viejo recurso de los marineros colombinos: las señas.

Distintos avatares habían hecho que en la jubilosa América emancipada sólo uno de cada tres naturales supiera español. Y lo sabía por razones muy simples: había venido de la propia España como los diez mil chicos del general Morillo, era descendiente directo de españoles trasplantados o había mestizado con ellos. Quienes no hablaban español, quienes como mucho podían entenderlo malamente, las masas americanas, eran en su mayoría indígenas que vivían aislados de los usos urbanos y que se repartían entre ellos la friolera de ¿dos mil lenguas? Tras siglos de colonia, el español lo seguían hablando básicamente los españoles y sus allegados. Sólo que en tiempos del almirante eran unos pocos y en tiempos de Bolívar algunos más. En siglos, nunca había prendido entre los criollos la intención, verdaderamente decidida, de enseñar y difundir la lengua por aquellas tierras. Total, ¿para qué? Ya la hablaban ellos. Nuestra historia empieza por aquí, preguntándonos por qué se tardaron más de tres siglos en orientar popularmente a la lengua española por la senda que la ha hecho grande, que es la misma por donde transcurrirá su futuro: América.

II. *PANLINOCHI*

Habían pasado los años duros de la aventura, la guerra y la conquista cuando el padre Calancha escribía, en pleno siglo XVII, sus crónicas sobre la vida americana. La vida americana era entonces generosa. La vida americana tenía indudables atractivos: "El más baladí come todo el año sopa que en España comen sólo los ricos. Y come más acá un plebeyo en una semana que allá el más generoso en un mes", decía Calancha. Las comidas de baladíes, plebeyos y señores las favorecía una tierra fértil y un clima favorable, pero sobre todo la comodidad que ofrece un ejército de indios serviles o esclavizados, con las generosas rentas que de ello se obtienen. Inmersos en una economía natural, los colonizadores acaparan tierras y brazos. Su vida es fácil. Al contrario que sus vecinos de muy al norte, esas gentes puritanas que acaban de desembarcar en Nueva Inglaterra, los del sur no necesitan trabajar el campo, ni agudizar el ingenio, ni asociarse, ni emplearse en oficios manuales, ni construir cabañas de madera. Para todo hay servidumbre india, negra o mestiza. Es razonable pensar que si la servidumbre convive con los señores algo de español aprenderá, pero si no, aprenderá poco o nada: como ocurre en muchos de esos pueblos que los administradores y los frailes españoles han fundado, con la expresa misión de llenarlos de indios, con el beatífico empeño de que vivan como buenos cristianos.

A estos buenos cristianos se les puede enseñar la doctrina en su lengua. Exceptuados los hijos de caciques y gente principal, a los que conviene instruir en español, al indio llano se le puede enseñar en su propio idioma. Aun a riesgo de que se imagine cosas raras, a esta gente no puede costarle mucho memorizar el padrenuestro. La palabra *padre* se parece a la azteca *pantli*, y *nuestro*, ¿no se parece a *nochtli*? Pues como *pantli* designa entre estos mejicanos a las banderas y *nochtli* a los higos chumbos, con pintar un higo chumbo en una bandera y decir a gritos "*¡Panlinochi!, ¡panlinochi!*", ya va avisada la parroquia. Precisamente así lo hacía fray Jacobo de Tastera, franciscano que adquirió notable pericia en la refinada práctica de adoctrinar con jeroglíficos.

Si uno se pone del lado de los indígenas considerará qué extraña figura debía de hacer fray Jacobo y, todavía peor, qué extraños conceptos de los misterios católicos se forjarían en las cabezas de los adoctrinados, y si no era para escamarse con una religión cuyo máximo dios tenía representación tan digna y notable como un higo chumbo. Pero, en fin, o los indígenas simulaban la conversión para desentenderse del asunto, o el éxito evangelizador de Tastera resultaba sincero y grande. Del mismo tamaño, aproximadamente, que lo fue su estorbo para la difusión de la lengua común española entre los indios. Pero la gente civil también se sirvió de un procedimiento parecido. En algunos tajos mineros, donde los indígenas llamaban en sus lenguas *anda* al cobre y *buto* a las calabazas, los capataces españoles los hacían trabajar a la orden de *"¡Anda puto!"*.

III. Costumbres imperiales

La organización de la vida colonial. Aspectos generales de la difusión del español en América

En aquella vida colonial, donde cada uno representaba su papel, no hubo en un principio grandes necesidades para la difusión del español. Las actividades económicas tampoco la exigían. Las dificultades de los primeros asentamientos coloniales fueron algunas. La despoblación cundió en determinadas zonas. Pero, en general, los imperios suelen portarse así: interesan las tierras en tanto en cuanto se explotan las minas, se buscan especias y, con ello, se abren rutas cuyo primer destino suelen ser los puertos de Cádiz o Sevilla. No se busca fundar una sociedad ideal de gentes alfabetas e ilustradas. Aquellos tiempos no daban para eso. Es más, desde 1534 la Corona prohibió que llegara a América literatura novelesca y cualquier otro libro de materias profanas y fabulosas. Las Leyes de Indias dedican capítulos al expurgo de libros y cuando los barcos atracaban en los puertos era obligado el registro por si en las bodegas se habían deslizado libros prohibidos. El frío brazo de la Inquisición tenía su particular sueño americano: convertir extensos territorios en estrictas casas de rezos, con poca información relativa a las nuevas ciencias experimentales que agitaban Europa, con poca circulación de ideas y, por lo mismo, con poco contagio lingüístico. En suma, que con la utilidad de los *panlinochis* para religiosos y los *andaputos* para civiles, el español común podía esperar.

Los españoles gozaban, con todo, de ventajas que favorecían la extensión regular de su lengua. La más evidente: colonizaron territorios cuyas culturas materiales, ancladas a veces en la edad de piedra, no podían competir ni en la guerra ni en la paz con la que ellos traían de Europa. Había también otras ventajas: frente al asombroso laberinto idiomático de la América precolombina, los españoles traían un idioma ciertamente unificado, con notable cultivo escrito en diversas materias, hijo del latín y con su alfabeto. No tardó mucho en difundirse modestamente con la imprenta. Traían, sin embargo, algo más importante que la imprenta para difundirlo: caballos con los que se trasladaban tierra adentro y barcos capaces de navegar distancias considerables. Gracias a esos medios materiales el español recorrió el laberinto con gran facilidad, se plantó en territorios diversos, en puertos y ciudades muy distantes entre sí. En poco tiempo gozó de una extensión que ninguna lengua amerindia había conocido nunca. Un sistema revolucionario de producción, comercio, transporte y comunicación —nunca visto en aquel continente hasta entonces— se desarrolló en español. Los españoles hicieron lingüísticamente en el siglo XVII, a uña de caballo, lo que los angloamericanos en el siglo XX con el telégrafo y la radio. Pero estas novedades comunicativas solían discurrir en un circuito de españoles natos, apenas se distribuían entre la masa indígena. Sucedió esa difusión porque no podía suceder de otra forma, como explicaba Bernardo de Aldrete en 1606: "En nosotros no hay más artificio que lo de su cosecha lleva la naturaleza, y así nuestros sucesos dependen más del natural que de arte ni industria".

Don Bernardo echaba de menos, como otros muchos notables radicados en España, las glorias imperiales de su lengua por América. La imaginaba cultivada en escuelas, ilustrada en academias, grabada en mármoles, protagonista de focos de cultura escrita y pasto de Lucanos y Sénecas oceánicos, al modo de las glorias que tuvo la latina en Hispania. Como otros muchos, Aldrete se equivocaba. Porque cuando Rodrigo de Jerez y Luis de Torres recorrían La Española y se encontraban con aquellos jóvenes desnudos que no entendían nada de nada —y menos que nada el latín— ¿qué glorias imperiales, ni qué Sénecas oceánicos cabían allí? En la primera época colonizadora, la suerte de la lengua española era sobre todo trasunto de la suerte militar. Nadie consideró seriamente mayores refinamientos culturales. Un siglo después, que es cuando escribe Aldrete, la inercia de esta circunstancia seguía siendo poderosa.

IV. Los idiomas portátiles

La comunicación entre españoles e indios. La captura de indios

Ya sabemos que Cristóbal Colón arribó a tierras americanas, como quien dice, por casualidad. Él iba a Cipango y a Catai, es decir, a la China y al Japón. Pensaba encontrarse con el Gran Kan y su gente, tipos exóticos, qué duda cabe, pero de cierto refinamiento oriental. La sorpresa que se llevó debió de ser alguna. Se resignó y pasó no pocas navegaciones para ver si se podía traspasar esas tierras y poner, otra vez, rumbo al Gran Kan. No pudo ser. Sabía que por aquellos mares de la China —donde, por cierto, no estaba— se iba a encontrar con gentes de extrañas lenguas. Él mismo procedía de una Europa muy repartida en idiomas. En la propia unión de reinos castellano-aragonesa que respaldaba su viaje atlántico se hablaban varios. Incluso el árabe estaba representado en ella y, en sí mismo, no era mucho más raro que los idiomas hablados por aquellas islas. Sus hablantes también eran infieles. Lo que no pudo imaginar nunca al avistar tierras americanas, ni por asomo, era la complejidad lingüística y humana verdaderamente asombrosa a la que se enfrentaba. A su lado la diversidad de Europa era un juego de niños. Las cortes europeas se podían recorrer en latín. Pero las nuevas cortes americanas, por darles ese nombre, ¿en qué iba a recorrerlas?

El almirante fue una persona con mala suerte, si se considera la fortuna que él pensaba correr. En cierto sentido, parecería que las dificultades de este hombre para hacerse entender con aquellos jóvenes de la playa preludiaban la tortuosa hispanización idiomática de siglos venideros, que iba a avanzar entre señas, intérpretes, españoles que se hacían indios, esclavos traídos de África, vastas regiones despobladas, cátedras de lenguas indígenas en las universidades y otros obstáculos para la libre difusión de un idioma común.

Cuando comprobó que había allí poco más recurso que agitar los brazos, recurrió a un método de aprendizaje de idiomas que era regular entre los navegantes portugueses: capturar indios, llevarlos a la corte, enseñarles portugués y devolverlos a su tierra americana a modo de simiente lusa. Esta costumbre se iba haciendo corriente entre españoles. Las ordenanzas indianas para 1526 ya admitían la legalidad de capturar gentes para que sirvieran de *lenguas,* que así los llamaban, o *trujamanes.* La estricta humanidad de la ley, eso sí, no permitía la captura de más de una o dos lenguas cada vez.

Colón se trajo diez nativos a España. Viajaron aproximadamente de buena voluntad. En justa correspondencia fundó en tierras americanas un fortín al que llamaron Puerto de la Navidad. Quedaron en él cuarenta y ocho españoles. A los indios se les recibió con todo tipo de boato. Se los llevaron a la Corte y a dos de ellos los apadrinaron los propios reyes. No en vano eran hijos de caciques. Se apresuraron a bautizarlos en una ceremonia que a los americanos les debió de resultar muy interesante y los llamaron don Fernando de Aragón y don Juan de Aragón. Los llamaron así no por capricho del rey católico, sino porque se cristianaron en ese reino, concretamente en Barcelona, donde entonces estaba la Corte. Los educaron a lo grande y les enseñaron la lengua más general entonces entre aquellos reinos de España.

A los caballeros barceloneses las maravillas andantes les impresionaron vivamente. Los resultados del viaje eran un poco decepcionantes, todo hay que decirlo, pero aquellas gentes acostumbradas a la navegación mediterránea echaron cuentas que el futuro iba a pasar, justo, por otro mar opuesto al suyo. No estaban equivocados. En el siglo XVI, y procedente de América, fluyó en Europa una cantidad de oro tal como nunca habían conocido todos los siglos pasados: extraído por indios y negros lo trajeron, gramo a gramo, portugueses y españoles. Colón relató, a modo de consuelo, que había muchas más maravillas de aquellas diez que se había traído de recuerdo. La tarea colonizadora iba a ser larga, pero seguramente próspera. Entre los primeros atareados apareció una selecta representación catalana encabezada por el padre Boyl. Catalanes habían sido, al fin y al cabo, quienes habían hecho las contrataciones con el genovés para recorrer la tierra de la especiería.

Boyl era capellán de confianza de los reyes. De familia aristocrática catalana, se marchó a América en el segundo viaje de Colón. Llevaba instrucciones específicas de atender a la salvación de las almas de tanto americano que vivía tranquilamente en la impiedad absoluta, sin reflexionar ni un minuto al día sobre tan lamentable condición. Tras él iba su paisano Román Pané, tipo menos encumbrado que Boyl, pero mucho más novelesco. De la Orden Jerónima, Pané se hizo amigo de reyes y otros naturales llanos de por allí. Durante dos años vivió entre las tribus que caciqueaba Guarionex, tribus cuya lengua era la más extendida de todas aquellas tierras, según impresiones de los españoles. Transcurrido ese periodo, Pané se marchó al cazicazgo de Mabiauté a redimir impíos, a hacerlos reflexionar y aprender lenguas raras. No enseñó nada de español a los de Guarionex, ni a los de Mabiauté, ni a nadie;

tampoco catalán, que se sepa. Pero él aprendió buena porción de términos indígenas con los que aderezó su crónica sobre usos y costumbres de la tierra. La primera historia americana de que se tiene noticia.

V. ENSEÑAR AL QUE NO SABE

Los intentos para difundir una lengua común. Primeras intervenciones estatales. Lengua y religión

Con el cambio de costumbres, comidas y horarios, los indios que habían viajado a Barcelona con don Cristóbal se murieron casi todos. Los supervivientes que hicieron el viaje de vuelta con su español bien aprendido para difundirlo por aquellas tierras, debían de estar tan satisfechos entre la marinería castellana que, nada más pisar tierra, huyeron despavoridos y no se supo de ellos. Así pues, los americanos procedentes de Barcelona no sirvieron de mucho en punto de lenguas y de simiente hispana. Pero los españoles que se habían quedado en América, en el Puerto de la Navidad, tampoco habían tenido mayor ocasión de enseñar su lengua a los naturales. Si bien puede decirse que la poca que enseñaron lo hicieron a conciencia.

Algunos recién llegados advirtieron que, en el plazo de un año, los indios habían aprendido palabras sueltas que repetían alegremente. Achacaron la novedad al buen oficio de Diego de Arana y los que con él habían quedado guardando el Puerto. Enseguida se comprobó el precio del aprendizaje: de la Navidad no quedaba ni rastro, los indígenas la habían arrasado. La lengua española de sus moradores se había empleado, seguramente, en algo más sustancioso que aprenderla. Por lo menos, *camisa, jubón* y *almirante* eran corrientes entonces entre algunos nativos de tribus próximas al desgraciado establecimiento colombino. El Puerto de la Navidad, que se sepa, ha sido la academia de lengua española más viva y más rara que se haya visto jamás.

Todo esto lo comunicaban los indígenas con sencilla gracia y amable naturalidad (de las que pueden sacar interesantes conclusiones académicas los especialistas en lenguaje gestual): traían de algún bohío un cuerpo descuartizado e indicaban con expresivos gestos dónde había ido a parar el resto. Con ello daban a entender que por allí había caníbales. Si es que no lo eran ellos mismos. Viendo estas cosas, Colón, Pedrairas, Velázquez, Bobadilla, Ovando y tantos otros pensarían en qué extraños refinamientos se empleaba en España don Antonio Martínez de Cala, más conocido por Nebrija, con sus bonitas ideas de que las lenguas siguen a los imperios, o de que él había compuesto una gramática con la que iban a aprender español y latín esos tipos que volvían felices y gesticulantes a su bohío. ¿Qué opinarían al respecto los desgraciados del Puerto de la Navidad?

No es que faltaran intentos por difundir el español. Los hubo. De hecho, las primeras ordenanzas reales —esas que se llevaban debajo del brazo gentes como el padre Boyl— recomendaban que la fe católica se enseñase en lengua española. Eso repitieron las leyes de Burgos en 1513. Lo mismo, las instrucciones de los padres Jerónimos para el año 1516, que quizá son las más explícitas al respecto: "Que les muestren hablar romance castellano, y que se trabaje con todos los caciques y indios, cuanto fuere posible, que hablen castellano". Para eso había partido poco antes el padre Alonso de Espinar con dos mil cartillas que le había dado la Casa de Contratación de Indias, con las cuales no sólo se iba a aprender español, sino latín a la vez. Como le gustaba a Nebrija, por cierto. Con el tiempo llegarían más y más cartillas de lo mismo.

En instrucciones como éstas, sin embargo, late el germen del perplejo papel idiomático que los españoles iban a desempeñar en América durante tres siglos. ¿Se han dado cuenta, por cierto, la de frailes que han aparecido hasta esta parte de la historia? Es fácil de explicar. Las necesidades de hispanización casi nunca dependieron de los propósitos de crear una comunidad civil, sino que variaron de año a año, de instrucción a instrucción, de gobernador a gobernador, de obispo a obispo, según las necesidades y modos de conversión a la fe católica de tanta masa indígena: cuando, por señas; cuando, en español; cuando, con jeroglíficos; cuando, en lenguas indígenas; cuando, como sea. No es de extrañar así que a Bolívar no lo hubieran entendido, acaso, más que uno de cada tres americanos.

Hasta el reinado de Carlos III no ganaron peso en la Corona española, de una forma decidida, otras razones que sí facilitaban la extensión de una lengua común por América: ya no valía asegurar la catequesis, era imprescindible asegurar la buena administración, el trato y el comercio con la gente americana, con cuanta más, mejor. Entre otros muchos asuntos, las nuevas exigencias mercantiles, en competencia con los holandeses, franceses y británicos, les abrieron a algunos los ojos respecto al idioma. Al ir abriéndolos, se empezó a derrumbar aquel orbe hispánico viejo lleno de señores, de indígenas serviles y esclavos negros pero, sobre todo, lleno de religiosos que parecían obsesionados con convertir esas tierras en el edén evangélico, según moldes católicos, apostólicos y romanos. Así de claro quedaba en aquellas bulas del papa Alejandro VI, que en 1493 condicionaban los derechos españoles sobre los nuevos territorios a la tarea fundamental de convertirlos. En tierras americanas, durante los años coloniales, la religión católica fue infinitamente más agresiva que la lengua española.

VI. LAS MANOS SERVÍAN DE LENGUA

La comunicación entre españoles e indios: el recurso de las señas

Álvar Núñez Cabeza de Vaca salió del puerto de Sanlúcar de Barrameda un apacible 17 de junio de 1527. Tenía veinte años. Poca edad para ir de tesorero en la orgullosa expedición de Pánfilo de Narváez. Los expedicionarios llegaron con algunos accidentes a las costas antillanas. Con más accidentes todavía reconocieron las tierras de Florida, que eran las que ambicionaban. Querían lograr en ellas los mismos triunfos que estaba logrando Hernán Cortés más al sur. Aquello fue un desastre. Muchos murieron, otros se dispersaron. Cuatro de ellos, Núñez, Maldonado, Dorantes y el negrito Estebanci-co, perdidos, iniciaron a pie una increíble marcha. Atravesa-ron todo el sur de los actuales Estados Unidos, continuaron por el norte de México. Desde Chihuahua, y por Sinaloa, Cu-liacán, Compostela y Ciudad de México rindieron viaje en Veracruz. Allí los recibieron con honores. No dejaba de ser un consuelo. Habían pasado penalidades sin cuento; habían recorrido a pie, quizá, diez mil kilómetros; en ocho años no habían visto a gente cristiana. Sí habían convivido con todas esas tribus de apaches, semínolas, navajos y shoshones que hemos visto en las películas pelear bravamente contra el Sép-timo de Caballería. Y bien, ¿cómo se entendieron con tanta gente extraña en todo ese tiempo? Así: "preguntábamos y res-pondían por señas, como si ellos hablaran nuestra lengua y nosotros la suya".

No crean que las señas eran un medio para salir del paso. Ni mucho menos. Se llegaba con ellas a altas cotas de refina-miento comunicativo. Cuando Colón llegó a Guanahaní de-dujo lo siguiente de sus conversaciones por gestos: "Creo que, si es por las señas que me hicieron todos los indios de estas islas, porque por su lengua no los entiendo, ésta es la isla de Cipango". Lo que ya es deducir de una comunicación por señas.

Los de la expedición de Cortés eran también muy aficio-nados a entenderse por señas. No había más remedio, ellos eran pocos y los naturales de allí no tenían número. Como sus lenguas, que cambiaban a cada paso. Además, eran rarísi-mas para el oído de los españoles, tanto que Churultecal se transformaba en Cholula e Ixhuacan en Ceinaca. No es para menos, por cierto, ustedes hubieran hecho lo mismo. Comu-nicarse por señas debía de resultar un procedimiento rústico pero cómodo. Con ellas se entendía todo: si querían paz, si querían guerra, si iban, si venían, y si las mujeres se ponían a menear las mantas hacia abajo y dar palmaditas hacia arriba entendían los de Bernal que les iban a preparar tortillas de maíz, o sea, que es verdad que el hambre agudiza el ingenio y las entendederas.

Este procedimiento lo llevaron a su máximo refinamiento los religiosos. Los vecinos de Tlaxcala tuvieron ocasión de comprobarlo. El día de mercado aparecieron por allí unos frailes franciscanos a los que la tropa española había sacado de paseo, a modo de reconocimiento del nuevo país y sus variopintos moradores. Los frailes se quedaron boquiabiertos, emocionados; en su vida habían visto tanta gente junta, tan distinta a la común española, ¡y toda ella pagana! Ni cortos ni perezosos, empezaron a convertirlos allí mismo... por señas. Por señas les iban mostrando el cielo y los tesoros y grandezas que allí en lo alto había. Y el infierno y sus penalidades, también por señas. Como los de Tlaxcala, y otros muchos como ellos, tenían alguna dificultad para captar la teología gestual, hubo religiosos que de las señas pasaron al teatro. Encendían una gran hoguera en medio de la plaza y arrojaban a ella animales vivos: eso era el infierno. Más claro, imposible. Esto de los frailes teatreros no fue en sí mismo un invento para americanos, también los hubo en España, donde en muchas ocasiones había que adoctrinar a vecinos no mucho más entusiasmados con los misterios cristianos de lo que podía estarlo un azteca.

Cualquier sacramento de la fe católica podía administrarse con señas, si no había modo de entenderse por lengua natural con los indígenas. Incluso ese tan íntimo de la confesión. Si lo consideran fríamente, las señas son mucho más fiables en este trance que el intérprete, oficio que también se utilizaba para el caso. Porque ¿quién se fía de que el intérprete esté traduciendo con pulcritud lo que dice el penitente? ¿Y si está engañando al confesor? ¿Y si relata pecados enormes que no se han cometido, si es que le tiene ojeriza a quien se confiesa? Si el intérprete es mujer porque lamentablemente no hay otro remedio, ¿sabrá guardar el secreto? Seguramente, no. Todas estas preguntas se las planteaba muy en serio el obispo de Quito, don Alonso de la Peña Montenegro, en su *Itinerario para párrocos de indios,* cuando la colonización española llevaba dos siglos en marcha.

Las señas, sin embargo, evitaban todos estos inconvenientes, así que don Alonso instruyó que, de no haber intérprete de mucha confianza al que recurrir, "el sacerdote que se hallare con el enfermo cristiano *in articulo mortis* ha de tratar con él como con los mudos, procurando por señas moverle al dolor de los pecados, y que por señas confiese algunos de su especie, que no es muy dificultoso". O sí es muy dificultoso, según se mire. Porque, de entre todos los pecados posibles que se podían cometer en América, había uno que traía de cabeza a franciscanos, jerónimos, agustinos, dominicos y a toda orden habida y por haber, uno que hacía aparecer aquellas tierras, ante los castos ojos cristianos, como las mismas tierras del infierno, uno que se cometía con naturalidad pasmosa, a la luz del día, un pecado que no era un pecado: era el pecado. Uno que consistía en desobedecer el sexto de los diez mandamientos, una desobediencia que allí se seguía con toda llaneza, casi a la vista, y no ya entre humano y humana, que hubiera sido de llevar, sino entre humano y humano, con sodomías reales o simuladas que eran espantables. Por otra parte, es de imaginar al sacerdote fiel a la instrucción de don Alonso preguntando por señas si se ha pecado, o no, en esa particular especie. Y es de imaginar al impío respondiéndole por señas igualmente. Hubiera sido digno de verse.

Resulta evidente que, si bien con las señas se conseguían entendimientos exitosos y por eso mismo se siguieron utilizando hasta muy tarde —como muestra la instrucción de Quito—, no eran la solución ideal. No ya por el apuro de confesar algunos pecados, sino por otras muchas dificultades que resultan evidentes. Así que, además de con señas, los americanos se fueron entendiendo entre sí con recursos humanamente mucho más interesantes: es la hora de los intérpretes.

VII. Felipillo y otras gentes de su oficio

La comunicación entre españoles e indios: los intérpretes

Que se sepa, Cristóbal Rodríguez fue el primer español que aprendió una lengua americana. Era marinero. La aprendió entre indios. Corría el año 1500. Aprender una lengua de aquéllas tenía sus ventajas. Podías comunicarte con los naturales de tú a tú, traducirle al capitán de turno lo que decían y viceversa; con ello, ganarte unas monedas. Pero era lo común que, tras un agradable paseo de no más de media hora entre palmeras, otros naturales no entendieran nada de la lengua que tú habías estado aprendiendo meses y meses. Todavía más, si te decidías a hacer parada y aprender esta segunda lengua, era lo corriente advertir, tras otro agradable paseo de no más de media hora entre cocoteros, que nuevos naturales te salían al paso sin entender, ni poco ni mucho, las lenguas que llevabas puestas encima tras años de estrecha convivencia entre tus hospitalarios maestros. Algo así les pasó a muchos Cristóbales Rodríguez de aquellos años de la conquista.

Ante estas complejísimas circunstancias lingüísticas, las figuras del intérprete, la lengua, el trujamán, el indio *ladino*, que sabe romance, y todas las gentes de este oficio cobran en suelo americano una representación que nosotros nunca podremos valorar hoy como sí pudieron hacerlo en su momento los pasajeros a Indias. Especialmente, si eran gente de guerra. Todos ellos consideraban fundamental la captura de nativos para instruirlos como intérpretes, como ya se ha visto, pues las novedades humanas a las que se enfrentaban los recién llegados eran, acaso, mucho más inauditas que las propias de la Naturaleza americana.

Todos practicaban ese deporte: el capitán Francisco Hernández andaba capturando indios para el oficio hacia 1517. Dio con dos fundamentales para la guerra en México: Melchorejo y Julianillo. Juan Grijalva también era avezado deportista. Tuvo suerte y con cuatro capturas se entendió en Tabasco. Algunos servían a ratos, otros huían, otros cambiaban de dueño con naturalidad y, trasplantados a nuevas tierras, dejaban de ser útiles. Casi todos eran mozalbetes y se bautizaban con diminutivos. Los españoles, posiblemente, no calibraron en un principio el laberinto de lenguas en que se acababan de meter. Y las consecuencias que aquello podía traerles. A mí no me cabe duda de que parte de los malentendidos que dieron lugar a agravios, rencillas, refriegas o enemistades, no ya entre españoles y americanos, sino entre españoles y españoles, americanos y americanos, y suma y sigue, no fueron en el fondo sino fatalidades que pasan cuando en un mismo sitio se juntan a hablar gentes con muy distintos intereses y, materialmente, no se pueden entender.

Cuando Hernando de Soto exploraba Florida se iba dando cuenta de que para hablar con los caciques necesitaba catorce o quince intérpretes, dada la variedad de lenguas. Llegado a la provincia de Chicaza se le ocurrió... una ocurrencia: hacer una cadena de intérpretes, los indios se pasaban mensajes en distintas lenguas, de uno a otro, hasta que el intérprete de don Hernando sonsacaba algo de utilidad que contarle. No hará falta decirles que la expedición de don Hernando estuvo llena de situaciones —según las adjetivan algunos historiadores— dramáticas. Es de imaginar que la cadena de intérpretes también daría lugar a alguna cómica.

Con el tiempo, la figura del intérprete gana cierto reconocimiento. Su trabajo se empieza a regular por leyes. No es para menos, pues era trabajo delicado y al borde de todo tipo de corrupción o falso testimonio. Sin embargo, nunca fue oficio de notables. Se trataba de un trabajo útil pero humilde, como tantos otros oficios. No estaba muy bien pagado (y las propias leyes lo reconocen). Sólo en aquellos territorios y puestos fronterizos donde el ejército o la administración consideraban estratégica la labor de un buen intérprete, el sueldo podía resultar atractivo. Hasta diez veces más que los honorarios regulares.

Para los tipos con vista comercial, aquella situación de americanos rodeados de lenguas diversas y con necesidad de entenderse era interesante. Eso le parecía a Pedro Arenas. Vecino de México, Arenas no era intérprete, ni trujamán, ni nada de eso. Era un tendero harto de tener que bregar con una lengua y otra cada vez que quería venderle el género a un vecino. Harto igualmente de tener que recurrir para el caso al vocabulario hispanoazteca del franciscano Alonso de Molina. Un gran libro, sin duda, y sobre todo por el tamaño. No era obra fácil de consultar, estaba llena de guiños quizá más útiles para un predicador que para un comerciante. Así que Pedro Arenas escribió su propio vocabulario. Sin embargo, no enfrentó una columna de palabras en español a otra de palabras aztecas, sino que hizo algo con más enjundia: consideró aquellas situaciones más frecuentes de la vida común, como ir a comprar comida, vender caballos, dar un azote a los niños o enfrentarse al negocio imposible de contratar a un albañil. Se inventó así unos diálogos hispano-mejicanos muy salados. Si un criollo quería hablar por hablar con un vecino de lengua azteca, abría el diccionario de Arenas y le decía, por ejemplo: *"Cuis quiahuiziu axcan?"*, o sea, "¿lloverá hoy?" y el interlocutor, es de suponer, le respondía: *"Xiquitta quentlamani in cahutil"*, que el vocabulario traduce como "mira qué tiempo hace".

El vocabulario de Arenas, que se publicó en 1611, era una mezcla de filantropía y negocio. No se equivocó. Fue un éxito si se considera qué pocos lectores había entonces. Lo más sorprendente de la obra es que, doscientos cincuenta años después de escribirse, o sea, en la segunda mitad del siglo XIX, se seguía editando y encontraba compradores asiduos. Esto debe hacernos reflexionar sobre la tranquilidad y paciencia con que las cosas idiomáticas transcurrían en los virreinatos. También sobre el hecho de que la lengua de los españoles estaba menos extendida de lo que parecía en un principio.

Es curioso considerar cuántas americanas sirvieron para este oficio de intérpretes. Y lo bien que lo hicieron. Basta imaginarse la vida del soldado por aquellas tierras. No ya puesto en el trance de tener que entenderse con gentes de lenguas extrañas, sino que, además, ha dejado a los niños y a la mujer en Cuéllar, en Toledo o en Huelva. Está solo. ¿No podemos comprenderlo? La intérprete es mucho más útil que los Melchorejos y los Julianillos, no sólo por eso que están imaginando, sino porque sabía hacer tortitas de maíz y administrar la casa. Francisco de Ibarra buscó las legendarias tierras de Cíbola con la cacica de Ocoroni, doña Luisa. Pedro de Heredia, gobernador de Cartagena, cuando llegó al puerto de Santa Marta, envió a dos soldados a tierra con dos órdenes: capturar a alguien para intérprete y que fuera mujer. Jorge Espira, gobernador de Venezuela, era de los mismos gustos. Fray Bartolomé de las Casas se hacía acompañar de la india doña María, para evangelizar solamente.

El ejemplo más acabado de lo que podían dar de sí los intérpretes de ambos sexos se dio en la campaña de México. Todo sucedió alrededor de las gentes de Hernán Cortés. Cuando desembarcaron en Campeche, en 1519, algunos indios se dirigieron a ellos a la voz de "¡Castilan, castilan!", así se referían a algunos españoles que habían sido apresados por los mayas. Los de Cortés siguieron la pista y dieron con Gonzalo Guerrero y con Jerónimo de Aguilar. No los reconocieron. Pensaron que eran indios. Guerrero y Aguilar habían sobrevivido al naufragio de un bergantín que hacía la ruta desde Darién a Santo Domingo. En un bote llegaron a las costas del Yucatán. Llevaban viviendo entre los nativos siete años. Gonzalo Guerrero no sólo es que hablara el maya mejor que el español, se había tatuado el cuerpo, perforado las orejas y los labios, tenía varias mujeres y tres hijos, los de allí lo tenían por cacique y capitán. No quiso retornar con los españoles y únicamente les pidió algunas cuentecillas de vidrio para regalárselas a su familia. Jerónimo de Aguilar sí se marchó con Cortés.

Los buenos intérpretes facilitaron la movilidad de los españoles en aquel territorio. Pero la suerte de Cortés con los intérpretes no acababa allí. El conquistador lo fue de tierras y de mujeres, sin importarle tanto la raza cuanto que estuvieran bautizadas. Antes de que su mujer llegara de España, Hernán Cortés convivía tranquilamente con varias españolas e indias. Llegada su mujer, don Hernán no se recató mucho más.

Un día los caciques de Tabasco regalaron a los españoles veinte indias jóvenes para que les hicieran tortitas de maíz. En el
lote iba Malintzin, conocida también como Malinali, doña
María o la Malinche. Tenía quince años. Se la entregaron a
Hernández de Portocarrero. A los pocos días, los españoles
se percataron de que sabía hablar nahua y maya. Cortés la es-
cogió como intérprete y amante. Como Portocarrero partió
hacia España a los dos meses, la cosa no fue a más. Aunque
tampoco estos cruces sentimentales preocupaban a la solda-
desca española. Eran muy corrientes.

En los negocios con los mejicanos, la Malinche traducía
del nahua al maya y Jerónimo de Aguilar del maya al español. Idioma este último que pronto dominó la moza de Cortés. Con los excelentes servicios prestados por Julianillos,
Melchorejos, Aguilares y Malinches, la gente de Cortés, que
había empezado la campaña mexicana con poco más de
cuatrocientas almas, tuvo acceso a tal cantidad de información, que con ella podía adelantarse a la estrategia guerrera
de sus enemigos, pactar ventajosamente con ellos, dividirlos
o engañarlos. Era una forma de guerra secreta en la que los
españoles, gracias a los intérpretes, podían trazar redes de
comunicación e información imposibles para cualesquiera
pueblos indígenas, cuyas divisiones lingüísticas los mantenían a menudo aislados. Todavía a doscientos cincuenta años
de las campañas de Cortés, don Miguel Álvarez de Abreu,
obispo de Oaxaca, consideraba que la multitud de lenguas
provocaba "un desorden que sólo con la experiencia se puede conocer, viendo pueblos muy inmediatos mantenerse aislados cada uno en su propio idioma, como si distaren muchas leguas".

Los intérpretes eran a veces armas de doble filo. Francisco
Pizarro tuvo ocasión de comprobarlo en sus tratos con los incas. En este negocio de las guerras secretas e informes escritos con noticias reservadas, Pizarro tenía dos grandes inconvenientes frente a Cortés: primero, era analfabeto porque
se crió en la pobreza; segundo, su intérprete a menudo era un
desastre. Se llamaba Felipillo. Había aprendido mal el que-

chua y no mucho mejor el español. Según algunos, español fluido, lo que se dice fluido, sólo le salía en los juramentos y blasfemias, como corresponde a quien ha tenido por escuela a la tropa. Cuando fray Vicente Valverde se afanaba por explicar a Atahualpa —o Atabalipa, como le llamaban los cronistas antiguos— los misterios de la fe católica, advirtió que no adelantaba mucho e incluso al inca le parecían cosa de risa. No en vano estaba Felipillo de por medio. Cuando fray Vicente decía que Dios era Uno en tres Personas distintas, Felipillo sumaba y le traducía al inca que Dios era uno más tres, o sea, cuatro. Las traducciones de Felipillo no es que añadieran mucha más oscuridad a la que ya tiene el dogma trinitario, pero a Atahualpa le hacían reír y sus risas ofendían a los españoles. Esto no fue lo peor, sin embargo. Felipillo se enamoró de una de las mujeres de Atahualpa, y como tal, inaccesible para él. Pensó que muerto el rey inca el acceso a su amada sería posible y urdió la siguiente trama: cuando los de Pizarro tenían preso en Cajamarca a Atahualpa y consideraban razonable la posibilidad de un ataque feroz por parte de los incas, Atahualpa los tranquilizó diciéndoles que nadie iba a hostigarlos. Felipillo tradujo a propósito todo lo contrario, y no una vez, sino reiteradamente. Se ordenó ajusticiar al inca. Y se cumplió la orden. Felipillo no pudo casarse con la princesa. Protagonista de más oscuras historias, acabó descuartizado en una de ellas. Gajes del oficio.

VIII. Los palacios blancos

La indianización de los españoles. Dificultades para la comunidad lingüística

La desproporción entre el número de españoles pasajeros a Indias y naturales de América fue siempre desmesurada. En 1570 podría haber en el continente unas seis mil quinientas familias españolas y tres millones largos de familias indias. Multipliquen por tres cada cifra y les dará idea aproximada de la población total. Cien años después, la proporción seguía sin equilibrarse. En Ciudad de México vivían entonces ocho mil españoles y unos seiscientos mil indígenas. Con tal diferencia de población a favor de los últimos, no es de extrañar que los recién llegados a América se indianizaran. Ya hemos visto el caso de Gonzalo Guerrero, que parecía un maya más. Los españoles hechos indios protagonizan, con gran diferencia sobre cualesquiera otros, los episodios más novelescos que se puedan imaginar: al soldado Pedro Bohorques, con tanto inca por en medio, se le trastornó la cabeza, aprendió las lenguas de allí con naturalidad, se creyó que era el enviado del cielo para recuperar y heredar el antiguo imperio incaico, se lo hizo creer a otros, se fue en busca del Paititi, o Palacio Blanco, y vivió varios años como reyezuelo de unos pueblos tan opulentos que él mismo los bautizó como *los indios pelados*. Acabado el negocio del Paititi con más pena que gloria, retornó con la tropa española, que lo condujo jubilosa hasta la horca sin mediar palabra.

Tanto entusiasmo indígena era una desventaja para la extensión de la lengua española. Es absurdo pensar que cada recién llegado iba a dirigirse en español a ciento cincuenta personas que lo rodeaban, desconocedores casi todos ellos de esa lengua, y que éstos iban a hacerle el favor de entenderlo. Resultaba más práctico aprender las lenguas de los ciento cincuenta, para lo que tampoco había que esforzarse mucho. En 1635, el obispo Maldonado le escribe una carta a Felipe IV donde le cuenta asuntos relativos a las costumbres de Tucumán, al norte de la actual Argentina, y le dice respecto al idioma: "En esta tierra poco hablan los indios y españoles en castellano porque está más connaturalizada la lengua general de los indios". Otra carta le llegó al rey al año siguiente, esta vez procedente de Quito. A los ciento treinta años de su fundación por Sebastián de Benalcázar se informa que "mayormente en esta ciudad de Quito y demás lugares de esta provincia son innumerables los indios que hay de servicio en las casas particulares, a los cuales sus amos y amas los hablan en la lengua del Inca". Los casos de Tucumán y de Quito eran, por otra parte, bastante regulares.

En 1789 partía del puerto de Cádiz el navegante Alejandro Malaspina, de quien puede decirse que, de su época, fue el único español que reconoció los confines del Imperio hispánico durante cinco años de navegación. Lo que encuentra Malaspina en esa fecha —cuando, por cierto, hacía diecinueve años que Carlos III había cursado órdenes para la enseñanza efectiva del español en América, como más tarde se verá— son vastas regiones inexploradas, masas de nativos que no saben nada de español o que tienen vaguísimas nociones de él porque sus tatarabuelos se encontraron alguna vez con algún explorador, multitud de monjes que saben español pero dominan perfectamente las lenguas nativas... y curiosidades varias, como un puerto comercial en la remota Nookta (es el nombre que luego le dieron los ingleses del capitán Cook, los españoles del capitán mallorquín Juan Pérez lo habían bautizado como San Lorenzo), al pie de Alaska, puesto allí para el comercio de pieles y defendido por bravos —y ateridos— soldados que echaban de menos su lejana Cataluña. Lo que el navegante dedujo tras años de singladura es que, salvo en los grandes centros urbanos, donde era corriente el español pero no infrecuentes las lenguas nativas, el Imperio no tenía lengua común propiamente dicha. El número abrumador de naturales, la costumbre de muchos españoles de indianizarse o de aprender lenguas indígenas por simple facilidad, el hecho de concentrar el español en los ambientes criollos (donde tampoco era extraño oír la lengua indígena), la práctica misionera de predicar a cada cual en su lengua y la despoblación de grandes áreas de territorio americano no eran los mejores aliados para una comunidad lingüística genuina. Sucedía esto muy a finales del siglo XVIII. Con todo, otras circunstancias se dieron que podrían haber complicado aún más el mapa lingüístico de la América colonial.

IX. ZAMBAMBÚ, MORENICA DE CONGO

El tráfico de esclavos y sus consecuencias lingüísticas

"En 1517 el Padre Bartolomé de las Casas tuvo mucha lástima de los indios que se extenuaban en los laboriosos infiernos de las minas de oro antillanas, y propuso al emperador Carlos V la importación de negros, que se extenuaran en los laboriosos infiernos de las minas de oro antillanas"; el primer párrafo de la *Historia universal de la infamia* (1935), de Jorge Luis Borges, le viene como anillo al dedo a este capítulo. En la época de De las Casas se debatía si el negro estaba mejor adaptado al trabajo que el indio, o bien si servía adecuadamente para repoblar amplias zonas vacías. Los españoles comprobaron pronto que no sólo estaba mucho mejor adaptado para el trabajo que el indio, sino que repoblaba el territorio mejor que él.

Ciertamente, la despoblación de la zona antillana y caribeña fue grande. Enfermedades, hambrunas y guerras liquidaron el elemento indígena con rapidez extraordinaria frente a lo que procedía de España. Aunque la piratería, las dificultades del viaje y las inclemencias climáticas tampoco dejaban crecer gran cosa a los nuevos colonos, es cierto que la instalación de la lengua española sucedió en esas zonas sin competencia de lenguas amerindias, sencillamente porque los indígenas se hallaban sometidos, desplazados a otros territorios o habían sido exterminados, todo ello en un plazo no superior a dos generaciones.

La isla de Borinquén tuvo su primer pueblo de cristianos en 1508, fundado por Juan Ponce de León. Lo iba a llamar Villa Caparra pero a Fernando el Católico no le sonó bien lo de Caparra y dijo que lo llamaran Puerto Rico, que es como pronunciar la denominación indígena *Borinquén* o *Porinquén* a la castellana. Según De las Casas, Puerto Rico tenía entonces medio millón de indios. Como todo lo que cuenta de América este religioso hay que dividirlo por diez, es prudente pensar que no pasaran de cincuenta mil los naturales de allí.

En 1765, el comisario O'Reilly daba un censo de 44.833 habitantes. En doscientos cincuenta años, por tanto, el número de habitantes no había crecido. Pero su naturaleza era distinta: si en tiempos de Ponce de León había españoles e indígenas, en tiempos de O'Reilly había criollos y negros, la mayoría esclavos.

En los años de Ponce de León, sin embargo, ya estaban desembarcando negros por aquellas tierras. Las leyes españolas habían vetado muy pronto este tráfico. Pero el comercio negrero era tan potente, las compañías genovesas, holandesas, portuguesas, españolas y, con gran diferencia sobre las demás, las inglesas tenían ya tales compromisos en él, que aquel veto sirvió de poco. Los colonos, por su parte, debían de estar encantados con el aluvión de esclavos: pronto descubrieron que en el tiempo en que un indio hacía diez montones de yuca, el negro había hecho cien. Fernández de Oviedo decía en 1520 de aquellas regiones antillanas: "Aparece esta tierra una efigie o imagen de la misma Etiopía". Era verdad. Todas aquellas lenguas africanas que desembarcaban incontenibles podrían haber añadido mucha más complejidad al mapa humano y lingüístico caribeño. Para hacernos una idea: entre 1750 y 1850 llegan a Cuba setecientos veinte mil esclavos de la más diversa procedencia y lengua: wassa, tongo, fula, beteke, bambaba, baongo, serere, pero la población blanca no aumentó más allá de trescientas mil almas a pesar de tener el viaje gratis y condiciones ventajosas para establecerse.

Al contrario que el indígena del continente, el negro que llegaba a América lo hacía disperso, desarraigado, en condiciones inhumanas, con ningún interés ni necesidad de mantener su lengua y sin misioneros dispuestos a aprenderla, como sí lo estaban con las lenguas amerindias. Vendidos en pública subasta y entregados rápidamente a sus dueños, las "piezas" —que así se denominaba a estos desgraciados, cuya consideración era poco menos que la de objetos semovientes— pasaban a ser servicio doméstico o mano de obra de patronos cuyo primer interés era que esas piezas entendiesen pronto las órdenes que se les daban. Consecuentemente, se hispanizaban con mucha rapidez. El habla de los negros ha sido a menudo caricaturizada en la literatura, así lo hacía Luis de Góngora:

> *La alma sa como la denta,*
> *Crara mana.*
> *Pongamo fustana*
> *E bailemo alegra;*
> *Que aunque samo negra,*
> *Sa hermosa tú.*
> *Zambambú, morenica de Congo,*
> *Zambambú.*

(El alma es como los dientes/ Clara, hermana./ Pongámonos enaguas/ Y bailemos alegres;/ Que aunque seamos negras,/ Eres hermosa tú...).

Curiosamente, y a pesar de la caricatura de don Luis, los negros se hispanizaron casi sin dejar huella del proceso. Frente a los que convivieron con portugueses, holandeses o británicos, que mezclaron sus lenguas con los de aquéllos y han dejado curiosos idiomas mixtos en algunos puntos costeros de la América atlántica, apenas hay lenguas de este tipo en cuyo origen haya intervenido el español. Todavía en el siglo XIX se podían observar diferencias entre la pronunciación de los negros nacidos en África y la de sus descendientes antillanos, pero la nivelación lingüística fue progresiva y no se demoró mucho. Sí quedan, sin embargo, en el español de la zona palabras procedentes de aquellas lenguas africanas: *bemba,* labios gruesos; *chumbancha,* juerga; *chévere,* lo que está bien hecho; *mambo,* o la expresión *valer un congo,* "valer mucho".

La rápida hispanización de estas zonas costeras, en tales circunstancias, ha dejado huellas en el mapa humano y lingüístico de América. Las humanas son evidentes. Las lingüísticas, aunque sirven para animar las discusiones en los congresos filológicos, también se dejan ver: en las "tierras bajas" americanas, esas áreas isleñas y costeras de primera oleada de españoles, consecuente desaparición de indígenas e importación de esclavos que se hispanizan rápido, los usos lingüísticos tienen clara raigambre castellana pasada por el tamiz de andaluces, extremeños y canarios. Pero en las "tierras altas", cuando nos adentramos en el continente por México, o se llega a Bolivia y Perú, donde núcleos hispanizadores originalmente muy pequeños —ciento sesenta soldados iban con Pizarro— contactan con un número infinitamente superior de americanos, hijos de culturas que habían sido poderosas y de alguna organización estatal, como la azteca, la maya, la inca, sus lenguas, al chocar con la española, han dejado en ésta huellas evidentes hasta el día de hoy. No ya en el vocabulario, que es lo más anecdótico, sino en la pronunciación: los hispanohablantes de zonas de la altiplanicie mejicana, donde se conservan esos nombres de raigambre azteca llenos de consonantes como Tlaxcala, Tehuantepec o Tzintzuntzan, son los que con más fidelidad pronuncian hoy palabras como *eclipse, texto, cápsula, concepción, septiembre,* sin olvidarse de ninguna consonante. La escuela ha hecho lo suyo, es verdad, pero los antepasados de los escolares ya estaban pronunciando grupos consonánticos desde mucho antes que hubiera allí ninguna escuela de español. Ni lengua española siquiera.

X. Ideas del doctor Barot

El mestizaje. El español en las islas Filipinas

En 1902 se remitían a la Secretaría de Estado para Asuntos Africanos, con sede en París, preocupantes noticias sobre el desorden con que vivían los funcionarios franceses destinados en el África tropical. Se abrió un archivo y se desempolvó el *Informe Barot,* sabio a quien se le había ocurrido la siguiente solución para el caso: recomendable matrimoniar con indígenas, a ser posible parientes de jefes negros; los funcionarios deben tener hijos con ellas; cuando el funcionario haya de regresar a la dulce Francia, la indígena que se quede allí, bien dotada por el gobierno francés de modo que no le sea dificultoso encontrar otro marido... y que no se olvide de matricular a los niños en una escuela donde se enseñe en francés. El lema del doctor Barot era: "Haremos francesa el África meridional trayendo al mundo mulatos".

Las recomendaciones del sabio parecían novedosas, atrevidas, típicas del sorprendente genio francés. Sin embargo, no había para tanto escándalo: era la práctica corriente entre los españoles de América desde hacía cuatro siglos, sin saber quién era Barot, sin importarles si la indígena era hija o no de jefazo, qué color tenía, si había que darle dote o si había que educar a los niños. Los españoles no sólo tenían la práctica, sino que se inventaron la palabra para llamar al producto: *mestizo*. Palabra muy precisa, derivada del latín *mixtus*, mezclado, y que encierra una de las claves para la fortuna del español en América, porque dejado al albur de las señas, los intérpretes, las leyes de hispanización contradictorias, los soldados hechos indios y los frailes adoctrinando indígenas pintando higos chumbos en una sábana —que es por donde iba nuestra lengua— el español nunca hubiera llegado a ser cosa común.

Tratándose de españoles, el mestizaje era inevitable: las mujeres europeas eran muy pocas, de modo que las nativas que vivían entre ellos, bien como mujeres legítimas, concubinas, sirvientas, se dedicaron a la benéfica práctica de mezclarse. Ésta se veía favorecida por el hecho de que las costumbres eróticas de los indígenas eran mucho más liberales que las que traían los españoles. Si bien las de estos últimos no se quedaban mancas, sobre todo si habían vivido en zona fronteriza con moros, nunca llegaban al extremo de regalarle a uno varias mujeres para disfrute al llegar de visita a un pueblo. Esto encantó a los españoles de entonces. Si bien hubo abusos y violencias, la práctica del mestizaje tuvo sus beneficios: aunque al principio se trató de distinguir un sistema de castas, el mestizaje fue tanto y tan intenso, los cruces entre indios, blancos, amarillos, negros, españoles, mulatos, tejieron tales redes, que la distinción según procedencia paterna, o materna, ya no tuvo ningún sentido. Se evitó la formación de un jerárquico sistema social basado en las castas porque no había manera de definirlas. A mucha gente cuya filiación resultaba difícil de precisar, en el registro se le añadía sin más empacho la coletilla "tenido por español". Pero en sí mismo esto más bien enmascaraba, no resolvía, el conflicto de fondo. El prejuicio de casta por parte de unos, el orgullo de linaje por parte de otros, no dejará de ser uno de los elementos latentes en las guerras de emancipación.

En el capítulo lingüístico, ésta es la opinión de Ángel López García al respecto: "El fundamento de la estabilidad moderna del español, más americana que española por cierto, es su alzamiento a la condición de lengua igualitaria del mestizaje entre etnias de lengua y cultura muy diferentes". Esta circunstancia innegable ocurrió desde muy pronto: el propio nieto de Moctezuma, que se hispanizó como Diego de Alvarado Tezozómoc, es autor de una rara *Crónica Mexicana* escrita en una lengua española tan sabrosa como balbuciente a veces. El inca Titu Cusi Yupanqui, alias Diego de Castro, siguió el mismo camino. Casos sobresalientes que son la punta del iceberg mestizo. A él se debe que la lengua española haya pervivido sin identificarse como propiedad de peninsulares, o haya dado muy notables ejemplos literarios, como el del inca Garcilaso, natural de Cuzco, hijo del español García Lasso de la Vega y la princesa Isabel Chimpu, sobrina de Atahualpa, cuya huella fue en el pequeño mucho mayor que la del padre.

Contrastan las costumbres e intenciones de los españoles con sus vecinos del norte. Para los estadounidenses, y esto desde la Constitución de 1787, los indios no constituyeron nunca un elemento integrante de la población nacional y se les consideraba como "no contribuyentes". Más o menos, como si formaran naciones extranjeras en medio de la federación colonial. Para los más generosos, la relación entre colonos e indios era la que podía establecerse entre un menor y su guardián. Para los más drásticos, dada su condición de elemento humano ajeno y extraño, las puertas para su reducción, incluso su exterminio, estaban abiertas. La tradición de mestizaje entre los españoles, sin embargo, explica que en las Cortes de Cádiz el diputado por Guayaquil don José Joaquín Olmedo abogara por la ciudadanía de los indígenas, derecho que les confirmó un decreto peruano de 1821, y otro guatemalteco dos años después. Sin embargo, las prácticas posteriores de algunos gobiernos no han hecho honor al espíritu de estas leyes de ciudadanía.

Donde no hubo mestizaje, la suerte del idioma fue muy distinta. En noviembre de 1565 López de Legazpi partía del puerto mexicano de Navidad rumbo al oeste. El piloto era Andrés de Urdaneta, vasco, agustino y cosmógrafo que tiene el honor de haber descubierto la ruta más corta entre América y Asia. A los cuatro meses arribaron donde, hacía diecinueve años, Ruy Lope de Villalobos había descubierto un archipiélago al que bautizó, en honor del príncipe Felipe II, como Islas Filipinas. En tan tempranas fechas, los navegantes y exploradores españoles ya habían completado su periplo por el Pacífico y añadían a su particular mapa las Marianas, Carolinas, Guam y Palaos. De mucho antes venían sus exploraciones canarias y norteafricanas. De modo que a principios del siglo XVII, Bernardo de Aldrete escribía con toda propiedad: "Hablan hoy todos los españoles en las colonias y poblaciones que tienen en África, en Orán, Melilla y el Peñón de Vélez de la Gomera, castellano como en México y en todas las ciudades de la Nueva España y del Perú. La lengua de España, y de partes tan remotas como éstas y sus islas, y las Filipinas, toda es una".

Era una, sí, pero la lejanía entre aquellas islas asiáticas y los puertos americanos, como lo incierto del viaje, no favorecían el establecimiento de una colonia pujante. El caso es que los españoles no tardaron en llevar a Filipinas imprenta, alfabeto latino, colegios y universidades. Consiguieron logros sorprendentes: en 1840, la proporción de niños escolarizados en el archipiélago era no sólo superior a la española, sino que aventajaba a la francesa y dejaba en el más absoluto ridículo a otros sistemas europeos. A los niños se les venía enseñando el español desde hacía setenta años —hasta entonces la representación de las lenguas indígenas, como el tagalo, en la enseñanza era superior a la que tenía el español—. A la aristocracia militar, la armada, se la instruyó en español desde 1820 en la Academia Militar de Manila. Había buenas intenciones, pero nunca hubo mestizaje. Esto determinó que, al contrario de lo ocurrido en América, el español asiático continuara reducido durante el siglo XIX al estricto círculo de la colonia española y a lo que podríamos considerar como aristocracia filipina. Nunca fue lengua común ni hubo pretensiones decididas de que lo fuera. Nunca hubo ocasión de mezclarse con la población indígena y la diversidad idiomática de ésta era enorme. Como en América, la lingüística misionera se encargó de mantenerla.

Desde 1898, el gobierno estadounidense gastó sumas fabulosas para introducir el inglés. Aprovechó para ello la notable red escolar que había organizado la colonia española. Inventó bonitas leyendas negras sobre la lengua de los viejos conquistadores. Hasta 1935 conservó ésta algún grado de oficialidad. En 1987 la perdió a favor del inglés —según los casos— pero sobre todo de la genuina lengua oficial, la más común en las islas, que ellos llaman filipino, o pilipino. Ironías de la historia: un nombre tomado de la propia lengua desplazada. Según los cálculos más optimistas, debe de haber por allí poco más de millón y medio de hablantes de español. Los pesimistas rebajan la cifra muy notablemente. En todo caso, persisten en Filipinas los nombres y apellidos de raíz hispánica. Sus archivos están llenos de legajos escritos en español. Es la lengua que empleó José Protasio Rizal para animarlos a independizarse de España. Conservan una Academia Filipina de la Lengua Española. Y singulares rasgos hispánicos que van más allá del idioma: en algunas manifestaciones de contenido político o económico no se usan pancartas, sino imágenes de santos o vírgenes. Todo resulta parecido a lo que puede verse en la Semana Santa de muchos pueblos españoles. Sólo que en profano.

XI. REZOS VERNÁCULOS

La Iglesia y las lenguas indígenas. Teología y lengua. Difusión y con-
servación de lenguas indígenas gracias a los misioneros

En 1524 llegaba a Veracruz la primera misión franciscana.
Salió a recibirla una procesión de cruces, velas encendidas,
caciques a pie enjuto y don Hernán Cortés subido en un caballo. Cuando se reunieron, Cortés desmontó, se arrodilló ante
ellos, les besó las manos y los hábitos. Todos siguieron su ejemplo. Luego se los llevaron al mercadillo de Tlaxcala. Los misioneros empezaron a adoctrinar por señas a los infieles y, visto
que ni con las señas ni con las lenguas que se habían traído de
Sevilla se avanzaba mucho, quizá imaginaron allí mismo que
era mejor aprender las lenguas de los tlaxcaltecas, que es lo
que mandaba el Pentecostés. Fuese como fuese, lo que nadie
imaginaba entonces era que con aquel recibimiento dispensa-
do a los doce franciscanos, con aquellos paseos por Tlaxcala,
los amigos de Cortés acababan de inaugurar un capítulo trascendental en la historia humana de América. Un capítulo
que ha dejado una huella bien persistente hasta hoy: la lingüística misionera.

Cristóbal Colón desembarcó en Guanahaní con diversas
intenciones. Una de ellas la confiesa en la segunda página de
su diario. Marchaba "a las dichas partidas de India para la conversión de ellas a nuestra santa fe". Ésa era la condición del
papa Alejandro VI para apoyar la estrategia atlántica española en pugna con la portuguesa. El problema era cómo convertir al infiel. Porque no se podía convertir a tanta gente en
español, como se pensó muy al principio, ni en latín, ni siquiera en el árabe que se iba a utilizar para el recién conquistado
reino de Granada, ni en las lenguas de los rudos guanches
canarios. Ciertamente, la celosa conversión de impíos planteaba verdaderos problemas lingüísticos y teológicos. ¿Cómo
se explica que Dios es Dios si esa palabra no le dice al infiel

nada de nada? Por cierto, ¿cómo se traduce Dios a la lengua del infiel?

Franciscanos y dominicos tuvieron una sonada polémica al respecto, pero los indígenas convertibles no adelantaban gran cosa con ella, y no es de extrañar. Para los franciscanos el caso estaba claro: como los dioses de los indígenas eran del estilo de los paganos Júpiter, Venus, Neptuno, el indio debía asociar la exclamación "¡Dios!" al demonio e inmediatamente escupir. Era un adelanto del experimento que luego haría famoso al científico ruso Pavlov. El problema consistía en cómo hacerles entender que tenían que adorar a un solo Dios cristiano sin que al decir "¡Dios!" escupieran al verdadero. El asunto era preocupante y el dilema teológico más todavía. Los dominicos eran menos retorcidos y se limitaban a traducir Dios por *Cabahuil* o *Chi*, que venía a ser lo mismo. El caso es que, según cuenta fray Antonio de Remesal en un gracioso documento de 1551, "nunca se dio el punto a esta dificultad, hasta que el tiempo se puso de por medio, y lo hizo olvidar todo". Es de imaginar que quedaría en el caletre de los recién convertidos a la fe católica.

Las órdenes religiosas preveían un agudo problema: si el indígena, puro e infeliz, entraba en contacto con el español, resabiado y vicioso, el indígena aprendería las malas artes españolas y sería difícil de convertir. Solución: reunir a los puros en pueblos, urbanizarlos, organizarles la vida lejos de su estilo tribal, enseñarles algún oficio pero, eso sí, prohibir la entrada en los pueblos a blancos, negros y mestizos. Exceptuados el cura y, como mucho, el intérprete. De tal estilo de vida y adoctrinamiento se derivaba una conclusión evidente que el padre José Acosta expresaba en 1588 así: "Quien esté inflamado del deseo de salvación de los indios, nada grande puede esperar si no pone su primer cuidado en cultivar sin descanso el idioma". No se refiere a cultivar la retórica y suasoria en español, por supuesto; se refiere al idioma de los indios, el que en cada caso correspondiera. Muchos sacerdotes estaban verdaderamente inflamados. A agravar la inflamación contribuían las órdenes de sus superiores, como la de don

Alonso de la Peña: "Los párrocos de indios que ignoren la lengua aborigen pecan mortalmente". América continuaba las líneas pastorales corrientes en España. Alonso de la Peña venía a decir lo mismo que el todopoderoso obispo Pedro Manso, quien desde Calahorra dictaba en 1602 que en España "cada provincia tenga la doctrina impresa en lengua paterna" y prescribía duros castigos para los párrocos que no pronunciaran los sermones en ellas.

La lingüística misionera estaba, en teoría, inspirada en las palabras de san Pablo a los corintios: "Si la lengua que habláis no se entiende, ¿cómo se sabrá lo que decís? No hablaréis sino al aire". Es piadoso creerlo así, como es evidente que tras el consejo paulino se ocultaron, más veces de las recomendables, intereses que el poder civil, si bien los barruntaba, tardó mucho tiempo en advertirlos claramente.

El primer impreso del que se tiene noticia en México es una *Breve y más enjundiosa doctrina cristiana en lengua mexicana y castellana*. La imprenta la llevó allí fray Juan de Zumárraga en 1539. Y el primer impreso del que se tiene noticia en Filipinas es una *Doctrina cristiana en lengua española y tagala* publicada en Manila. La imprenta la llevó allí fray Domingo Nieva, en 1593. Todo esto no es por casualidad: la lingüística misionera se había propuesto no sólo aprender lenguas indígenas, sino darles alfabetos y escribir sus gramáticas, difundirlas a través del poderoso medio de comunicación que era la imprenta, establecer cátedras para su estudio en las universidades, premiar con curatos y cargos a quienes las conocieran y, sobre todo, se había propuesto que la Iglesia sentara sus reales y se hiciera imprescindible en el gobierno espiritual —y material— de la nueva Ciudad de Cristo en que se iban a convertir aquellas tierras. No creo que haya en la historia un caso tan patente de intervención y control sociales a través del medio de comunicación que es el idioma como el que protagonizaron los religiosos españoles en la América virreinal.

Santo Tomás de Aquino había dicho en su día: *"Unde illi, qui sunt diversarum linguarum, non possunt bene convivere ad invicem"*, o sea, a muchas lenguas, mal gobierno. Interpretada según la tradición cristiano-bíblica, dicha idea exigía que cada pueblo o nación permaneciera unida en la misma fe pero sin mezclar tradiciones, usos o lenguas, que servirían para distinguirlos y evitar en lo posible el mestizaje contaminador. Se garantizaba así su homogeneidad en pacífica convivencia con otros pueblos vecinos. Los religiosos españoles llevaron adelante aquella idea y contribuyeron al cultivo —y extensión, en algunos casos— de lenguas indígenas; ahora bien, como los dominadores de tales lenguas, escritores de sus gramáticas y alfabetos, traductores del discurso evangélico y predicadores eran los religiosos de las diversas órdenes, con mucha frecuencia se convertían en gobernadores políticos efectivos de aquellos pueblos divididos por lengua, uso y tradición, si bien unidos en la fe que las propias órdenes administraban. Nada, pues, había que asegurara tanto el poder político de la Iglesia, omnipresente en la América hispánica.

Cuando se advirtió que las lenguas eran muchas, que no todos las aprendían tan bien como el padre Olmos —del que se decía que hablaba en diez distintas— y que la predicación se entorpecía a cada paso en tal laberinto de idiomas, la estrategia misionera cambió. Pero esto no supuso la hegemonía del español. Al contrario: se consideró cuáles, de entre las lenguas indígenas, resultaban más extendidas, familiares y simpáticas a los feligreses, se localizaron, se les dio el nombre de "lenguas generales", se hizo propaganda sobre lo aborrecible que resultaba el español para los indios frente al maya, el aimara, el nahua, el quechua. Se hizo propaganda, asimismo, de lo fácil que resultaría para los españoles aprender cualesquiera de ellas (era propaganda, porque la realidad es que muchos las aprendían mal) y se fomentó la difusión pastoral de dichos idiomas. Los españoles consiguieron con esta práctica un caso único, verdaderamente raro por lo singular, en la historia del contacto de lenguas, un hecho que el profesor Humberto López Morales resume así: "Algunas de las lenguas 'dominadas' han salido del periodo de colonización fortalecidas y con un dominio mayor del que tenían originalmente".

Los misioneros llevaron el quechua hasta el norte de la actual Argentina. Nunca se habló quechua allí. El quechua era idioma de las zonas andinas de Bolivia y Perú. Lo llevaron al sur predicadores españoles como lengua general. Empezó a debilitarse su presencia en Tucumán y Santiago del Estero cuando se fundó el virreinato del Río de la Plata, en 1776, que separó el norte argentino de la zona peruana y lo vinculó a Buenos Aires. Familias rioplatenses y emigración europea establecidas en aquella zona hicieron el resto. Esta circunstancia demográfica pesó mucho más en la mengua del quechua que las disposiciones dieciochescas del gobernador Matorras ley en mano. Don Andrónico Gil Rojas, santiaguino que en 1954 había cumplido sesenta y un años, no hablaba quechua, pero sus hermanos mayores sí, por influencia de una abuela que hacía todos los mandados en esa lengua.

Los jesuitas dejaron Perú en 1586, dos años después, a través de Tucumán, se adentraron hacia el noroeste, fundaron colonias religiosas que llamaron *reducciones* donde congregaron a los indios, les instruyeron en la doctrina cristiana, el latín, el guaraní y el manejo del violín. Cuando siglo y medio después el gobierno español expulsó a los jesuitas de América, la obra pastoral y lingüística estaba en plena marcha. El aislamiento en que durante muchos años ha vivido Paraguay no ha hecho sino cuajarla. Hoy, sólo con cierta generosidad puede decirse que Paraguay sea un país hispanohablante: el 41 por ciento de su población habla habitualmente *sólo guaraní;* si nos vamos al campo, el porcentaje de *sólo guaranihablantes* sube hasta el 70 por ciento. En el sector rural quizá haya un 5 por ciento de monolingües en español, que en el urbano asciende hasta el 15 por ciento. Afortunadamente, se trata de un bilingüismo sin conflicto, si bien, con un sistema educativo complejo para evitar precisamente los conflictos.

El caso de Paraguay es ejemplar. Distintas historias podrían contarse de otras lenguas indígenas cuyos hablantes han quedado sumidos en la marginación política y han sufrido dificultades para integrarse en la vida común. Puede imaginarse fácilmente cuál hubiera sido el destino lingüístico de América dejado a los intereses de la evangelización si se ve la actual situación africana, donde la proliferación de sociedades diminutas, a menudo reñidas entre sí y divididas según lenguas y etnias, se debe en buena parte a que la política evangelizadora colonial del siglo XIX consideró muy eficaz la predicación en lenguas particulares. En realidad, las discusiones teológico-lingüísticas de los misioneros protestantes en el África decimonónica son calco de las mantenidas en América por las misiones católicas españolas en el siglo XVI.

Con la práctica de hablar a las tribus africanas en "la lengua del corazón", como decía el doctor Cook, la labor evangelizadora avanzó considerablemente —al igual que en América lo había hecho siglos antes—, pero fomentar las lenguas del corazón evitó que comunidades afines, que dialectalmente no se diferenciaban mucho, se fundieran en unidades de mayor entidad y crearan "lenguas generales" africanas, en vez de persistir en grupos idiomáticos aislados. Esto ha facilitado la extensión del francés y del inglés como lenguas comunes por buena parte de África. Pues cuando estas sociedades han pasado a formar parte de sistemas productivos de base colonial-capitalista, muy alejados de los usos tribales y con unas necesidades de comunicación e intercambio mercantiles infinitamente más complejas de aquellas a las que estaban acostumbradas, las lenguas particulares han sido a menudo completamente inútiles para dar cauce a tales exigencias.

XII. Recelos seglares

El poder civil y las lenguas indígenas. Indigenismo, lengua e identidad cultural

Don Tomás López Medel, gobernador civil de Guatemala, era hombre a quien el milagro de Pentecostés le traía por el camino de la amargura. En junio de 1550 escribió una carta a Carlos I indicándole que, para la buena administración de los indígenas, sería recomendable no prohibir "la conversación y trato de españoles con éstos, sino que indistintamente el encomendero, el cacique, el clérigo y el fraile, todos vayan y vengan a sus pueblos, hablen y conversen con ellos". Tomás López le recordaba de paso al emperador que en España ya se había seguido esta práctica del trato humano —movilidad laboral, diríamos ahora— para que catalanes y vascos se entendieran entre sí y, a la vez, con castellanos. Al césar Carlos la carta no le impresionó mucho, seguramente porque su cuñado, don Hernando de Cardona, no hablaba más que catalán en la corte sin que nada le hiciese desistir y los enamorados de las antigüedades vascongadas decían que el emperador hablaba vascuence.

Tomás López planteaba en términos claros una pugna que duraría siglos: la de los juristas, partidarios de la comunidad de lengua, contra los misioneros, recelosos de ella. Lo que veían las gentes de López era que la división territorial por lenguas, aparte de constituir un serio estorbo para la fluida administración de los negocios indianos, estaba creando una serie de cacicazgos espirituales, perfectamente aislados entre sí, donde el poder civil tenía poco o nada que decir.

Avisos de este tipo, que nunca dejaron de llegar desde América a los archivos de palacio, tenían un calado político que en los siglos XVI y XVII nunca se advirtió con la claridad con que se hizo en la etapa de la Ilustración. Avisos de que el culto a las lenguas indígenas podía servir para fomentar cismas políticos y religiosos, como había quedado claro en el caso de Michoacán, donde el obispo Vasco de Quiroga aspiró veladamente a la formación de una república indígena (¡quién sabía si protestante!).

Cuando Alonso de Ávila, embajador de Cortés, va a Santo Domingo a tratar asuntos de administración se encuentra con que los gobernadores de todas las islas adyacentes no son otros que los frailes jerónimos. Poco tardarían los de Loyola en fundar el que algunos denominaron Reino Jesuítico del Paraguay. Y, por cierto, ¿qué hacía el padre Clavijero afirmando que el nahua era un idioma más rico y más capaz que el italiano y el inglés juntos?

No puede decirse que la Corona desoyese absolutamente las recomendaciones respecto a la uniformación lingüística. En absoluto. De su mano partieron ocasionalmente órdenes para que se agilizase la enseñanza del español a los indígenas, especialmente si eran hijos de caciques. En el fondo se reconocía que, espiritualidades aparte, para el mundo material del trabajo y el comercio el español ofrecía muy notables ventajas, entre otras, evitar que los exploradores tuvieran que recurrir a las señas o a intérpretes ineptos para buscar yacimientos de oro y cobre. La difusión popular del español en la América virreinal también podía evitar que, por causa del idioma, se afirmase la conciencia de una casta nobiliaria o aristocrática hispanohablante en aquellas áreas de fuerte población indígena. Una casta que con el tiempo podría crearle problemas de soberanía a la Corona.

En 1634 Felipe IV decía: "Me ha parecido conveniente que a todos los naturales que estuvieren en la edad de su puericia y pudieren aprender la lengua castellana se les enseñe por los medios mejores y más suaves, supuesto que no parece muy dificultoso". Pero cincuenta años después, Melchor de Navarra y Rocafull, virrey del Perú, comunicaba que la lengua española sólo era hablada en la capital del virreinato; por lo demás, "veía tan conservada en estos naturales su lengua india como si estuvieran en el imperio del Inca". Con más fuerza mandaba Carlos II en 1691 que "ningún indio pueda obtener oficios de república que no supiere la lengua castellana" y noventa años después informaba el obispo de Cuzco: "Nuestros españoles en nada más parece que han pensado que en mantenerles en el suyo [al idioma indio se refiere] y aun en acomodarse con él, pues vemos le usan con más frecuencia que el propio". En su *Historia de América,* Guillermo Céspedes hace un curioso comentario acerca de lo coactivas que solían ser las leyes de Indias emanadas desde España por aquellos años. Al parecer, cuando llegaban a América se convertían en papel mojado y el "sí, obedezco" se transformaba en rotundo "de ningún modo" pasando por la gradación del "bueno", "probablemente", "posiblemente", "difícilmente",

"no: de ningún modo". Quizá esto ayude a explicar las per-
plejidades de la política lingüística colonial, prolongadas
durante tres siglos.

Hay otras circunstancias relacionadas con esta "desobediencia indiana" y que, a mi juicio, guardan relación con aspectos de clase o casta que han perdurado mucho más allá de
los años virreinales: para los grupos criollos, la lengua podía
ser un distintivo y, por supuesto, un instrumento de dominio
de medios de comunicación o producción en aquellas zonas
donde el indigenismo era notable. A menudo, no había mayor interés en extender el idioma más allá de donde los indígenas —por espontaneidad o proximidad a los criollos—
pudieran aprenderlo (véase capítulo XXXII). Francisco Antonio de Lorenzana, en cierto sentido, denunció este hecho en
México, como inmediatamente veremos.

El problema indígena se agravó mucho. Desde 1750 en
adelante hubo verdaderas guerras de masas en Argentina,
en Perú, en Yucatán. Se quejaban de cómo los españoles habían convertido en bestias a los naturales de sus reinos perdidos. Algunos leían crónicas patrias antiguas —recuperadas
o inventadas por españoles, todo hay que decirlo—; con ellas
se persuadían de sus entroncamientos con los emperadores
antiguos, se cambiaban de nombre, se apellidaban incas, se
dedicaban a "vivificar sus costumbres con semejantes documentos". Los riesgos de escisión política eran reales, el fin del
sistema colonial también. Los ingleses y holandeses batían
palmas y ya se veían dueños de aquellos mares. En fin, el gobierno español se enteró de pronto que en América tenía
un problema indígena, y no pequeño. Como se enteró de que
el problema se venía sustentando ideológica y simbólicamente —en la medida en que así podía sustentarse— con las típicas prácticas de la lingüística misionera, y el beneplácito civil
de muchos criollos, de dar a cada cual su lengua, su tradición,
sus ancestros y hacerlo distinto de los demás.

El marqués de Croix, virrey de Nueva España, se espantó
ante la magnitud del problema. El primer día de octubre de
1769 firmó un documento por el que recomendaba a todos

quienes estaban bajo su autoridad que se fueran olvidando de las lenguas indígenas y se pasaran al español, "desimpresionando a los indios de todo cuanto hasta ahora les ha influido perniciosamente". Don Francisco Antonio de Lorenzana, arzobispo de México, envió inmediatamente un largo memorial a Carlos III donde desenmascaraba el asunto de los idiomas: "Esto es una constante verdad, el mantener el idioma de los indios es capricho de hombres cuya fortuna y ciencia se reduce a hablar aquella lengua. Es arbitrio perjudicial para separar a los naturales de unos pueblos de otros por la diversidad de lenguas". A Lorenzana siguió don Francisco Fabián y Fuero. A Fabián y Fuero siguió don Miguel Álvarez de Abreu. De pronto todos decían lo mismo. Lo que López Medel había alumbrado tímidamente hacía dos siglos parecía deslumbrar ahora a todo el mundo. Pero no sólo a políticos.

Calixto Bustamante Carlos Inca, más conocido por Concolorcorvo, era, según decía él mismo, "un indio neto, salvo las trampas de mi madre, de que no salgo por fiador". Recorrió en 1773 las novecientas cuarenta y seis leguas que van de Montevideo a Lima, pasando por Buenos Aires. Relató el viaje en su libro *Lazarillo de ciegos caminantes*. No tenía buena opinión de los jesuitas paraguayos, cuyas misiones atravesó: "Los regulares de la Compañía, que fueron en este reino por más de ciento cincuenta años los principales maestros, procuraron, por una política perjudicial al Estado, que los indios no comunicasen con los españoles y que no supiesen otro idioma que el natural". Bustamante ponía el dedo en la llaga respecto a un hecho al que ya nos hemos referido: desde los inicios de la colonización, la Iglesia consideró que la estrategia lingüística que mejor servía a los intereses de la evangelización, labor en la que era protagonista absoluta, consistía en la promoción de las lenguas indígenas. Tal consideración era correcta, pero lo era a costa de crear redes de comunicación que entorpecían, por una parte, el desarrollo material de amplias áreas americanas y, por otra, la circulación de ideas. De modo que evangelización y aislamiento material, social e intelectual han sido a veces compañeros en la América hispánica.

Con la llegada de Carlos III al trono, la lingüística misionera tocaba a su fin. Para demostrar hasta dónde ese fin era real y cierto, en 1767 se había expulsado de América a quien más había simpatizado con la escisión política, más había alabado la finura de las lenguas indígenas, sus valores prácticos y simbólicos, y más había hecho por comprenderlas y difundirlas no sin ton ni son, como a veces hicieron algunas órdenes, sino políticamente: salía de América la Compañía de Jesús.

Cuando el memorial de Lorenzana llegó a Madrid, los ministros de Carlos III —muy señaladamente el conde de Aranda— estaban empeñados en unos proyectos políticos y económicos para América, en general para el Imperio todo, que iban mucho más allá de sofocar las rebeliones indígenas: una especie de "Commonwealth" hispánica. Y bien, si España estaba ayudando a los colonos ingleses a emanciparse de Gran Bretaña, ¿no podía arbitrarse para los virreinatos algo similar a lo que estaban organizando esas industriosas gentes del norte? No era difícil prever qué iba a ser de ellas, es más, el propio Aranda escribió una profecía política al respecto que se ha cumplido a pies juntillas. El marqués de Croix había actuado muy oportunamente. No tenían ya sentido los viejos usos de dividir por lenguas y aislar en aldeas y reducciones a quienes estaban llamados a protagonizar tan magno plan de comunidad política y económica. Los tiempos eran otros. Luego se vio que el plan no era tan magno. Que el Imperio estaba tan desasistido que no había plan que lo levantase. Y, sobre todo, que los criollos ya tenían planes propios.

XIII. COMPLEJOS INDIANOS

La mala fama del español americano en la España del siglo XVII. Pasajeros a Indias y nivelación lingüística. Contraste portugués

Fray Gaspar de Villarroel vino de Quito a Madrid en 1627. Vivió en esta última ciudad durante diez años. Era predicador asiduo en la capilla real. Los ministros de Felipe IV que lo oían se sorprendían de que fuera tan blanco y de que hablara tan lindamente. Si eso le pasaba a los notables españoles, puede considerarse qué imagen popular tendrían los americanos en España. Digamos que no era óptima. A muchos peninsulares les sorprendía precisamente eso, que hablaran en Quito, en Lima, en Santiago de Chile, en México o en Buenos Aires el mismo español que en Toledo o en Valladolid. Muchos años después de fray Gaspar, llegaba a la Villa y Corte desde Perú el padre Meléndez... y volvió a sorprender a un parroquiano notable por su buen español. Meléndez, sin embargo, ya debía de venir avisado por algún pasajero a Indias de la nueva manía metropolitana: considerar a los americanos semibárbaros. Dio una respuesta al parroquiano que es un curso a medio camino entre la lingüística general y el sentido común: "Válgame Dios, ¿y cuál es su lengua? Porque yo no he hablado en otra que en la española, y no sé que sea más de usted que mía, ni que sea usted más español que yo, ni que en las Indias hablemos los españoles, ni sus hijos, otra lengua; si no es que es usted también del número de aquellos que a todos los que venimos de allá nos tienen por indios bárbaros". Así lo cuenta en sus *Tesoros verdaderos de las Indias,* publicados en Roma en 1681.

El padre Meléndez estaba cargado de razón. Pero lo cierto es que los americanos tenían algún complejo de inferioridad frente al español peninsular. En 1703, Francisco Álvarez de Velasco pide desde Nueva Granada disculpas a los lectores españoles por ciertos "indianismos" que se han deslizado en su *Rhytmica Sacra.* Promete enmendarse en el futuro. Esta actitud se prolongó durante mucho tiempo. Hay quien piensa que en ella está una de las claves de la común norma culta hispánica. Porque al reconocer la mayor pureza del lenguaje de Castilla, los americanos trataban de plegarse a él. Como el lenguaje de Castilla, por cierto, ya iba de por sí mezclado con otras aportaciones peninsulares y canarias, trazó una red que atrapaba a todos.

La leyenda negra sobre el mal hablar americano venía de muy atrás: los primeros españoles que poblaron tierras americanas eran en su mayoría andaluces. Entre ellos sobresalían las gentes de Huelva y Sevilla. Es posible que de cada seis pasajeros a Indias, en el periodo comprendido entre 1493 y 1519, uno fuera sevillano capitalino. La apreciación que en la propia España se tenía a principios del siglo XVI de las hablas andaluzas no era precisamente buena. No por nada en especial, más bien se explica por esas rencillas regionales a que somos tan aficionados. Pero en el caso de la Andalucía de aquellos años había cizaña que añadir a las rencillas: se decía que los cristianos andaluces se mezclaban con gente mora y, claro, su lengua estaba medio arabizada. Esto no era estrictamente cierto; más que en contacto propiamente dicho, estaban próximos a las comunidades de habla hispanoárabe. Pero el tópico no sabe de verdades, así que las noticias sobre el hablar andaluz que subían por Despeñaperros eran golosas. Y ahora, ¿pueden llegar a imaginarse ustedes lo que significaba que le asociaran a uno con los moros en aquellos años del recién conquistado reino nazarí y las inminentes guerras de Granada y su Alpujarra? No era una asociación feliz, desde luego.

Con esa fama de arabizados o montaraces se iban muchos andaluces a América, con ella llegaban y de ella contagiaban a los colonos indianos: "Los naturales de la tierra, mal disciplinados en la pureza del idioma español, lo pronuncian generalmente con aquellos resabios que siempre participan de la gente de las costas de Andalucía", decía en 1688 Lucas Fernández de Piedrahíta en su *Historia General de las conquistas del Nuevo Reino de Granada*. Alguna razón sí tenía en esto don Lucas, porque un rasgo entonces típicamente sevillano es hoy general en la pronunciación americana: el *seseo*. Donde el castellano central distinguía entre *casa* y *caza*, *masa* y *maza*, el sevillano igualaba. Si era de la capital solía pronunciar todo con eses, y si era del campo solía pronunciarlo todo con ces (que es lo que llamamos *ceceo*). Solía —y suele— tener más aprecio la primera pronunciación, con ese; pero las dos, desde Extremadura, Sevilla y Canarias cruzaron con fortuna el Atlántico. Hoy, quienes distinguimos entre *casa* y *caza, poso* y *pozo* al pronunciar somos una minoría de hablantes, casi todos concentrados en el centro-norte de España. Aunque personalmente reconozco que es una comodidad no distinguir y pronunciar todo con eses o con ces, quien tiene en la cabeza la diferencia malamente la puede evitar; aparte, es la norma ortográfica aceptada y es favor de aceptarla que nos hacen andaluces, canarios, algunos extremeños y casi todos los americanos. Si bien, el argentino Faustino Sarmiento embistió ferozmente contra ella hace siglo y medio.

El español hablado en América se fue nivelando y refinando conforme avanzó la colonización. No sólo ha sido obra de andaluces, ni mucho menos. Su base social fue, en términos generales, la misma que la de España pero quizá más selecta, pues cualquiera no podía embarcarse para las Indias. Al mismísimo Cervantes, por ejemplo, no le dieron permiso para hacerlo. Quizá esta hidalguización de la lengua, esta igualación idiomática hacia arriba, ayude a explicar por qué algunos americanos han conservado el tratamiento de *vos,* que es lo que en el siglo XVII se llamaban entre sí las clases nobles. Por eso se explica también que el español americano apenas diera ejemplos de hablas campesinas o jergas de oficios. De hecho, el lenguaje barriobajero, las hablas de germanía al estilo del "lunfardo" porteño son cosa nueva, producto de oleadas inmigratorias de finales del XIX. Para entonces, la base lingüística del español americano ya era suficientemente sólida.

No le ocurrió lo mismo al portugués, porque la gente que fue recalando en Lisboa a mediados del siglo XVIII —ciudad asombrosa que era entonces la más rica de Europa— no se vio necesitada de emigrar a América (emigraba, precisamente, a Lisboa), creó sus propias normas lingüísticas capitalinas y se apartó un tanto de lo que idiomáticamente ocurría al otro lado del Atlántico. Por esos mismos años, los españoles sentían a los americanos como cosa propia: aparte de que en su *Diccionario de Autoridades* (1726-1739) integró palabras típicas de América, la Academia puso al peruano Diego de Villegas a completar la letra *M.* Seguramente el complejo de inferioridad ayudó a Villegas a sobrellevar con paciencia tan penoso ejercicio como entonces era la lexicografía. Su contemporáneo británico, el doctor Johnson, la consideraba una honorable opción que proponerles a los reos de muerte. Estaba convencido de que, con la debida insistencia, la aceptarían.

XIV. Las decisiones de don Carlos

Lengua e intervención estatal en el siglo XVIII. La administración civil, la economía y el comercio en relación con la comunidad lingüística

Aunque en los retratos que de él se conservan tenga pinta de aburrido, lo cierto es que Carlos III no dejaba de ser un personaje curioso. Tenía una altísima consideración de la autoridad real, independientemente de la opinión que los súbditos pudieran tener de su ejercicio. En privado, sus ministros lo apodaban "El Amo", mote que no se le dio a ningún rey en toda su gloria. Al parecer, las noticias del marqués de Croix y de Lorenzana lo alarmaron. Hizo reunir la documentación indiana al respecto. Quizá leyó con inquietud aquel párrafo escrito hacía doscientos años por López Medel: "La ambición de saber aquellas lenguas hace fieros al obispo y al prelado. Y quieren ser reyes de aquel pueblo". Casi profético: un tal Jacinto Canek, aunque no era prelado, se acababa de declarar rey del Yucatán desafiándolo a él, ¡al Amo!

A finales del siglo XVIII, el gobierno de don Carlos se había propuesto restablecer la agricultura, la industria y la población americanas a su antiguo vigor. Era el impulso tardío para estimular una especie de mercado común indiano, que se venía gestando espontáneamente desde muy atrás. Por lo que fuera, la Corona no dispuso del suficiente poder militar, económico o político para lograrlo. Quizá no había movilizado todos los recursos disponibles. Pero sí estaba dispuesta esta vez a movilizar uno de ellos, que podría facilitar la comunidad política y económica anhelada: un medio de comunicación efectivo basado en la lengua española.

A los siete meses del informe de Croix, el 10 de mayo de 1770, el rey firma en Aranjuez un documento por el que ordena a las autoridades indianas a que "de una vez se llegue a conseguir el que se extingan los diferentes idiomas de que se usan en los mismos dominios, y sólo se hable el castellano". La decisión podría parecer cosa típica del despotismo ilustrado, pero el documento la razona en la consideración de que con ello se va a "facilitar la administración, el trato y comercio". Era una decisión bien orientada: dos años después, en España, los propios comerciantes valencianos pedían alguna medida eficaz para facilitar la administración, trato y comercio de su Junta, porque al ir los libros en francés, inglés, italiano y cada uno en el idioma y estilo que le acomodaba se originaba mucha confusión para la causa pública. Ante esta petición se responde con otra Real Cédula pidiendo a los comerciantes de Valencia, sean naturales o extranjeros, que lleven las cuentas uniformemente y en español. A los comerciantes extranjeros aquello probablemente no les entusiasmó. Pero a los valencianos sí, porque advertían cómo desde la uniformidad lingüística en español podían competir con ventaja.

José Gálvez había sido visitador general de Nueva España durante seis años. Había adquirido notable experiencia en los negocios americanos. De vuelta a España, se le nombró secretario de Indias en 1775. Gálvez fue acumulando poderes. Ningún secretario había tenido nunca tantos. Desde ese puesto de privilegio empezó a hacer reformas militares, monetarias, económicas, aduaneras. Las reformas de Gálvez tenían cierto aroma cuartelero y no aceptaban más que un "sí" por respuesta. Sin embargo, consiguieron algo que nunca se había conseguido antes: los funcionarios estaban mejor preparados y, consecuentemente, los documentos administrativos abundaban en datos fehacientes, estaban mejor escritos, eran cada vez más técnicos, las cuentas cuadraban y la técnica oficinesca resultaba de lo más avanzada. Es de suponer que las medidas en torno a la unificación idiomática tuvieran alguna relación con el incremento en la eficacia administrativa, con el perfeccio-

namiento de las técnicas oficinescas y con la mejor prepara-
ción de los funcionarios, que ahora sabían hasta su poquito de
latín. No fueron aquéllas, pues, fórmulas arbitrarias.

Gálvez era un hombre taciturno, si bien con fama de hon-
rado. Se traía de tierras americanas una espinita clavada en el
corazón: muchas de las reformas que se llevaban a cabo en
Nueva España bajo su firma tropezaban, precisamente, con
la barrera de los idiomas. Esto debió de ser más de una vez
tema de conversación con el marqués de Croix. Es posible
que José Gálvez advirtiera claramente entonces las ventajas
de un código lingüístico normalizado como parte esencial de
la unificación política y económica que se planeaba para Ultramar. Por lo menos, los papeles escritos podrían recorrer el
virreinato sin estorbos. El virrey, con más poder que Gálvez,
avisaría a Lorenzana de tal decisión, Lorenzana a Fuero, y Fuero a Abreu. Todo partió de Nueva España. Todos de acuerdo.
Pero cada una de esas medidas era parte de un plan general
de comunidad política, económica y lingüística que se inau-
guró en Filipinas en 1766, siguió en España en 1768 y conti-
nuó en América en 1770. Lo cierto es que afectaban a poquísimas personas y, a menudo, las dificultades para su aplicación
eran notables: las escuelas eran pocas y la educación de calidad estaba reservada, precisamente, a la gente de calidad.
Pero Gálvez estaba en lo cierto y la administración funcionó
en sus años como la seda.

Cabría relacionar indirectamente estos planes con otros
de distinto contenido y que con toda seguridad fueron más
útiles para el idioma que los propiamente lingüísticos. En un
informe económico redactado en 1750, el español Gil de Jaz
consideraba que con el fomento de las compañías comerciales "abundará el dinero, que es la verdadera sangre del estado, multiplicará el Real Erario sus ingresos y conseguirán
todos los vasallos la felicidad que Vuestra Majestad les quiera
derramar". Estas y otras opiniones del mismo tenor no iban a
caer en saco roto: quince años después el gobierno empezó
a ensayar ciertos usos de libre comercio con América, que derivaron en el *Reglamento y aranceles para el comercio libre de Espa-*

ña e Indias de 1778. La movilidad facilitada por tales medidas fue extraordinaria, lo nunca visto: en tiempos de Gil de Jaz no llegaban a La Habana más de cinco barcos anuales, pero el mismo año del nuevo *Reglamento* llegaron doscientos. La afluencia de comerciantes peninsulares a puertos americanos fue incontenible. Gracias a las nuevas leyes sobre internación de mercancías, con la misma facilidad que arribaban, los comerciantes se dispersaban por el interior del continente. Declinan los empresarios gaditanos y cobran vigor las compañías canarias, castellano-norteñas y, sobre todas las demás, vascas y catalanas. Estas últimas acuden a América en buen número, venden manufacturas y traen materias primas. Recalan en diversos puertos y contribuyen a facilitar la circulación del dinero, a aumentar los ingresos del Real Erario y a derramar felicidad entre los vasallos de Su Majestad. El dinero, el erario y la felicidad que viajaban en las bodegas de barcos canarios, castellanos, gaditanos, vascos y catalanes pasaban el largo viaje haciendo tertulia en lengua española, la única que garantizaba ese tráfico.

El carácter de esta liberalización comercial —que a algunos les parecía poca— se refleja en la obra del argentino Manuel Belgrano *Representación de los labradores de Buenos Aires* (1793), cuyo resumen está en este párrafo: "Cuanto más se acerca un Estado a la libertad absoluta en el comercio universal exterior e interior, tanto más se acerca a su eterna prosperidad". El peruano Francisco J. Eugenio Espejo, en la misma línea, esperaba que los nuevos planes facilitaran la llegada de libros, herramientas y maestros de que tan necesitada estaba aquella región americana para su desarrollo. La sombra de Gil de Jaz era alargada.

Pero las decisiones de los ilustrados llegaron tarde a América. La integración política y económica que buscaban chocó con la resistencia de las oligarquías criollas y con la burocracia indiana. Sin prisa pero sin pausa, éstas fueron asimilando a sus viejos usos a los funcionarios de Gálvez que tan bien escribían los informes. El comercio con ingleses, franceses, holandeses, era tan próspero y más que el peninsular. Las leyes

lingüísticas, en sí mismas —salvado el estamento funciona-
rial—, no dejaban de ser un espejismo, porque su aplicación
era casi imposible: América era entonces un núcleo de blancos españoles, criollos y mestizos, que podrían sumar unos tres
millones, rodeado de masas dispersas por zonas rurales, perfectamente desconocedoras de la lengua española y que los
triplicaban en número. Algo raro pasaba en América que escapaba al control de "El Amo": a los veinte años de su muerte,
los criollos venezolanos y porteños ya andaban repartiendo
propaganda insurreccional entre los indígenas con manifies-
tos escritos, por supuesto, en lenguas indígenas. Todo un
símbolo de la obra lingüística de tres siglos coloniales.

XV. EL TRABAJO DE ENTENDERSE

La lengua común en la España moderna

Ya estamos en España. En cualquier aldea gallega. Una
tarde de cualquier día del año 1768. Cierta moza del país se
confesaba con un cura que no hablaba gallego. La moza le
explicaba con naturalidad, en gallego, cuántas veces había
"trebellado" desde la última confesión. Para entendernos,
mientras el *trabajo* se suele hacer con todo el cuerpo, el *trebe-
llo* gallego se ejercita fundamentalmente de cintura para abajo. Al cura no le pareció mucho trabajo el confesado y se vio
en la obligación de recordarle que incluso los días festivos
podía trabajar durante una hora, y todas las que quisiera en
los laborables. Inmediatamente, la moza buscó un prelado gallego para que le explicara si la confesión que había mantenido era válida o si ésa iba a ser la nueva y simpática doctrina
de la Santa Madre Iglesia respecto a sus *trebellos* juveniles en
la aldea.

La anécdota que contaba el padre Sarmiento ilustra, entre otros, un aspecto lingüístico muy de su época, cuando el
español estaba consolidando una posición que venía de atrás:
aparte de ser la lengua más hablada de España —cuatro de

cada cinco españoles no hablaban otra—, era muy apreciada por la gente acomodada de aquellas zonas donde contactaba con otras lenguas. De hecho, las estaba arrinconando y las hacía características de las clases populares, provocaba así su regresión geográfica y social, las dejaba localizadas en pueblos y aldeas (aunque seguían manteniendo la salvaguardia de la Iglesia). El caso de la *trebelladora* gallega es una muestra. Pero no es única.

Don Francisco Javier María de Munibe, conde de Peñaflorida, había fundado la Sociedad Bascongada de Amigos del País cuatro años antes de la anécdota del confesionario. Munibe, que de joven se había educado en Francia, encontraba descorazonador el atraso científico español y se propuso remediarlo con dicha fundación. La Bascongada tuvo importantes logros, como el aislamiento del wolframio y la fórmula para hacer maleable el platino. Éxitos reconocidos internacionalmente. Sus resultados se publicaban en español, que era la lengua que la sociedad había adoptado como vehículo de expresión y enseñanza. No podía ser menos cuando el vasco de aquellos años era un conjunto de variedades dialectales, a veces ininteligibles entre sí, sin cultivo en ningún centro urbano de importancia y cuyo acervo literario era, básicamente, escritura religiosa. Es más, el sabio alemán Humboldt, de viaje por las Vascongadas unos años después, había predicho que, dada la penetración del español y el progresivo aislamiento social del eusquera, no quedaría de éste más recuerdo en unos años que algunos textos escritos.

El hecho, sin embargo, de que la Bascongada fuera una sociedad científica con gusto por las particularidades históricas del país, así como el que muchos de sus integrantes fueran sacerdotes, facilitó el proyecto de un gran diccionario de la lengua vasca por lo mucho que dicha obra podía ayudar a conocer "las cosas antiguas de España". La obra quedó en proyecto.

El autor barcelonés Antonio de Capmany definía en 1779 al catalán como un "idioma antiguo y provincial, muerto hoy para la república de las letras". Perdido su antiguo lustre literario, había pasado a ser algo "provincial y plebeyo, rancio y semimuerto". Capmany exageraba, ciertamente, pero estaba en lo cierto al considerar que muchos notables catalanes, que podían haber dado lustre a su lengua, la iban dejando menguada desde hacía mucho tiempo con su constante paso al español. Los reinados de Felipe V y Fernando VI no hicieron sino acelerar esta tendencia. Por los años de Capmany se fundaba el *Diario de Barcelona,* que durante mucho tiempo iba a ser el representante de la selecta burguesía catalana. El diario le dio la razón a Capmany, porque a los cincuenta años de su fundación prácticamente no había publicado nada en catalán. Salvo poemas de ocasión, lo sustantivo del diario iba en español. Panfletos, versos patrióticos y proclamas diversas que se escribían en catalán se destinaban a la montaña, a la gente del campo. La ciudad y el comercio recurrían al español habitualmente. Entonces, autores como José Pablo Ballot recomendaban jubilosamente a los catalanes que se olvidaran de su lengua y se pasaran a la común española. Ballot era autor de un método para aprender español, todo hay que decirlo.

Para el arrinconamiento del gallego, el eusquera, el catalán, el valenciano (y nada que decir de los bables asturianos o fablas aragonesas) no hizo falta un cuerpo coactivo de leyes lingüísticas en sí mismas, hechas para obligado cumplimiento de todos y cada uno de sus hablantes. Hubo leyes que, en mayor o menor medida, afectaron a las lenguas particulares de España y primaron a la común, pues se consideraba que los efectos de la comunidad lingüística "son muy beneficiosos, porque se facilita la comunicación y el comercio y se entienden y obedecen mejor las leyes y las órdenes", como rezan las *Instrucciones para Corregidores* de 1716. No puede negarse que la administración borbónica, desde los años de Felipe V, perseguía la uniformidad administrativa —en lo relativo a los asuntos públicos— para España y América a través de ordenanzas de este tipo. El proceso para la introducción de la lengua común se inspiraba en el principio de "lograr el efecto sin que se note el cuidado", o sea, ni violentar ni perseguir la liquidación expresa de otras lenguas, pero sí asegurar progresivamente la implantación de la única común posible, sobre todo entre las clases acomodadas. Una política lingüística muy similar, en su inspiración, a la seguida entonces en América respecto a las lenguas indígenas. Esto hizo que el catalán, por ejemplo, se mantuviera bien firme en variados ámbitos administrativos. Es más, en la Universidad de Cervera (Lérida), fundada por Felipe V en 1717, la gramática que se usaba como libro de texto estaba escrita en latín-catalán. La misma política que permitió que el guaraní —y otras lenguas amerindias— se conservase e incluso se extendiese más allá de sus habituales fronteras. La idea de asegurar la implantación del español está en estos años muy ligada a la eficacia de las comunicaciones y al establecimiento de redes comerciales.

El retroceso de aquellas lenguas que no podían servir de código común, por tanto, no lo provocaron en sí mismas las medidas de política lingüística basadas en un proceso de uniformación lingüístico-nacional a gusto del Consejo de Castilla. Lo originaron, esencialmente, otro tipo de medidas: todas aquellas de carácter político, económico o administrativo que facilitaban la movilidad social de españoles y americanos, la integración de las regiones en proyectos comerciales comunes, nacionales e internacionales. Esas iniciativas que gustaban tanto a Gil de Jaz, a Gálvez, a Belgrano y a Espejo. A efectos de comunicar y difundir una lengua común, las fábricas, el comercio, las ferias, la liquidación de aduanas interiores, la unificación monetaria, las carreteras, las vías fluviales, los puertos y las rutas atlánticas, así como la mezcla de gentes facilitada por tales circunstancias, eran medios infinitamente más poderosos que una escuela, una universidad o una ley que obligara a las personas a llevar sus asuntos en español.

La comunidad lingüística fue, principalmente, hija de la comunidad económica. No fue el proceso de expolio lingüístico que algunos han querido ver. El hecho de que se fomenten aquellos vínculos que favorecen las comunicaciones y el comercio a larga distancia no implica la liquidación de los códigos lingüísticos que no garantizan ese tipo de comunicaciones, aunque sí los limita a su ámbito particular. Considero, por otra parte, que el profesor Adrian Hastings, en sus estudios sobre la vinculación que tienen las lenguas vernáculas en la formación de las nuevas nacionalidades europeas, está esencialmente en lo cierto al afirmar que dicha vinculación (lengua española o castellana = nación española) no es propia ideológicamente del caso español, o sólo lo fue como cosa retórica más que efectiva, pues la comunidad lingüística basada en la lengua española estuvo mucho tiempo subordinada a una política imperial e interterritorial (más preocupada, por ejemplo, por la uniformidad religiosa) como para facilitar el surgimiento de un concepto de nacionalidad vinculada a una lengua en concreto y, por lo mismo, se hacían muy difíciles las medidas prácticas y ejecutivas en pro de la liquidación expresa de cualesquiera otras lenguas que estorbaran un vínculo o inexistente o débil.

La consolidación de una comunidad lingüística no fue obra de unas leyes coactivas contra otras lenguas en contacto con la común, fue logro de las gentes que más activamente recorrían la red de intereses económicos trazada en el medio colonial, porque tales intereses son los que generan y mantienen la necesidad de una lengua común. Consecuentemente, los notables que habrían podido dar lustre a otras lenguas, las abandonaban y se afincaban en la lengua general. Es más, la movilidad social y empresarial lograba interesantes efectos suprarregionales: desde mediados del siglo XVIII, la castellanización gallega, especialmente la del área litoral —es claro a este respecto el caso de Vigo—, no es obra propiamente de castellanos netos sino, sobre todo, de catalanes, leoneses y vascos que acuden allí con sus compañías comerciales, bien para establecerse o bien de paso hacia América. Y viceversa, la emigración campesina gallega hacia Castilla (y luego hacia América) se trae de vuelta a casa, por lo menos, la familiaridad con otro idioma muy similar al suyo. Si, al amparo de todas estas leyes de comercio, las familias vizcaínas deciden instalarse en Chile, fundarán la que hoy es una potente —y excelente— industria en ese país: la viticultura. Como contribuirán a establecer allí otra potencia comercial por lo menos tan interesante: la lengua española.

Leyes como la Real Cédula emitida en 1768 (por los mismos años se emitieron otras para Filipinas y para América), donde se disponía que la enseñanza del latín en las escuelas de retórica se hiciera desde el español, fueron la consecuencia —no la causa— de ese tráfico humano. Dichas leyes iban destinadas a amalgamarlo, a que circulara con más facilidad, a que los funcionarios al estilo de los de José Gálvez llevaran las cuentas mejor, a que los colegiales, diplomáticos, militares, financieros españoles supieran la gran lengua internacional de cultura por aquellos años: el latín, pues la aristocracia castellana había sido tradicionalmente cerrada para los idiomas.

En todo caso, esas leyes escolares afectaban a poquísimas personas. A pesar de los planes de instrucción pública ideados por gente como Olavide o Cabarrús, que imaginaban un país lleno de artesanos instruidos, a pesar de las buenas intenciones que mostraron los constitucionalistas de 1812, la realidad pasaba por que noventa y cuatro de cada cien españoles eran analfabetos a los que las disposiciones educativas no les incumbían lo más mínimo. Las cartillas para llevarlas a cabo, por otra parte, tardaban años y años en aparecer. Las cosas de palacio iban despacio. Con todo, el español no encontraba en la península ningún estorbo ni medianamente parecido al que en América le estaba poniendo a cada paso el indigenismo. La educación popular podía estar descuidada, las cartillas ser pocas, las gramáticas no brillar por su doctrina y los profesores universitarios, para obtener sus plazas, tenían que acatar públicamente el dogma de la Inmaculada Concepción; todo eso podía pasar, pero la fuerza aglutinante de un imperio que hablaba español, donde no se ponía el sol del comercio, dejaba inútil cualquier intención y posibilidad de recorrerlo con éxito que no pasara por la lengua española. De modo que en 1823 don Andrés Pi y Arimón definía a los barceloneses, paisanos suyos, como: "Un público de una ciudad de España cuyo idioma nacional es el castellano".

Don Andrés no inventaba nada, un redactor del *Diario de Barcelona* (29-X-1796) ya se había referido al español como "nuestro castizo lenguaje".

XVI. PASTORES Y OVEJAS

Circulación comercial y circulación lingüística. Las viejas bases económicas de la comunidad lingüística en España. Lengua e Imperio. El caso de Portugal

La comunidad lingüística española, sin embargo, no es obra, ni pretensión, de reyes dieciochescos. La comunidad de lengua se había ido forjando desde tiempos muy lejanos. En 1535, Juan de Valdés escribía en su *Diálogo de la lengua:* "La lengua castellana se habla no solamente por toda Castilla, pero en el reino de Aragón, en el de Murcia, en toda la Andalucía, y en Galicia, Asturias y Navarra, y esto aun entre la gente vulgar, porque entre la gente notable tanto bien se habla en todo el resto de España". Para Valdés, esta circunstancia se debía a la facilidad de trato entre las provincias y a las necesidades de comercio y contrataciones entre ellas. Armas, comercio y contrataciones eran para Valdés lo que decidía la suerte de la lengua.

Sin duda, Valdés exageraba respecto al uso regular del castellano entre la gente (vulgar o notable) vecina de Castilla, pero sí tenía razón en que armas y negocios decidían la suerte de hablantes y lenguas. Contrataciones del secretario de la Corona de Aragón, Juan de Coloma, hechas en la corte de los Reyes Católicos, llevaron a un navegante a buscar la tierra del Gran Kan y la especiería en competencia con los portugueses. El resultado del viaje fue una decepción y, aparte de unas pepitas de oro y varios indios despistados que aprendieron castellano en la Corte, no hubo gran cosa de que ufanarse. Si bien los de la Corona de Aragón barruntaban que había futuro en la ruta hacia el oeste, las siguientes exploraciones iban a llevar a las Indias principalmente a castellanos. Pero las contrataciones entre unos y otros ya estaban hechas. En ellas no sólo había castellanos, portugueses, aragoneses y catalanes, había también un hermético marino por medio, de incierto origen (¿acaso mallorquín?), y no se sabe cuántos andaluces. Valdés, sin embargo, fue profético: de aquellas contrataciones de hace cinco siglos ha salido un curioso producto de casi cuatrocientos millones de almas que contratan de todo.

Por lo demás, de origen castellano era igualmente el comercio lanero. El comercio lanero sí que era comercio: con su red de cañadas, su pasmosa andadura trashumante, su circulación mercantil asombrosa. Movilizaba a los productores de materia prima, que recorrían con sus ganados la península en grandes franjas de norte a sur: de León a tierras sevillanas; de Logroño, por Palencia, hasta Córdoba; de Soria al Campo de Calatrava; desde el sur de Teruel, por Cuenca y Albacete, hasta Murcia. Los almacenistas de lana y los tejedores estaban en Segovia o Burgos, los transportistas hasta Inglaterra, Flandes y Alemania, en los puertos de Bilbao, Santander o Avilés. De Burgos y Bilbao son dos consulados comerciales cuyo modelo se copió para el Consolat de Mar barcelonés: a este puerto vino la lana a principios del siglo XV, las guerras civiles quitaron peso a Cataluña; los comerciantes, siempre conservadores, buscaron el puerto de Valencia para sus exportaciones laneras. Estuvieron allí muchos años. Bajaron luego a Alicante, luego a Málaga. La circulación comercial iba del interior a los puertos y el dinero obtenido recorría el camino inverso hasta Medina del Campo y Burgos. Para entonces ya despuntaba el comercio indiano por Sevilla. Ciertamente, si las lenguas tuvieran escudos como los tienen las naciones o los equipos de fútbol, en el de la española no figuraría ni un águila imperial, ni un león rampante, ni nada aparentemente noble: figuraría una simple oveja. Trasquilada.

Todo ese tráfago de gentes y mercancías arropadas en torno a la lana —que daba de sí mucho más que paños, todo hay que decirlo— venía de muy atrás. Sin embargo, había conseguido que en pleno siglo XVI la masa castellanohablante constituyera el grupo de lengua materna más numeroso, animoso, concentrado y homogéneo de toda Europa. En tan temprana época, de cada diez españoles ocho podían entenderse en la misma lengua sin que hubiera mediado intervención estatal, planes escolares o leyes impositivas. Había mediado algo mucho más poderoso: vínculos económicos. A algunos autores, como se verá luego, la denominación *castellano* les empezaba a resultar pequeña, pues era evidente que leoneses, andaluces y aragoneses, como poco, habían contribuido con los mismos méritos a esa lengua. Es interesante considerar que la proporción nacional de quienes tienen como lengua materna el castellano (aproximadamente, el 80 por ciento) frente a los que tienen otras lenguas de España (aproximadamente, el 20 por ciento) se establezca entonces y ya, prácticamente, no varíe hasta hoy. Lo que ocurría en el siglo XVI es que gran parte de ese 20 por ciento no se desenvolvía habitualmente más que en la lengua particular, pues rara vez alguien de la montaña vasca necesitaba lengua común para comunicarse con alguien de una aldea catalana, valenciana, balear, asturiana o gallega. Las circunstancias políticas y económicas del siglo XVIII, durante los años de Carlos III señaladamente, fortalecieron la necesidad de intercambio lingüístico entre las clases populares —entre algunos acomodados este intercambio era más antiguo— y una parte interesante de quienes apenas necesitaban lengua común tuvieron necesidad de ella haciéndose bilingües, más por espontaneidad, circulación humana, interés o necesidad que por organización escolar ni intervención estatal efectivas.

A este respecto, coincido plenamente con la observación del hispanista francés Alain Milhou de que el poder imperial español lo fue sin lengua imperial propiamente dicha, por mucho que se haya extendido el tópico en sentido contrario. Baltasar Gracián, en *El Político* (1640), lo reconocía sin ambages: "En la monarquía de España, donde las provincias son muchas, las naciones diferentes, las lenguas varias, las inclinaciones opuestas, los climas encontrados, así como es menester gran capacidad para conservar, así mucha para unir". Los Austrias dominaron un verdadero imperio plurilingüe. Y si no faltaron reflexiones de autores notables, en el siglo que va de Antonio de Nebrija a Bernardo de Aldrete (cuyo *Origen y principio de la lengua castellana* va dedicado expresamente a Felipe III), donde se considera la uniformación lingüística como una de las bases políticas del Imperio y donde a cada paso se leen proclamas patrióticas sobre la lengua, en la práctica, la monarquía hispánica consideró como algo mucho más importante la ortodoxia religiosa que la lingüística. Ideológicamente, los españoles sustentaban sus vínculos como grupo humano en la religión y la limpieza de sangre frente a moros y judíos, raramente en la lengua castellana, que con frecuencia se pretería para la conversión al catolicismo por medio de cualesquiera lenguas amerindias, por medio del árabe para el caso de los moriscos y, por supuesto, observando "las lenguas paternas", como las llamaba el obispo de Calahorra, para catalanes, vascos y gallegos. Sobre todo en lo que a la masa popular se refería, porque algunos vecinos notables ya habían advertido las ventajas de saber castellano e ir transformándolo en la lengua general de la península. Esta conversión encontró un freno: Portugal.

En 1626, mucho antes de cualquier ley de lenguas emanada del poder borbónico, Gonzalo Correas hacía la siguiente observación respecto a vascos y catalanes: "Fue y es común nuestra castellana española a toda España; usan la castellana y retienen la suya entre sí". Correas repite, noventa años más tarde, la misma observación de Valdés transcrita al inicio de este capítulo (y asimismo con su punto de exageración). Sólo que como Correas era de Salamanca, en cuya universidad enseñaba, incluyó a renglón seguido a los portugueses entre los usuarios de la lengua castellana. En lo que no le faltaba algo de razón. Por lo menos, así lo hacían algunos portugueses de nota: Sá de Miranda y Gil Vicente escribieron indistintamente en una y otra lengua (circunstancia que no se daba entonces entre escritores castellanos).

Cuando Correas escribe ese comentario hacía un siglo que se habían muerto Miranda y Vicente. De ellos al maestro salmantino van cien años de progresiva penetración del castellano en los círculos nobiliarios y cortesanos portugueses. La anexión de Portugal a la Corona de los Austrias en 1580, así como el propósito de Felipe II de trasladar su residencia a Lisboa para trazar desde ella la nueva política imperial en Europa, América y Asia, instalaron la lengua española en el centro mismo de la gobernación y la diplomacia portuguesas. Nunca fue, por supuesto, lengua de arraigo popular en Portugal, ni nadie pretendió tal cosa. Es más, precisamente por los años en que escribe Correas, la burguesía lusitana —muy beneficiada entonces por el tráfico económico con Iberoamérica— empezaba a considerar que no le era estrictamente necesaria la tutela de un imperio cuyas guerras con franceses, ingleses, turcos y holandeses ponían en peligro los intereses coloniales lusos. Poco a poco, se van agudizando las quejas sobre la excesiva "castellanización" en materia de gobierno, fisco, ejército. Se alienta un nacionalismo portugués en torno al mito del rey Sebastián, que vendría a libertar a su pueblo. Según la leyenda, don Sebastián no habría muerto en 1578 a manos de los marroquíes en la batalla de Alcazarquivir y retornaría para desalojar al "castellanizador" Felipe II. Uno de los escritores más castigados por el celo portugués fue Jorge de Montemayor, quien había castellanizado su apellido original, Montemôr, y había escrito todas sus obras en castellano, así que se prohibieron en Portugal, al parecer, *"em castigo de dar a Reynos estranhos o que devia a este onde nascera"*, según Lourenço Craesbeek, un impresor lisboeta de la época (quizá también porque Montemayor tuvo fama de judaizante). En 1640 la ruptura hispano-portuguesa resulta más que evidente. Cuarenta años después, Carlos II reconoce la independencia de Portugal. La aristocracia junto al medio comercial y urbano, que podrían haber contribuido a la instalación del español, son en 1688 muy distintos de aquellos que vieron nacer a Sá de Miranda, Gil Vicente, Pedro de Vega o Jorge de Montemayor. Desde mediados del siglo XVII, el español había ido perdiendo irremisiblemente todos sus abogados en Portugal.

Pero hasta entonces, no es de extrañar que Francesc Calça se preguntara en 1601: *"Los catalans, per qué dexam la llengua?"*

y se respondiera: *"En castellá tot hom que se dona escriure tenit per cert quels serà més profit"*. Todo aquel que escribe en castellano sabe que le será más provechoso. No es de extrañar que en las Juntas de Vizcaya los bilbaínos pujaran porque el idioma de contratación no fuera otro que el que entendían todos, mejor que el vizcaíno que sólo entendían algunos y en el que ya prácticamente no se contrataba nada. No es de extrañar que todo notable vasco, gallego, portugués, valenciano, balear o catalán que se preciara estuviera en camino de dominar el español. No es de extrañar que Felipe II le dictara en Lisboa papeles de gobierno, escritos en español, a don Cristóbal de Moura, su mano derecha en Portugal. Moura sabía español, como el rey entendía portugués (la lengua de su madre, por cierto). Esta difusión por la península del idioma común entre quienes no lo dominaban no tenía nada de extraño. Era, sencillamente, una utilidad favorecida por el atractivo de un imperio en rápida expansión. También Europa empezaba por aquellos años a apreciar el español casi tanto como los notables ibéricos.

XVII. EL ESPAÑOL EUROPEO

El auge de la lengua española en Europa. Los nombres de la lengua. Simbología política de las lenguas

Para comunicarse con la Corte de Viena en 1566, la reina Isabel I de Inglaterra utilizaba el latín. Para dirigirse al emperador Maximiliano II, un año después, utilizó el italiano. Casi ninguna comunicación que partiera de las islas al continente se hacía en inglés. En esa época era éste un idioma recóndito. Felipe II estuvo casado con María Tudor, vivió en Londres, dicen las crónicas que la amó tiernamente, pero nunca aprendió nada de inglés. Ningún noble español de los destinados allí esos años lo hablaba, salvo el segundo duque de Feria, quien estaba emparentado con ingleses. A los españoles se les reconocía por vestir de negro, por gustarles los caballos y por no hablar más idioma que el propio.

Carlos I tenía más suerte en esto de las lenguas que su coetánea Isabel: tras vencer en las batallas de Landsgrave y Albis, los príncipes y señores alemanes acataron su autoridad dirigiéndose a él en español, por complacerle, aunque sabían que el alemán no le era completamente ajeno. Carlos de Gante llegó a España hablando flamenco, su lengua materna, y algo de francés, su lengua cortesana. Aparte del latín, aquellas lenguas eran las que hablaba toda la capilla gubernamental que se trajo de Europa. Zumel, procurador de Burgos, le pidió en las Cortes de Valladolid de 1518 que aprendiera español. Una petición hecha de pasada en un memorial donde se le exigían muchas más cosas y de mayor enjundia. En esto del idioma se le hizo caso a Zumel. Cuando en 1536 el emperador desafió al rey francés, Francisco I, en presencia de la plana mayor de la diplomacia europea, el Papa incluido, si todos esperaban un discurso en latín, el discurso se pronunció en español. A la delegación francesa esto le molestó y el obispo Maçon le dijo ofendido que no había entendido nada (lo que por otra parte era verdad), a lo que Carlos I respondió: "Señor obispo, entiéndame si quiere, y no espere de mí otras palabras que las de mi lengua española, la cual es tan noble que merece ser sabida y entendida de toda la gente cristiana". Ésa fue una proclamación oficiosa del español como lengua internacional, de curso en Europa. Hasta entonces no había tenido ese privilegio.

No es que los diplomáticos estuvieran dispuestos a seguir espontáneamente, por el gusto de aprender idiomas, las recomendaciones lingüísticas del emperador. Lo que sucedía es que éste lo era de una potencia militar, económica y comercial que despuntaba con una fuerza irresistible. En la cabeza de Carlos I bullía una idea que se parece, a su modo, a la que bulle entre los europeos de ahora: crear una comunidad política y económica. Sólo que entonces España influía más de lo que hoy influye. La comunidad pasaba por ella como núcleo humano, por América como soporte económico y por los Países Bajos como centro financiero. Tras el matrimonio de su hijo Felipe con una princesa inglesa en 1533, Londres enlazaba en el proyecto como puerto de mayor actividad europea.

Cuando el emperador proyecta dar libertad comercial a los flamencos con América, los ingleses prevén la bonanza atlántica, los mercaderes de cereal y lana para Flandes adivinan que sus pedidos se van a multiplicar y los italianos, franceses y alemanes constatan como inevitable el auge del Imperio hispánico, aparece la primera *Gramática* de español para extranjeros: un anónimo de Lovaina del año 1555. Durante muchos años iba a ser el español una lengua presente —y creciente— en este tipo de obras. El poeta inglés James Lea saludaba con estos versos su llegada al selecto club de las grandes lenguas del momento:

La lengua de Castilla (no sé cómo) aparece con fuerza. Aunque llega la última quiere competir con las primeras.

James Lea se refería al latín, al francés y al italiano. James Lea sí sabía por qué el español se codeaba con ellas, aunque, como hijo de Inglaterra que era, no iba a reconocerlo así como así. Se hizo el despistado entre paréntesis. Aquí empezaba un negocio editorial basado en el español que, más de cuatro siglos después, no sólo no ha terminado sino que prevé un auge considerable. La calidad de los escritores en lengua española no hizo sino consolidar ese embrión de español utilitario de los años del emperador. Decía entonces el italiano Fabio Franchi que si en Francia o Italia querían llenar un teatro, los empresarios no tenían más que anunciar en los carteles que se iba a representar una comedia de Lope, y con anunciarlo: "Les falta coliseo para tanta gente y caja para tanto dinero". Para los impresores, el caso era editar una novela de Cervantes, autor que tenía crédito y público entre la gente culta europea: dos nobles franceses, lectores suyos de paso por España, quisieron conocerlo personalmente porque seguían con gusto todas sus obras. Se llevaron una sorpresa de lo más agradable cuando les dijeron que el impresor Juan de la Cuesta acababa de publicar otra más de su admirado

Cervantes: una curiosa novela que trataba sobre las manías de un hidalgo manchego trastornado por los libros de caballerías. La novela, al parecer, entretenía e iba para éxito de ventas. Se la llevaron a Francia.

La presencia internacional del español, sin embargo, estaba sujeta a los avatares de la política. En el vocabulario políglota de los holandeses Jakobszoon y Bouwenszoon editado en Leyden en 1585 el español desaparece y cede el paso a una lengua rara por aquellos años en este tipo de obras: el inglés. Un mal año para los nacionalistas holandeses aquel de 1585. Alejandro Farnesio, general a las órdenes de Felipe II, había aplastado su rebelión y tomado Amberes. La situación para los Países Bajos estaba perdida hasta que Isabel I de Inglaterra, temerosa de que los españoles, sin enemigos de peso en Holanda, accedieran cómodamente a Inglaterra, envió un ejército al mando del conde de Leicester precisamente en ese año. Ya hacía tiempo, por otra parte, que Inglaterra ayudaba a los corsarios holandeses que operaban en el mar del Norte. Isabel gana simpatías entre los nacionalistas holandeses. Felipe pierde crédito. Jakobszoon y Bouwenszoon resumen a su modo la pugna del momento y en sus *Colloques, Ov Dialogues, Avec Un Dictionaire en Quatre langues: Flamen, Anglois, François & Latin* desaparece el español. Años después, los catalanes serían más prácticos que Jakobszoon: la mayoría de los panfletos que justificaban su revuelta contra Felipe IV, distribuidos con profusión por Europa entre 1640 y 1652, se redactaron en español. Como reza uno de ellos, titulado *Secretos públicos,* iban en dicha lengua "para que lo restante del mundo sepa la justicia y la razón que en todos sus procedimientos ha tenido Cataluña".

De aquellos años son otras costumbres: empieza la tradicional polémica sobre el nombre de la lengua, que establecen los gramáticos en estos términos: "*Castellana* es nombre ambicioso y lleno de envidia, pues es más claro que la luz del sol que los reinos de León y Aragón tienen mayor y mejor derecho a la lengua que no el reino de Castilla". El anónimo de Lovaina que se ha citado antes razonaba así: "Esta lengua de la cual damos aquí preceptos se llama española. Llámase así no porque en toda España se hable una sola lengua que sea universal a todos los habitadores de ella, porque hay otras muchas lenguas, sino porque la mayor parte de España la habla". Ciertos eruditos, sin embargo, como tampoco consideraban justo el nombre de *española*, propusieron el de *vulgar*. Varios siglos llevamos polemizando sobre el caso y todo indica que seguiremos así. Quizá sería oportuno llamar a nuestra lengua común *cervantino*, nombre que no tiene geografía y que nos ahorraría discusiones futuras.

Otra moda consistió en debatir cuál de las lenguas modernas se parecía más al latín. La moda tenía evidente calado político: ya que el latín fue lengua de un imperio, aquella de entre las europeas que más se le pareciera podría con todo derecho reclamar su condición de nueva lengua madre, hegemónica y de uso regular en el renovado Imperio Romano Germánico. Hay por aquellos años autores como Pedro de Lucena que escriben obras en un idioma que no se sabe si es latín hispanizado o español hecho latín. Había argumentos para todos los gustos con tal de demostrar esta pretensión de hija predilecta latina. He aquí uno muy común entonces: "Los españoles, así como los latinos, escriben como hablan y hablan como escriben". De esta pretensión se escapan los vasquistas de aquellos años del emperador Carlos. En opinión de Garibay, el más extremoso de todos, la única lengua española de pura cepa, la más antigua, la genuina, la racial, la que había sido común a toda la península no era otra que el vasco. El latín era una cosa moderna venida de Roma, que se acabó corrompiendo malamente por los pagos de Hispania entre visigodos, mozárabes, musulmanes y otros. La realidad es que, por aquellos años, no hay lengua europea que no disfrute de apologías sobre su nobleza y pujanza; en unas ocasiones tienen fuerte contenido patriótico; en otras encierran curiosas predicciones, como la que hacía el poeta inglés Samuel Daniels en 1599: "Y quién sabe si con el tiempo podremos aventar/ El tesoro de nuestra lengua, a qué extrañas orillas/ Puede ser enviado este beneficio de nuestra mejor gloria".

Como su lengua la aprendían los demás, los españoles que salían por el mundo —y sobre todo si eran castellanos de pura cepa— apenas tenían ganas de aprender idiomas. Los estudiantes de la Universidad de Lovaina, si procedían de España, raro era que aprendieran francés o flamenco. Por eso los conocían. Los nobles predicaban con el ejemplo no atendiendo a nada que no fuera dicho en español. Salvo los que estaban regalándose la vida en Italia, coleccionando cuadros del Tiziano o comentando en los corrillos palaciegos los versos del *Orlando furioso*, que ésos sí llegaban a hablar italiano con mucha soltura, el resto nobiliario era poco políglota. Cuando el barcelonés Luis de Requesens parte como gobernador a los Países Bajos va asustado porque él sólo habla catalán, español y francés muy rudimentario.

A los soldados destinados en tercios italianos también se les quedaba algo de lo que hablaban en Milán, Roma o Nápoles. Los nobles que fueron a Londres con el príncipe Felipe no sabían inglés y el propio príncipe no se apartó allí nunca de su lengua. Los que salían a Centroeuropa apenas se manejaban con el latín —otra lengua menos practicada de lo que parecería en la Corte española—; para Alemania, Países Bajos, Viena o Chequia había que elegir gente de Cataluña o Valencia, que en algunos casos —como el del valenciano Juan de Borja— habían estado idiomáticamente menos aislados que los castellanos o se habían preocupado de estudiar latín. El propio Felipe II, que recomendaba para sus hijos el aprendizaje del latín, el portugués y el francés, él mismo, dominar bien, lo que se dice bien, sólo dominaba el español. Para la Corte española, la administración plurilingüe de tanto reino era un quebradero de cabeza. Pero, en cierto sentido, les ocurría a los españoles de entonces lo que les ocurre a los anglohablantes de hoy: en términos generales, son la gente menos práctica que hay en idiomas porque muchísima gente por el mundo es práctica en el suyo.

XVIII. Cosas que suceden en verano

La fundación de la Real Academia Española. Lenguas modernas y revolución industrial

Don Juan Manuel Fernández Pacheco era un aristócrata español con gustos raros entre los de su especie en aquellos años. Leer y escribir, por ejemplo. Tenía además interés por las artes y las ciencias. Para no aburrirse durante los meses de verano comenzó a reunir en casa a amigos suyos. Sin mayor protocolo, desde el mes de agosto del año 1713, don Juan Manuel y sus contertulios empezaron a discutir sobre letras, ciencias y artes.

Todos admiraban lo que la Royal Society de Londres y la parisina Académie Royale des Sciences llevaban haciendo desde hacía cuarenta o cincuenta años. Se les ocurrió que otro tanto podría hacerse en Madrid. Sin embargo, para formar cualquier academia dedicada a las artes y las ciencias había que empezar por darle lustre a un medio sin el cual poco se iba a poder escribir de ningún tema: la lengua. Era prioritario fijar la ortografía —que estaba muy descompuesta—, organizar la gramática y compilar un gran diccionario donde cada palabra viniera respaldada por ejemplos de autores notables. Con esto, las discusiones derivaron hacia los asuntos del idioma. Así que la tertulia, que iba en principio para "academia total", se quedó en academia de la lengua. Cuando el señor Fernández Pacheco (todavía no he dicho que era marqués) le presentó la idea a Felipe V para que la apadrinara, el rey le dijo que lo hacía con mucho gusto, es más, le dijo que a su real persona venida de la culta Francia ya se le había ocurrido —antes de que un marqués español se lo pidiera— que algo así tenía que fundarse en sus reinos. Era puro protocolo, claro está. La verdad es que el rey, esos días de octubre de 1714, cuando estampaba su firma fundacional en las actas académicas, como casi todos los días de su vida, sólo hablaba francés. Desde ese año nos referimos a la *Real Academia Espa-*

ñola, *Academia Española, la Academia* (por ser la de más veteranía) o *la Española* a secas. No añadan *de la lengua,* que no les suele gustar a sus integrantes.

Si el rey venido de Francia estaba de acuerdo con apadrinar aquello, los notables castellanos no lo estaban. El Consejo de Castilla ponía todas las trabas posibles a la fundación de una academia donde casi ningún miembro era castizo castellano. Los consejeros eran más papistas que el Papa. Sólo veían ofensas: para empezar, el marqués y padre de la idea académica era navarro; el censor de la corporación, Folch Cardona, era catalán; en cuanto a los otros... ya se encargaba de darles publicidad el fustigador Luis Salazar y Castro: "Venirse un italiano a hacer en Madrid el papel de corrector de la lengua castellana es un empeño temerario. Atreverse un gallego o maragato, con un acento más áspero y más duro que su tierra, a enmendar las expresiones cortesanas, es cosa que merece carcajada. Y pensar que un andaluz o extremeño han de ser compadres de los castellanos y los han de pulir el lenguaje es una de las aprensiones más ridículas". Como puede suponerse, don Luis Salazar nunca fue académico, aunque por su erudición no hubiera desentonado en la Docta Casa.

En 1771, con la publicación de la *Gramática,* la Academia había concluido la tarea que se había fijado hacía poco más de medio siglo: tres grandes obras normativas que dieran prestigio al español y lo modernizaran. A la *Gramática* precedió en 1741 la *Ortografía* y a ésta, entre 1726 y 1739, el *Diccionario de Autoridades.* Algunos criterios fijados en aquellos años siguen vigentes hoy, como las reglas de la *b* y la *v,* la escritura de *c* y *z* (decidieron eliminar la *ç* de un plumazo), y si ahora decimos y escribimos *doctor, efecto* y *significar* en vez de *dotor, efeto* y *sinificar* —como decían y escribían Lope, Quevedo o Calderón— es también por ocurrencia académica de 1726.

En noventa años de reformas, los que van de 1726 a 1815, los académicos despojaron la escritura de colgajos etimológicos, la hicieron más sencilla y práctica; además, dejaron trazada la senda para nuevas simplificaciones cuya dificultad técnica es muy poca. Su mayor obstáculo estriba en que los académicos se decidan a ejecutarlas y se pongan de acuerdo en cómo y cuándo... y todos estemos dispuestos a aceptar sus criterios. Los hablantes de francés, inglés o alemán se complican inútilmente la vida escribiendo cosas como *Philosophie, theatre, assassin* o *approbation,* que el hispanohablante escribe *filosofía, teatro, asesino* y *aprobación,* ahorrándose la *ph,* la *th,* la *ss* y la *pp;* es más, lleva ahorrándoselas ciento cincuenta años por lo menos.

La oportunidad de estas reformas quizá no ha sido advertida en toda su trascendencia. A partir de 1823, algunos americanos, al calor de la independencia política que se alumbraba, empiezan a escribir y difundir por sus países ortografías propias más simplificadas aún, que apartaban el uso criollo del peninsular (véanse capítulos XXVI y XXVII). Vencido aquel primer impulso y reconocido el inigualable valor de una escritura conjunta, a la hora de rectificar y acatar la norma común hispánica, el hecho de que la ortografía académica fuera ya de por sí sencilla allanó el camino de vuelta para quienes habían predicado el cisma ortográfico. Retornaron sin mayores escollos y el español no se partió en varias normas ortográficas, que es la primera piedra para diferenciar la norma lingüística toda. Considerado el caso, es fácil advertir por cuántos azares y por cuántos filos de navajas hacen pasar los hablantes a sus lenguas.

Cuando Carlos III inicia sus planes escolares en el decenio de 1770, el español ya ha resuelto los problemas más espinosos de su moderno proceso normalizador. Tiene un inventario léxico que es la envidia de Europa; inmediatamente va a aparecer otro no menos notable de Esteban Terreros y Pando con voces científicas y sus correspondencias latinas, italianas y francesas; tiene una ortografía sencilla y tiene una gramática moderna. Todos los saberes que recorren Europa en inglés, francés, alemán, italiano, latín, se pueden verter al español sin más dificultad que encontrar un traductor fiable. Como éstos no escasean, las enciclopedias, tratados y estudios de cualquier materia se imprimen con generosidad. Si los españoles no son los campeones de las ciencias, por lo menos no están desinformados. Tienen incluso gente meritoria como Juan Bautista Aréjula que, él solo, es capaz de decirle a Lavoisier, Furcroy o Berthollet que, en determinados aspectos de la moderna terminología físico-química, no están muy acertados. Pero la hegemonía francesa en dicho campo era indiscutida. Para que se hagan una idea: si hoy escribe todo el mundo los derivados de *kilo-*, mil, con *k*, es por el "error" de sabios franceses que no transcribieron correctamente, con *qu*, la palabra griega de la que procede la voz "mil". Se puede escribir etimológicamente así: *quilómetro*, pero ¿alguien lo hace? Mejor, no lo intente.

Los franceses, que en el siglo XVIII copan con los británicos el mundillo de las ciencias positivas y se pelean por sus aplicaciones comerciales, no le hacen mucho caso al español. Pero Aréjula tenía razón. Era más correcto llamar *arxicayo* —como él quería— a lo que gracias a los errores de los sabios franceses todos llamamos hoy *oxígeno*. Ya daba igual. Un campo de gran importancia para dar cuerpo y peso a cualquier lengua, como es el de la creación científica y técnica, se escapaba irremisiblemente de aquel remozamiento general que la Academia había llevado a cabo con el español. En este preciso terreno la ascensión del francés, el alemán y, sobre todo, el inglés resultaba imparable. La mitad de lo que la revolución industrial iba a traer en novedades científicas y técnicas entre 1750 y 1900 lo trajo en esta última lengua. A finales de ese periodo, en Estados Unidos se producían más manufacturas de objetos modernos, patentes y novedades científicas que en Francia, Alemania y Gran Bretaña juntas y era el país que, sólo él, acaparaba la cuarta parte de toda la riqueza mundial. Las circunstancias políticas, económicas y comerciales que se han ido gestando desde mediados del siglo XX no han hecho sino darle el espaldarazo al inglés para convertirlo, como quien dice, en la lengua planetaria. Quizá ni un tipo tan inteligente como Aréjula podía sospechar en su día tanta bonanza.

XIX. Novedades de la Villa y Corte

Problemas de norma lingüística: de Valladolid a Sevilla, Canarias y América pasando por Madrid. Lengua y administración política en el siglo XVII. Instrucciones para maestros de letras en época de Felipe II

Los contertulios de don Juan Manuel tenían la idea fija de que el español había llegado en esos años a la cúspide. Desde Cervantes y Calderón en adelante no le esperaba sino declinación y enflaquecimiento. Por si acaso, ustedes no crean que las lenguas tienen cúspides visibles. A Nebrija le sucedió lo mismo que a los académicos, sólo que dos siglos antes. Estaba convencido de que la lengua había alcanzado la cumbre, precisamente, en el momento en que él publicaba sus gramáticas y diccionarios. Hay algo de vanidad en todo esto, como lo hay de promoción editorial, porque con esta propaganda Nebrija vendió libros a montones. Pero la realidad es que, muerto Nebrija, apareció la lujosa promoción del Siglo de Oro; y muy muertos los contertulios de don Juan Manuel, la lengua española ha dado una prodigiosa generación de escritores, notablemente en América, y diez premios Nobel de literatura. Es verdad que en los siglos XVI y XVII el florecimiento literario en lengua española fue asombroso. Pero no sólo el florecimiento de la literatura artística en sí misma —que es el más conocido— sino el del saber escrito en términos generales, de cualquier materia que se tratase (incluso de la científica, independientemente de que en la catolicísima España las ciencias profanas no tuvieran buena prensa). Quedaba coleccionar esos saberes, ordenarlos y ver qué lecciones dejaba para el idioma tal examen. Ésa fue la tarea académica.

Durante los siglos XVI y XVII, la lengua española asistía a curiosas pugnas entre maneras diversas de hablarla. Nada raro. Hoy sucede lo mismo. Sólo que hoy obedecemos ciertas reglas —*vivir* se escribe con *v;* no pronuncie *cuñá,* diga *cuñada;* evite escribir "no zepuasé" y esfuércese por escribir "no se puede hacer"—, reglas que entonces no estaban tan claras. Mucha gente no estaba dispuesta a seguirlas. Es posible hacer una lista de, por lo menos, cincuenta autores del momento, todos ellos convencidos de que la lengua estaba —otra vez— en la cúspide, precisamente cuando se publican sus ortografías, gramáticas, prontuarios y artes de escribir. Nunca ha sido tan evidente como entonces la frase "cada maestrillo tiene su librillo"; de hecho, algún erudito ha calificado esta época como el "periodo anárquico" de la ortografía española. Acaso se haya quedado corto. La verdad, sin embargo, es que en aquellos años se daban circunstancias para la anarquía.

En 1578 estaba fray Juan de Córdoba en México escribiendo su *Arte de la lengua zapoteca* —una afición corriente entre los sacerdotes americanos, como ya saben— y de pronto se acordó de España. Hizo la siguiente observación: "Los de Castilla la Vieja dicen *acer* y en Toledo *hacer;* y dicen *xugar,* y en Toledo *jugar;* y dicen *yerro* y en Toledo *hierro;* y dicen *alagar,* y en Toledo *halagar*". Se lo interpreto: para fray Juan, los castellanos de Toledo hablaban mejor que los de Burgos y Valladolid, ya que aquellos pronunciaban cosas como *jadser, yugar, jierro* y *jalagar,* mientras que los norteños decían *acer, jugar, yerro* y *alagar.* Aparte de que el buen hablar toledano haya sido un tópico más que una realidad, pues en Toledo no se ha hablado, digamos, ni mejor ni peor que en Bogotá, fray Juan estaba enfrentando las dos grandes normas que pugnaban entonces. Otro erudito toledano, Sebastián de Covarrubias, criticaba a los norteños en 1611 con las siguientes palabras: "Los que son pusilánimes, descuidados y de pecho flaco suelen no pronunciar la *h* en las dicciones aspiradas y dicen *umo* por *humo*" (léase *jumo*). El caso es que los descuidados y pechoflacos se salieron con la suya; de modo que sus pusilánimes pronunciaciones acabaron desterrando a las nobles y recias "toledanas". Todo sucedió en unos cincuenta años. Aproximadamente, los que van de 1550 a 1600. En realidad, cuando don Sebastián escribía esa nota lo hacía porque sus propios usos ya estaban en retirada, porque su imperial ciudad había perdido mucho peso frente a Madrid y porque Covarrubias tenía mal humor.

En la España del siglo XVI el *jadser* sureño y el *acer* norteño convivían. Lo que ocurrió es que los usos norteños, que radicaban desde hacía siglos de Badajoz a Bilbao pasando por Valladolid y Burgos, salieron de su casa y se pusieron de moda en la de todo notable castellano que se preciara. No había sucedido eso antes. La culpa la tuvo Madrid. Es más, el culpable quizá fue Felipe II. Don Felipe era un rey itinerante que no se estaba quieto en ningún sitio. Decidió afincarse en Madrid, no porque fuera un lugar céntrico (considérese, por ejemplo, lo a trasmano que le pillaba de Bruselas), sino porque era un lugar equidistante de las residencias palaciegas que él se había hecho construir por la zona.

El 19 de mayo de 1561 la Corte abandonó Toledo y se trasladó a Madrid. Toledo se había hecho incómoda. La Corte se vino a un lugar más llano. Entonces tenía Madrid no más de nueve mil habitantes. Al poco de aposentarse el rey dobló su población. Nueve años después sumaba treinta y cuatro mil almas. Un informe del Consejo de Castilla fechado el 6 de julio de 1626 le daba trescientos mil habitantes (Bilbao por entonces podría tener poco más de cinco mil). Un testigo de aquellos años la describe como "llena de personas reales, de sacerdotes, de caballeros, de justicias, de oficiales, de facinerosos, ladrones, rufianes y vagamundos". Otro decía de ella que era "la más sucia y puerca de todas las de España". ¿De dónde había salido toda esa gente que en poco más de cincuenta años había multiplicado por veinte o treinta la inicial población madrileña? Los facinerosos, ladrones, rufianes y vagamundos de cualquier parte. Las personas reales, sacerdotes, caballeros, justicias y oficiales tenían, sin embargo, un interesante componente castellanoviejo, es decir, eran de esos que según don Sebastián de Covarrubias pronunciaban mal y tenían el pecho flojo. Decían *acer, umo, yerro, jugar, alagar...* como tantos y tantos hispanohablantes de hoy.

Todo era comprensible: el propio rey había nacido en Valladolid y, muy probablemente, pronunciaba así. Como lo hacía su entorno. Pero el rey y los suyos eran unos pocos. Había, sin embargo, otros muchos castellanos con la misma entonación que vivían al norte de la sierra del Guadarrama, que se habían enriquecido con los negocios del tráfico americano y, sobre todo, del comercio lanero, que habían puesto fábricas e industrias en sus ciudades y que aquellos años tuvieron mala fortuna: las mercancías extranjeras sometieron a sus industrias a una competencia desigual, irresistible. Fueron años de aguda crisis económica. Muchos cerraron la tienda o el taller, muchos liquidaron sus negocios, muchos se dedicaron a vivir de las rentas o los ahorros, muchos se fueron a la Corte a pretender un puesto oficial, todos comulgaban con la idea de que no vivir de rentas no era estado de nobles. Marcaron la pauta de un estilo de vida despreocupado. Las ciudades castellanas se despoblaron: de 1590 a 1620 Valladolid había perdido la mitad de sus vecinos, casi en iguales proporciones estaban Burgos, Medina, Cuenca o Segovia. Sólo creció la Villa y Corte, que daba eco a los usos lingüísticos norteños. Cuando un gramático francés de entonces vino a España, buscando las fuentes del castellano más puro para estamparlo en su gramática, se vio obligado a advertir a sus lectores que el rancio uso toledano *"n'est nullement castillane"* y menos en Madrid. Efectivamente, lo usual bajaba ahora del norte peninsular a través del Guadarrama.

Toledo siguió pronto los pasos de la Corte. Tras Toledo, Valencia; tras Valencia, Sevilla; si bien los sevillanos añadieron al caso un matiz más: donde los de Madrid distinguían entre *s/z* ellos igualaban con *z*, que no estaba bien visto y lo llamaban "habla gruesa", o igualaban con *s*, que estaba mejor visto y era "habla fina". Madrid y Sevilla inventaron entonces la división esencial que todos los hispanohablantes repetimos ahora: los hay quienes distinguimos entre *s/z*, los hay quienes igualan todo en *s* (que son la inmensa mayoría, porque entonces todos los castellanos iban a América por Sevilla tras hacer escala en Canarias) y los hay quienes igualan en *z*.

Y en esto llegó la peste. Se repitió el ciclo de epidemias que había asolado al reino de Aragón dos siglos antes. La enfermedad entró en Valencia el año 1529 procedente de Argel. Hasta el año 1652 en que mató a la mitad de los vecinos de Barcelona, estuvo periódicamente visitando la península. Asoló la cornisa mediterránea. En concretos puntos —de Valencia a Orihuela, por ejemplo— acabó con cuatro de cada diez vecinos. La zona donde contactaban el catalán y el español redujo su población en más de un tercio. Tardaría muchos años en recuperarse. Sin embargo, la meseta apenas notó la pestilencia; el río humano que bajaba de la Castilla norteña al sur estuvo a resguardo de las epidemias gracias a un eficaz cordón sanitario. Salvo zonas de Murcia y Sevilla donde el morbo arraigó, los castellanoviejos siguieron circulando con tranquilidad por el centro y sur de España, siguieron dando eco a sus particulares modos de pronunciar y siguieron ganando peso como grupo lingüístico.

En aquellos años cundían las confusiones a la hora de escribir y pronunciar: los impresores seguían cada cual su gusto; los maestros enseñaban a la antigua o a la moderna, según; algunos gramáticos se ofendían ante la arrolladora presión del habla norteña. El rey recibe en agosto de 1587 un grave memorial del preceptor de sus hijos, García de Loaisa, que empieza así: "Todas las naciones políticas han puesto cuidado en mejorar sus lenguas, y príncipes grandes le han tenido de la escritura de ellas, porque por la escritura se pierden las lenguas o se ganan. Y siendo la castellana entre las vulgares muy merecedora y fácil de andar bien escrita, por ser tan conforme al latín y escribirse como se habla, anda su escritura muy perdida y estragada en este tiempo más que en otro ninguno". ¿Cómo podía ser aquello? Loaisa añade: "Hay en Madrid las peores escuelas de España. Lo uno porque cualquier remendón pone escuela como y cuando le parece, sin tener letra ni habilidad, ni examen, ni licencia; y lo otro, porque como aquí hay tanta variedad de gente y tanta suma de muchachos, no ha habido nadie que haya reparado en esto y cada uno envía a sus hijos a la escuela más cercana, sea buen maestro o malo". Sigue el preceptor enumerando males y propone una solución: para poner escuela pública hay que hacer oposiciones. Los maestros vendrán a Madrid cada tanto tiempo, aquí se les examinará a todos según una misma cartilla que se haya editado con permiso real (¿se refiere a la de Juan López de Velasco, que recorría Castilla con ese privilegio desde hacía ocho años?), una vez examinados de leer, escribir y contar, se les dará permiso para abrir escuela de letras.

Felipe II meditó la sugerencia. Hay que considerar que al rey el problema de la escritura le preocupaba. Don Felipe era un hombre que pasaba sus días sentado ante una pila de documentos, contestándolos personalmente y remitiéndolos a los destinos más diversos, así que la idea de una ortografía unificada e impartida en las escuelas por gente autorizada le pareció muy oportuna. Dio fuerza de ley a las sugerencias de Loaisa; eso sí, para don Felipe los maestros que opositaran no podían ser viciosos, ni dados a vino, ni deshonestos, ni debían jurar, ni darse a juegos de azar, ni ser hijos o nietos de judíos, moros o herejes quemados, dentro del quinto grado de parentesco, ni tener malos informes de la Santa Inquisición, ni haber sido objeto de castigos infames o deshonrosos y habían de saber la doctrina de la Santa Madre Iglesia tal como lo mandaba el Papa. Pues bien, después de todo eso, si les quedaba ánimo para leer, escribir y contar... podían poner escuela. Con tanta gente virtuosa dándose a enseñarla, el habla de la Castilla norteña, que hacía no muchos años había carecido de prestigio ante usos cortesanos ahora en retirada, estaba en el camino de ser la pauta de la norma culta hispánica. Con permiso de Sevilla. Aunque de los resultados prácticos de esa ley para maestros de letras, o si pasó de ocurrencia legal a cosa ejecutoria, poco se sabe.

XX. CORÁN, TALMUD Y BIBLIA

La decadencia del hispanoárabe. El proceso de asimilación cultural de los musulmanes. Los judíos sefarditas y el judeoespañol

Por los años en que el preceptor real redactaba aquel informe, un estudiante alemán de medicina partía de Heidelberg con destino a Sevilla. Llevaba bajo el brazo valiosos documentos relativos a su especialidad redactados en árabe. Todavía en el siglo XVI los galenos moriscos seguían teniendo algún crédito en España. No en vano eran herederos de unas doctrinas médicas que habían admirado a Europa. El estudiante alemán llegaba a Andalucía con la intención de que alguien le tradujera aquellos textos sabios. Tras vencer la inicial desconfianza, le presentaron a alguien que hablaba y escribía árabe, que sabía de papeles viejos, que había ejercido la medicina y que ahora trabajaba de alfarero. El alfarero hospedó al estudiante en su propia casa, pero no le tradujo ni una sílaba de aquellos escritos. Podría haberlo hecho; sin embargo, no quiso. Se negó en redondo. Tratar materias escritas en árabe con alguien venido de fuera podría traerle complicaciones. Sus miedos eran humanamente comprensibles: el alfarero sevillano era producto ejemplar, uno entre otros muchos, de los planes que hacía años había ideado para los de su clase don Lorenzo Galíndez de Carvajal.

En 1526, don Lorenzo decidió dar carpetazo a los planes de asimilación de moriscos usados desde la toma de Granada. Hasta entonces se había tenido cierta condescendencia y, previo pago de impuestos especiales, se les toleraban sus costumbres, religión y lengua. No era una condescendencia feliz. Los moriscos se quejaban del mal trato que recibían y los roces no tardaron en aparecer. Aquello derivó en rebeliones y guerras. Cerrado con sangre ese capítulo, el plan de asimilación de Carvajal era drástico: se proscribía el hispanoárabe, lengua asociada con el dogma musulmán y, por lo mismo, herética; se prohibiría la religión islámica con sus prácticas públicas o privadas, los vestidos tradicionales, los usos alimenticios musulmanes, los nombres propios de moros, que se cristianizarían sin dilación, y todo uso que se asociara a la cultura musulmana.

Carvajal era listo: los moriscos se mezclarían con la población cristianovieja para aprender lengua romance y buenas costumbres. Por eso mismo, los cristianoviejos estaban obligados a portarse bien y a dar ejemplo a los conversos a la fe católica. Así, Carvajal, con la excusa de la asimilación morisca, controlaba de paso a la población cristiana. Para vigilar a los cristianos viejos y a los nuevos se solicitó el establecimiento de la Inquisición en Granada.

Las prácticas de asimilación lingüística fueron tan refinadas como puede imaginarse. Una brillante idea del momento consistía en amordazar a los muchachos hasta que dejaran de hablar hispanoárabe. Podían expresarse con gestos, pero hasta que no estuvieran en disposición de hablar en puro cristiano no se les destaparía la boca. La conversión, sin embargo, sí se pensó hacerla en árabe, si bien surgieron pronto dudas sobre la conveniencia de predicar el evangelio en lengua tan inconveniente como la de Alá. Por otra parte, eran pocos los curas que podían hacerlo. Al contrario de lo que ocurría en América, donde el número de indígenas era abrumador, casi ninguno de ellos hablaba español y ninguna de sus lenguas la había practicado Mahoma —por todo lo cual podía ensayarse el Pentecostés—, el número de moriscos en España no pasaba del 5 por ciento de la población, estaba muy repartido por el país y, aunque hablara *algarabía* entre sí, no dejaba de entender el español. La presión asimiladora fue cada vez mayor. En la época de Felipe II se dio otra vuelta de tuerca: se dispersaría a los moriscos por el país, de modo que no formaran grupos, hubiera matrimonios mixtos y se olvidaran de sus costumbres, lengua y religión.

Por aquellos años se cernió sobre el idioma hispanoárabe una peligrosa sospecha: los marinos al mando de las flotas que surcaban el Mediterráneo aseguraban que esa lengua estaba sirviendo de código cifrado para pasar información a los turcos que merodeaban por las costas. Como los moriscos sabían español pero los españoles no sabían morisco, aquéllos siempre llevaban ventaja a la hora de transmitir mensajes. Era lo que le faltaba al árabe peninsular. Había sido una lengua importante, de refinado cultivo literario, presente —cuando no protagonista— en todas las ramas del conocimiento y había dejado un importante caudal de palabras en el español. Pero desde finales del siglo XV era como si se hubiese precipitado por un barranco de permanente menosprecio. Se veía arrumbada por riquezas idiomáticas que se buscaban esta vez en el renacimiento del latín o el griego. A esas horas, todo lo árabe parecía irremisiblemente viejo. Los esfuerzos para la dispersión de moriscos y la proscripción de su lengua se redoblaron.

Los nuevos planes no es que fueran inútiles —el terror se instaló con éxito aquellos años entre algunos arabehablantes, como el alfarero sevillano—, pero eran lentos. Treinta años después las tuercas se volvieron a apretar: de 1609 a 1614 se expulsó del país a casi la mitad de la población morisca, que fue trasladada al norte de África. Algunos regresaron y, como el resto de los que habían permanecido en España, se asimilaron sin mucho ruido. Los últimos en marcharse —o asimilarse— fueron los del valle de Ricote, la tierra murciana que va de Abarán a Calasparra. Sin tantas presiones, prohibiciones ni coacciones, los moriscos canarios hicieron lo mismo. Mediado el siglo XVII ya no significaban mucho más que motivos literarios. Los textos hispanoárabes eran un noble y magnífico adorno de bibliotecas. Especialmente lo fueron para la de Felipe II, quien, cuando más arreciaban las medidas contra el árabe, mejor coleccionaba personalmente magníficos manuscritos en dicha lengua, los archivaba con mimo en El Escorial y recurría a un médico morisco de ese mismo pueblo que, como había aprendido su ciencia en aquellos textos sabios y prohibidos, componía mejor que nadie la cabeza que el excéntrico príncipe don Carlos se había abierto al caerse por una escalera.

Se puede imaginar qué hubiera sido del hispanoárabe si el plan de asimilación no se hubiera ejecutado, si la lengua hubiera tenido cultivo, si a los moriscos les hubiera dado por modernizarla y hacerla común a todos ellos. Haré un poco de historia virtual: el hispanoárabe tendría, en conjunto, casi tres millones de hablantes natos, sólo que dispersos por todo el territorio nacional. En algunas zonas el idioma estaría bien representado: lo hablarían como lengua materna tres de cada diez aragoneses y casi cuatro de cada diez levantinos.

En Extremadura y ambas Castillas su peso sería menor, aunque en Toledo, Plasencia, Badajoz, Cuenca, Valladolid, Segovia y Salamanca las comunidades hispanoárabes se dejarían notar; es más, en municipios muy concretos, casi todos hablarían árabe. No serían muy numerosos en Andalucía, si bien las comunidades islámicas de Granada, Córdoba, Jaén y Baeza, por este orden, tendrían mucho peso. En el resto del país, salvo en áreas murcianas o en ciudades como Tudela, Tortosa y alguna más, apenas tendrían relevancia. Por su laboriosidad y lo bien que servían de albañiles, hortelanos, zapateros, carpinteros, alfareros, médicos, no sería una comunidad cualquiera. Dada la holgazanería del hidalgo castellano, seguramente sus miembros hubieran ocupado interesantes puestos en la futura industria y comercio nacionales. Habrían monopolizado, por ejemplo, la de la seda y algunas ramas de la construcción o la agricultura. Así, el hispanoárabe habría multiplicado su presencia pública en España y sería otra lengua más, sin duda, de mayor peso del que hoy puedan tener el eusquera o el gallego en el panorama nacional (y con un vínculo internacional del que estas dos lenguas carecen). Sin embargo, la historia difícilmente podrá retornarnos al siglo XIV.

La huella de los judíos era mucho menor. Los sefardíes no hablaban hebreo. Para casi todos ellos era una lengua ritual, salmodiada en oficios religiosos sin entender lo que se decía. De modo que en el caso de los judíos nos encontramos ante un intento de uniformar en religión y costumbres a gente hispanohablante. Los sefardíes hablaban español, si bien tenían mejor dominio del árabe que los cristianos. Es más, quién sabe si los judíos estaban entendiéndose, de Lisboa a Barcelona pasando por Sevilla, en romance común (¿de base castellana?) antes incluso que cualesquiera hablantes peninsulares: una especie de pioneros de la comunidad lingüística española. Su población era infinitamente menor que la morisca. Aunque siempre hubo recelos antisemitas y los disturbios llegaron a ser muy violentos, lo cierto es que miembros de la comunidad judaica ocuparon importantes cargos en el entramado gubernativo, diplomático y financiero castellanos.

Tal vez esta última circunstancia —asimilar al patrón común a quienes de hecho tenían responsabilidades de decisión en él— fue determinante en los medios de gobierno a la hora de redactar el decreto de conversión de 1492, darles un plazo para bautizarse más generoso que el que se dio a los moriscos y, si se exiliaban, prometerles el reintegro de todos sus bienes cuando decidieran retornar con los deberes cristianos hechos. Muchos se fueron. Estaban yéndose desde cien años antes y no dejaron de salir hasta bien entrado el siglo XVII.

El éxodo sefardí se repartió por Portugal, norte de África, sur de Francia y, sobre todo, por los dominios del Imperio otomano, lo que hoy es Turquía, Grecia, Albania, los Balcanes, Rumania y Oriente Medio. Salvo el judío balear, cuyo aislamiento le permitió quedar un tanto al margen del decreto de conversión y permanecer en las islas, el peninsular se bautizó, simuló su conversión o se fue. El sefardí huido conservó su lengua española: el judeoespañol. No era una variedad lingüística específicamente suya; era, por decirlo así, el castellano del siglo XV, conservado a través del tiempo y en espacios muy alejados del dominio hispanohablante. Todavía en 1959 uno podía ir a un quiosco de Estambul, comprar el periódico *Salom* y leer noticias como ésta: *"Konstruksion de 29 nuevas fabrikas. El Sr. Phinas Sapir, ministro de la Endustria i del Komersio, anonsó mientras una konferensia de prensa, la konstruksión de 29 establesimientos endustriales en el país, destinados a emplear de 6 a 7.000 personas. El ministro deklaró ke esto representa un progreso sin presedente en la ançeadura industrial de Israel".* Una noticia del siglo XX escrita en lengua del siglo XV, con las lógicas variaciones que el tiempo, la dispersión, el gusto (y a veces el capricho) de quien la escribe hayan producido en aquel fondo itinerante del castellano viejo.

El caso es que la comunidad sefardita, aunque muy dispersa por el mundo, mantuvo esa lengua con gusto. La consideró parte de su legado. Se entendió en ella. Se movió creando asociaciones para su conservación, difusión y algo mucho más importante: su posible unificación normativa con el español común. Iniciativas todas que, concretamente en España, casi siempre dieron con el muro de la indiferencia. Así se desaprovechó una ocasión magnífica para la representación internacional del español en ambientes quizá muy minoritarios, pero de indudable influencia y probada lealtad lingüística. Al judeoespañol, en opinión del profesor Iacob M. Hassán, no le resta ya sino preparar dignamente su muerte, quedar como un bello recuerdo de lealtad a unos antepasados ingratos y pasar a ser objeto de estudio en departamentos universitarios. Amén.

Algunos dicen que el almirante salió de Palos con instrucciones secretas: buscar nuevas tierras —menos revueltas que las europeas— para familias judías, como la del banquero que financiaba la expedición. Por eso Colón llevaba de viaje al converso Luis de Torres, que sabía hebreo. Sea o no cierta esta historia, en Guanahaní el hebreo no les iba a servir de mucho a los judíos. Luis de Torres se dio cuenta enseguida. Eran más prácticas las señas.

SEGUNDA PARTE

XXI. TIEMPO DE TORMENTAS

La disolución política del Imperio español. Paradojas de la historia lingüística. El caso de Santo Domingo. España en los siglos XIX y XX. El español en Guinea

William Walker nació en Tennessee en 1824. Fue un niño prodigio y a los catorce años ya se había licenciado por la Universidad de Nashville. Poco después ejercía de médico y abogado, fundaba un periódico en Nueva Orleans, iba y volvía de California en busca de oro y había salido vivo de varios duelos. Tenía madera de héroe. Todo en un cuerpo de apenas cincuenta kilos. El espíritu inquieto de Walker no se calmaba así como así. De modo que cuando cumplió veinte años decidió que era el momento de conquistar la América que todavía no estaba en poder de los yanquis, o sea, del norte de México al sur de la Patagonia. Él ganaría dinero y gloria, su país un territorio inmenso y los conquistados se beneficiarían de las bondades de la civilización moderna y del dominio de la lengua inglesa. Se fue a la guerra con un ejército de cuarenta y cinco reclutas. Cosechó algunos éxitos. Conquistó Nicaragua y estuvo allí un año. Durante los siete u ocho años siguientes se dedicó a organizar expediciones guerreras por Centroamérica, esta vez con peor suerte. A Walker la mala suerte le daba igual. Como muchos enfrentamientos terminaban con la armada inglesa, que andaba calculando lo que se podía conquistar en los saldos coloniales de Fernando VII o de Napoleón, los marinos apresaban a Walker durante unos días, le tiraban de las orejas y lo deportaban a su país de origen, donde el joven prodigio reclutaba otros treinta o cuarenta soldados y vuelta a empezar. En 1860 estaba dispuesto a conquistar Honduras; sin embargo, en esta ocasión la marinería británica se hartó de él: en vez de repatriarlo, lo entregó a las autoridades hondureñas, con gran asombro de Walker y los suyos. Los hondureños los llevaron a una pintoresca plaza, los pusieron delante de una pared, pero no les tiraron de las orejas, sino que les tiraron unas balas que fueron la causa de su fallecimiento.

Con la muerte de William Walker se serenó una costumbre bastante común entre algunos yanquis de aquellos años: las expediciones guerreras de California hacia el sur. Había sido un deporte propiciado por el proceso de desintegración de los antiguos virreinatos hispánicos, inmensas zonas que se sumieron en la ruina material y política, cuyas reformas no tenían otra salida que el enfrentamiento cruel. Cabría preguntarse por qué después de tantos territorios malvendidos, desgajados, divididos, tantas guerras civiles y revoluciones, tantas intervenciones militares de británicos y norteamericanos, tantos manejos diplomáticos de franceses, tanto recelo de las nuevas repúblicas hacia España y, en fin, tanto estrépito y cataclismo como siguió al batacazo del Imperio hispánico... la lengua ha sobrevivido al siglo XIX como cosa común hispanoamericana (o americano-española). El caso no deja de tener mucho de azar, porque las condiciones sociales, políticas, económicas y culturales para el desmembramiento estaban servidas; sin embargo, al final sucedió todo lo contrario de lo esperable. A todo ello vamos a dedicar algunas reflexiones a lo largo de esta segunda parte.

Es verdad que si el batacazo no hubiera sucedido, los hispanohablantes americanos ocuparían un territorio bastante más grande del que hoy ocupan. Esto ya no importa nada. Pero lo interesante del caso es que América empezó a hablar realmente español cuando todo indicaba que el español como lengua común podía irse a pique, quedando repartido en diversas hablas regionales, exagerados los particularismos entre grupos dialectales o países vecinos. Ésta es una curiosa historia donde pugnaron fuerzas contradictorias, que tan pronto iban a favor de la unidad lingüística y el mantenimiento del español como iban destinadas a facilitar su disgregación o su desaparición de zonas donde se venía hablando.

Ciertamente, al perderse la cohesión política y económica garantizada por el Imperio, la comunidad de lengua se resintió, se estuvo resintiendo con altibajos durante todo el siglo XIX. La quiebra de esa cohesión tuvo su epílogo con la pérdida de Filipinas, varios archipiélagos del Pacífico y Puerto Rico. Es de suponer que si las idas y venidas de tipos como Walker hubieran llegado a buen puerto, Guatemala, El Salvador, Honduras, Nicaragua, Costa Rica y Panamá, por lo menos, hablarían inglés. Como ahora se habla en California, Nuevo México, Arizona, Texas, Florida o Trinidad. Si los franceses no hubieran renunciado a la Luisiana que les regaló España, quizá una parte nada desdeñable de los actuales Estados Unidos hablaría francés. Como se pudo haber hablado inglés en Buenos Aires o Montevideo si Pedro Antonio Cerviño, natural de Pontevedra, no hubiera rechazado los ataques británicos con sus quinientos treinta y seis valientes del Tercio de Gallegos. Como todo Santo Domingo estuvo a punto de hablar francés. Este último caso resulta muy instructivo al respecto.

En 1793 España estaba en guerra con Francia. Tropas procedentes de Nueva España, Cuba, Puerto Rico y Venezuela tomaron el Saint Domingue francés para apoyar una rebelión esclavista y los dominios franceses pasaron a ser españoles. La guerra franco-española terminó con la Paz de Basilea (1795), en la que el caprichoso Godoy cedió a Francia, no ya sus antiguas posesiones isleñas, sino la isla toda. Comenzó la evacuación española, incomprensible a ojos de los criollos (no era para menos). A los franceses debía interesarles tanto aquello que ningún representante compareció para tomar posesión de sus nuevos dominios ultramarinos. Pero el presidente haitiano Jean-Pierre Boyer ya había ideado un plan para que toda la isla hablara francés.

El plan comenzó con suaves recomendaciones al estilo de "el interés de la República exige que el pueblo de la parte oriental [hispanohablante] cambie a la mayor brevedad posible sus hábitos y costumbres". Como los orientales no se dieron por aludidos, un año después, el 14 de noviembre de 1823, se publicaba un decreto por el que se prohibía redactar en lengua española cualquier documento oficial. A los doce meses, nuevo decreto cargando las tintas sobre el anterior. Después de él ya no habría posibilidad de hacer ninguna comunicación oficial en lengua española, aunque se nombró a don José María Caminero como intérprete oficial de español en los tribunales. Un consuelo, desde luego, para la mitad de la población dominicana. La enseñanza del francés empezó a ser negocio y hasta la logia masónica La Parfaite Harmonie se apuntó a él organizando sesiones donde se recitaban versos de Corneille y Racine. En 1823 la Universidad de Santo Domingo —uno de los grandes focos hispanohablantes— cerró por falta de alumnos, ya que el presidente Boyer los había puesto a cumplir servicios en la gendarmería y la guardia nacional. Aquello duró veintidós años, pocos para una asimilación lingüística forzada. Hasta la partición definitiva de la isla entre francófonos e hispanohablantes, el español se mantuvo gracias a la labor de asociaciones patrióticas al estilo de La Filantrópica, La Trinitaria y otras. Boyer había querido ganarse la voluntad de grupos selectos que del español se pasaran al francés, magistrados, profesores (que habían huido a Cuba y Puerto Rico). No lo consiguió, más que nada, por falta de tiempo.

En España estos asuntos no importaban mucho. Carlos IV y sus ministros estaban ocupados en ceder la isla de Trinidad a los ingleses y Luisiana a Bonaparte para facilitarle la creación de un imperio francés en América. Cuando los comisionados franceses se presentaron a ver sus nuevas —e inmensas— posesiones, en 1803, una vez reconocidas, las vendieron a precio de saldo al gobierno norteamericano y se volvieron a París. Los norteamericanos, por su parte, ya se habían apoderado distraídamente de toda la Florida occidental en 1813 y, pocos años después, compraban el resto del territorio a un precio simbólico. Los ingleses, a la vista de que el gobierno español repartía sus territorios como quien despluma a una gallina, llegaron hasta Buenos Aires en 1806 con la sana intención de dominar el estuario del Plata. No lo consiguieron gracias al Tercio de Gallegos que se enfrentó a ellos.

El caso es que en veinte años las Provincias de Ultramar habían sufrido notables pérdidas territoriales, la estabilidad política se había perdido, los planes de los ilustrados ya no servían de nada y para los criollos quedaba claro que —si bien Napoleón les resultaba mucho más espantable que Fernando VII— la salvación al marasmo imperial pasaba por administrar ellos mismos sus asuntos. Se fue gestando la desconfianza hacia lo español, primero en el terreno político, más tarde en el económico y finalmente en el mismísimo terreno del idioma. De modo que, desde los albores de la independencia americana, bien por el empuje de ingleses, norteamericanos o franceses, bien por el recelo de los propios criollos, nada estaba asegurado entre los hijos de Cervantes. El resto del siglo transcurrió sin mucha brillantez: el español cede paso al inglés en Filipinas y otros dominios del Pacífico; en Puerto Rico el comisionado para educación Ronald P. Falkner había decretado en 1905 el uso general del inglés en las escuelas. En España los planes de educación decimonónicos habían sido tan efectivos que en 1895 de cada diez españoles siete no tenían instrucción de ninguna clase, ni en español ni en ninguna otra lengua de España. Por cierto, el caso de España es muy interesante.

Las fuertes crisis políticas y económicas que siguieron a la definitiva liquidación del Imperio revitalizaron el catalán entre la burguesía, clase social que nunca lo había abandonado, sino más bien preterido frente al español. A su imagen, los regionalismos vasco y gallego pretendieron recuperar usos lingüísticos que, al contrario de lo que ocurría en Cataluña, no eran propiamente patrimonio burgués y urbano, sino más bien característicos del campo. Su elevación a lenguas de prestigio no suponía un cambio de estimación, como en el caso catalán, sino un proceso mucho más complicado. Ni vascos, ni gallegos, ni catalanes abandonaron el español —no podían— pero como respuesta a la disolución de unos lazos económicos que hasta entonces se aseguraban en una lengua común, volvieron los ojos a casa y lo que vieron en ella fueron otras lenguas particulares que allí habían tenido olvidadas, que se habían transmitido básicamente de forma oral, sin cultivo literario notable, y a cuya conservación había contribuido decisivamente el hecho de que el Estado español apenas se molestó nunca en difundir, de una forma real y efectiva, la lengua española a través de la escuela pública.

Dichas lenguas tuvieron un progresivo ascenso: catalanes y vascos decidieron oficializar el catalán y el eusquera en sus respectivos estatutos —a consecuencia de lo cual, se tuvo que hacer oficial también el español en las Cortes republicanas de 1931, que hasta entonces no lo era—. El régimen franquista (inspirado en esto por las líneas más duras de la Falange) encontró en la lengua española un recurso para afirmar su carácter totalitario y ligó, como suele hacer la estrategia nacionalista, la pertenencia a la comunidad española con el uso público del idioma común, que en la posguerra se utilizó como símbolo de afecto al régimen; consecuentemente, se rebajó la representación de cualquier otra lengua de España (limitando sañudamente su expresión pública si hacía falta). Si bien no debe olvidarse que el régimen nacional-católico tuvo apoyos en todo el país. Así, muchos catalanes de familia burguesa —nada que decir de los vascos o los gallegos— consideraron entonces que una manera de olvidar la Cataluña revolucionaria de 1936 era, precisamente, educar a sus hijos en español y en los valores del nuevo régimen político. Recuperada su oficialidad a partir de la Constitución de 1978, los nuevos planes de "normalización" lingüística corrientes en España dignifican al catalán, al gallego, al valenciano y al eusquera; a su vez, les permiten obtener una representación pública, una extensión territorial y una expresión oficial perdidas hacía muchos años, incluso de una magnitud que no habían tenido nunca, todo ello encaminado a la formación de un país plurilingüe. Como este proyecto se ha aceptado popularmente casi sin contestación, es lo más probable que en España la comunidad lingüística quede muy mermada en las próximas generaciones. De hecho, puede decirse que no existe en la España actual una escuela pública común en español. La disgregación se irá haciendo patente, de modo progresivo, en otros terrenos. A mi juicio, se trata de un curioso proceso de retorno a la España de la Tradición —caracterizada más por su unidad religiosa que por la lingüística— y que, expresa en el pensamiento de Menéndez Pelayo, aparece en el libro de José Antonio, *Espanya Una i Trina*, y aceptan como propia en 1962 las líneas más afines al conservadurismo católico dentro del régimen como la España plurilingüe posible: la "españolización" del catalán (del gallego, el eusquera y el valenciano implícitamente).

En el siglo XIX, por tanto, no había dominio lingüístico del español que no estuviera en entredicho. El gobernador don Carlos Chacón, con su iniciativa de llevarse a Guinea colonos levantinos o deportados políticos o negros emancipados de Cuba, tanto daba, fue en 1858 el último "conquistador" —modestísimo, por cierto— que le quedaba al fenecido Imperio ultramarino. Chacón y sus colonos pusieron la primera piedra para que, tras muchos vaivenes, Guinea sea hoy un país hispanohablante donde casi todos consideran que es importante que la gente sepa español. Sin embargo, a esta situación se ha llegado tras una historia muy azarosa, donde la pugna de intereses con los poderes coloniales alemán y, sobre todo, francés, ha puesto en entredicho en más de una ocasión la suerte del idioma español y su estimación en Guinea.

XXII. NUEVAS RESPONSABILIDADES

La importancia de la instrucción popular para los revolucionarios americanos. La herencia colonial. Algo sobre lengua y nación. Primeras dificultades escolares

En la primavera de 1821 una noticia recorrió la Alta California, Sonora, Nuevo México y Texas: un oficial español,

Agustín de Iturbide, había proclamado la independencia de México. Esta circunstancia, en sí misma, no iba a afectar demasiado a la vida que llevaban los habitantes de aquellas apartadas regiones salvo en algunos aspectos: los libros, por ejemplo, que habían sido escasísimos hasta entonces, empezaron a abundar. Había incluso ejemplares de los enciclopedistas franceses. Como los partidarios de la independencia estaban imbuidos por los ideales de la Ilustración, veían en la enseñanza pública la llave del éxito de su joven país y creían que la ignorancia era enemiga de la libertad, estando decididos a que el sistema republicano fundara en la educación pública uno de sus mejores baluartes. Por aquellos años surgió un tópico entre los mejicanos liberales, en el sentido de que los funcionarios españoles entorpecían la difusión de la cultura deliberadamente. No era verdad. Pero no faltaban militantes dispuestos a propagar el infundio: Juan Bautista Ladrón del Niño de Guevara fue uno de ellos. Marchó a Nuevo México a ver cuánta gente alfabetizada había en 1818. Calculó que apenas unos treinta residentes podían leer y escribir en español con algo de ortografía, esto sin considerar a quienes mantenían el uso de lenguas indígenas, que en algunos casos era la mayoría de la población.

Quizá don Juan Bautista exageraba. No le faltaba, sin embargo, algo de razón. La herencia lingüística que dejó en América la colonización española está muy lejos de ser la imposición del monolingüismo en español que tópicamente se cree. La lengua española se sacrificó habitualmente al interés evangelizador, que obtenía mayores éxitos, y en menor tiempo, con la predicación en cualesquiera lenguas amerindias que enseñando español a una masa indígena y, a renglón seguido, doctrina católica en dicho idioma (véase capítulo XI). Dadas las circunstancias humanas y económicas de la América virreinal, nada impedía que se pudieran mantener comunidades indígenas diminutas, aisladas cada una de ellas en su medio, conservadoras de idiomas y usos distintos pues, habitualmente, ni estas comunidades necesitaban el español para desenvolverse ni los colonizadores estaban interesados en que masivamente se aprendiese. Con esto, el régimen colonial creó un problema a los revolucionarios americanos, quienes, inmersos en unas circunstancias completamente distintas a las del mundo virreinal y atentos a las ideas de organización civil, nacional y estatal que provenían de Inglaterra, Francia y Estados Unidos se encuentran fuera del medio criollo con un maremágnum compuesto por hablantes de español con poca o ninguna instrucción, acompañados del mosaico plurilingüe indígena que les dejó como herencia la lingüística misionera. Cualquier desarrollo medianamente armónico en lo económico, político y cultural de los nuevos Estados resultaba poco menos que imposible en tales términos de dispersión y aislamiento de sus futuros ciudadanos. Las nuevas responsabilidades nacionales pasaban por amalgamar aquel medio variopinto, posible en la época de la colonia pero que a principios del siglo XIX resultaba una rémora. La preocupación por la instrucción pública trajo de la mano la preocupación por difundirla en la única lengua que garantizaba la comunidad nacional y la exitosa ramificación organizativa de los nuevos Estados americanos.

A pesar de que las oligarquías locales alentaron un nacionalismo belicoso que desbarató proyectos de comunidad política (al estilo de los imaginados por Aranda en el siglo XVIII o por Bolívar más tarde), el vínculo nación-lengua (española) se esgrimió con mucha menor fuerza que el de nación-territorio. El nacionalismo decimonónico americano se fundó en el *ius soli* (territorio) más que el *ius sanguinis* (raza o lengua). Sin embargo, no faltó el segundo, que adquirió diversas y curiosas formas. Unas favorecedoras de la extensión del español en competencia con distintas lenguas, otras fueron aventuras que no han tenido buen fin. A veces se trató de una simple afirmación nacional ante potencias fronterizas, como el caso de Uruguay frente a Brasil, con proyectos administrativos y escolares para reducir la influencia del portugués entre los emigrantes que llegaban a Uruguay (véase capítulo XXXII). Muy peligroso para la suerte del español como lengua de uso culto y ortográfico unificados fue otro tipo de nacionalismo, o si se quiere, de continentalismo: aquel de quienes pensaban que los usos del español americano debían tener sus propias normas frente a los del español peninsular. Sus defensores radicaron en Chile y Argentina (véanse capítulos XXV y XXVIII). Pero, en términos generales, la territorialidad del nacionalismo americano ha hecho que en aquellos países de fuerte tradición indígena —como México, Paraguay, Guatemala, Perú o Bolivia— se hayan conservado junto al español, lengua menos común en algunos casos de lo que se piensa, un buen número de lenguas indígenas reconocidas a veces como oficiales. En tales áreas, no han faltado azares y problemas para la difusión del español, que ha estado fundada en el principio de que el desconocimiento de la lengua mayoritaria aísla a los habitantes del país, antes que en la pretensión de liquidar el indigenismo lingüístico. Que, por otra parte, es una rémora para la integración social.

En la época de don Juan Bautista, recién lograda la independencia, había más entusiasmo que medios para enseñar español; ésa es la realidad. Aunque no faltaba gente dispuesta a colaborar. Mariano Guadalupe Vallejo fue uno de ellos. Hijo de españoles, nacido en Monterrey en 1806, pertenecía a una familia muy bien relacionada en la Corte, donde se le concedieron extensas propiedades al noroeste de Nueva España. Se comprometió con los ideales del novísimo gobierno mejicano y éste lo nombró general y gobernador militar de la Alta California cuando tenía veintitrés años. Dicha gobernación era entonces un territorio poco cultivado pero no salvaje, gracias a la labor precedente de las misiones españolas. Con las prerrogativas que le daba su nuevo puesto, Vallejo mejoró notablemente el sistema de explotación de tierras, hizo canalizaciones de agua, protegió a los indígenas de los abusos de los colonos, fundó la ciudad de Sonora en 1835 y levantó edificios públicos que iban a servir de bibliotecas o escuelas, procurando con ello la ilustración de los rudos pobladores. Hubo más gente como Vallejo. William Hartnell, un comerciante inglés de cueros, que se había establecido en California y casado con una hija de la adinerada familia De la Guerra, se dedicó ocasionalmente a la fundación de escuelas. Los ejemplos de Vallejo y Hartnell se repiten, con poca variación, en todo el continente: los gobiernos de las nuevas repúblicas entienden que su futuro pasa, en buena medida, por una instrucción pública bien atendida. El caso mejicano nos interesa porque ilustra, mejor que otros, las dificultades para asegurar esta atención.

La movilidad social, mayor que la acostumbrada hasta entonces, facilitó la aparición en el norte mejicano de colonos procedentes de otras zonas del país; con ello, el número de maestros aumentó. A partir de 1828 en San Antonio, Santa Fe, Taos, Los Ángeles y otros lugares ya funcionaban escuelas primarias gratuitas. Se enseñaba español con un método pedagógico inglés, el sistema lancasteriano, que permitía al maestro tener clases de hasta ciento cincuenta niños. Para atenderlos a todos, se servía de alumnos aventajados. Las niñas no iban a las escuela. La retórica republicana de aquellos días obligaba a los estudiantes a tratarse entre sí de "ciudadanos" y a dominar la lectura, la escritura y la aritmética para "contribuir a la felicidad de los pueblos y la prosperidad de su gobierno".

Con todo, las dificultades eran grandes. A los veinticinco años de la independencia, a pesar de todos los esfuerzos, únicamente el 5 por ciento de los niños mejicanos en edad escolar asistía a clase. El inspector José Antonio Saucedo informaba el 18 de abril de 1825 al gobernador de Texas: "Para traer un maestro a San Antonio es necesario correr con los gastos de su viaje y darle un salario suficiente para que se sobreponga a su repugnancia por el lugar, que, aunque agradable y sano, disgusta a todo el mundo por su estado decadente y miserable". No era fácil cumplir con las nuevas responsabilidades educativas.

Pese a los indudables avances, la realidad es que muy poca gente estaba capacitada en los primeros años republicanos para acceder al manejo de cargos públicos o instituciones políticas. Muchos jueces, sin ir más lejos, eran analfabetos. De modo que las instituciones autónomas de las zonas fronterizas eran dirigidas a menudo por extranjeros, la mayoría norteamericanos, que ocupaban los puestos políticos más importantes. Los norteamericanos no tenían mayor complejo en gobernar sus propias comunidades según la legislación mejicana. Tampoco lo tenían a la hora de adoptar algunas costumbres locales, como la siesta. Pero el vigoroso empuje de la economía norteamericana en su expansión hacia el oeste acabó haciendo más notables los rasgos de los inmigrantes forasteros que los de los naturales. Un rasgo muy notable fue la lengua. Los norteamericanos hablaban inglés y, salvo algunos casos, no parecían muy dispuestos a aprender español. Un funcionario mejicano enviado a la ciudad tejana de Nacogdoches observaba en 1828 acerca de los naturales: "Acostumbrados al continuo comercio con los americanos del Norte, han imitado sus costumbres y así es que se puede decir, con verdad, que no son mejicanos más que de nacimiento, pues aun el idioma castellano lo hablan con bastante ignorancia de él". El español ya estaba en retirada incluso antes de que Estados Unidos conquistara aquellos inmensos territorios del norte de México militarmente. Una vez conquistados, la entrada de anglohablantes fue arrolladora. Poco podían hacer la escuela y los ideales pedagógicos de Vallejo o Hartnell para mantener el español.

XXIII. GO WEST!

Las tierras de frontera. Lo que hablaban los cowboys. *La herencia hispanomejicana en la lengua inglesa. El español en Estados Unidos*

En su número del 10 de octubre de 1846 el periódico *The Californian,* que se publicaba en San Francisco, incluía el siguiente comentario en inglés que les traduzco: "La lengua inglesa está destinada a ser la lengua de California. La gran emigración estadounidense lo hará inevitable. Es recomendable que los padres enseñen a sus hijos esta lengua, cuanto antes mejor". Algunos ya lo habían previsto: cinco años antes, la familia de Mariano Chávez había enviado a una escuela de San Luis a su hijo José Francisco convencida de que, como los herejes iban a desbordar todo el país, debía aprender su lengua y regresar preparado a defender a su pueblo. No se sabe si José Francisco regresó o se hizo hereje a su vez.

Todavía en 1849 el número de anglohablantes e hispanohablantes californianos era parejo; los primeros no pasaban de ocho mil ni los segundos de trece mil. Exactamente un año después, en un aluvión emigratorio sin precedentes, el número de los primeros se había multiplicado por nueve. Los hablantes de español no habían crecido nada. Quien hizo el comentario en *The Californian* tenía visión de futuro. Demasiada visión, porque los hablantes de inglés, prácticamente, iban a borrar a los de español en nuevas oleadas migratorias. La propia ciudad de San Francisco, que en 1840 era poco menos que un asentamiento portuario, tenía quince años después cuarenta mil vecinos, la mayoría anglohablantes. De no haber sido por los trabajadores peruanos, mejicanos, chilenos y colombianos que se trasladaron a aquellas tierras, el español habría desaparecido sin dejar mucho más rastro que los nombres de lugar.

¿Qué hacía allí tanto yanqui y tan de repente? La población norteamericana se trasladaba de este a oeste al calor de negocios que tenían que ver con la minería, la fiebre del oro, el ganado y el petróleo. Salvo el último material, los demás constituían una vieja herencia que españoles y mejicanos traspasaban a los recién llegados. La exploración del suroeste norteamericano se remonta a los años de Alonso de Pineda, que recorrió Texas en 1519. A Pineda le siguió Francisco de Coronado, a éste Rodríguez Cabrillo, quien buscaba puertos en la bahía de San Diego útiles para iniciar las travesías del Pacífico. Cuando en 1691 Terán de los Ríos funda la ciudad de San Antonio, la colonización básica de California, Nuevo México, Arizona y Texas estaba ya hecha. Se habían trazado las rutas esenciales y se habían fundado colonias donde cultivaban la tierra o se criaban vacas y caballos.

Desde los años de Pineda hasta *The Californian* median tres siglos largos en los que la colonización española, y la mejicana después, habían creado la base económica que iba a determinar la posterior historia de estas zonas. Lo que trajeron los norteamericanos fue un estilo de explotación, desarrollo comercial y libre empresa absolutamente desconocido hasta entonces. De modo que la hegemonía del inglés no iba a sustentarse sólo en el número desproporcionado de hablantes que traía hacia el suroeste con él, sino en que esos hablantes organizaron en su lengua unas relaciones humanas, económicas, sociales y políticas donde el español iba a tener un papel anecdótico. Los hispanohablantes natos quedaron recluidos en el interior de lo que había sido la Audiencia de Guadalajara, en zonas poco cosmopolitas y de escaso tránsito. Esa circunstancia hizo que el español no perdiera tantos hablantes como los que perdía si se llegaba a producir el contacto directo anglohispano, pues la presión del inglés era irresistible. Para hacerse una idea de lo que suponía esta presión, bastará decir que, en términos territoriales, lo que Estados Unidos compró, enajenó o conquistó entre 1803 y 1848, primero a España (con intermedio de Francia) y luego a México en el Tratado de Guadalupe Hidalgo, supone casi dos tercios del actual territorio estadounidense. Todo se fue poblando de anglohablantes que, en general, tenían mayor fuerza militar, mayor instrucción y mejor organización civil que sus antiguos habitantes.

La visión del Far West a la que nos ha acostumbrado el cine resulta, como no podía ser de otra forma, típicamente angloamericana. El indio batallador y el cocinero chino son casi los únicos personajes que se escapan del canon que marca John Wayne. Pero la realidad es que lo que John Wayne y tantos como él se encontraron en aquellos pagos —y adaptaron a su propio estilo— fueron simples ecos hispánicos a los que ellos dieron otras voces que se expresaban en inglés. La historia de Joseph McCoy es un buen ejemplo.

McCoy era un tratante de ganado de Chicago que tuvo una brillante idea: trasladar reses desde la inmensa cabaña tejana a los mataderos de las populosas ciudades del norte. Negoció con los ganaderos del suroeste y les ofreció mucho más dinero por cada pieza de lo que habitualmente se ofrecía. Se ganó la voluntad de todos. Quedaba, sin embargo, un pequeño problema por resolver: ¿cómo se transportaba el ganado? Las únicas estaciones de ferrocarril donde cargarlo estaban en Nebraska o en Kansas, a cientos de kilómetros de donde pastaban los animales. Hasta llegar al tren no había más remedio que llevarlos a través de rutas trashumantes. De eso se encargaban los *cowboys;* como muchos de ellos eran mejicanos, hacían su tarea diaria en español. No se llamaban a sí mismos *cowboys,* sino *vaqueros,* palabra esta última que se cuela en el inglés como *bakara, vachero, bukkarer, buk.* Durante cuarenta años, los que van de las negociaciones de McCoy a la gran sequía de 1887, los vaqueros dominaron aquellas rutas llenándolas de topónimos hispánicos —en realidad, recuerdo de exploraciones hispanomejicanas antiguas— y han dejado una particular terminología ganadera en inglés, mucha de ella en desuso, que procede directamente del español. Quizá ustedes recuerden el famoso modelo de automóvil Ford Mustang cuyo emblema era, por cierto, un caballo salvaje galopando; eso mismo es el *mustang,* "caballo salvaje", que procede del español *mesteño* o *mestengo,* que significa lo mismo. Pueden llamarlo también *bronco,* otro hispanismo más. Hay hispanismos evidentes: *manada, montura* (o *mount), rancho, rodeo;* los hay irreconocibles: *wrangler* (de *caballerango,* "mozo de cuadra"). Los hay para todos los gustos. Nos recuerdan una sencilla historia: en la nueva organización humana que se estableció en aquellos territorios, los Joseph McCoy, que hablaban inglés, sustituyeron a los Mariano Chávez, que hablaban español, pero no los desplazaron del todo. Con el tiempo parece que los Chávez han vuelto por sus fueros.

Desde mediados del siglo XIX, todas las circunstancias eran propicias para la desaparición del español en Estados Unidos. Sin embargo, ha habido algunos hechos que, esencialmente, lo han conservado: la lenta pero constante emigración de mejicanos hacia los territorios del norte, junto a cierta conciencia de que aquéllas eran las tierras de sus antepasados y que los angloamericanos eran una novedad poderosa, pero sin tradición, con la que había que convivir. Con el tiempo, los flujos migratorios aumentaron. En 1898, la guerra entre España y Estados Unidos determina la hegemonía de este país sobre las últimas colonias españolas, con lo que un número cada vez mayor de cubanos, puertorriqueños y dominicanos va recalando en Nueva York y al sur de Florida. No eran emigraciones tan masivas como las del suroeste, donde la entrada de hispanohablantes fue cada vez mayor hasta las deportaciones masivas de los años de la Gran Depresión.

Después de la II Guerra Mundial los movimientos migratorios han continuado, y son los que han hecho que en estados como Nuevo México el porcentaje de hispanos ronde el 40 por ciento y en todo el país haya treinta grandes ciudades con más de cien mil hispanos, entre las que sobresalen Los Ángeles, Nueva York, Miami y Chicago. Son los que han hecho que la emisora más popular de San Francisco emita en español. Son los que han producido esas curiosas lenguas mezcladas que llamamos *spanglish* o *tex-mex*. Son los que han puesto nerviosos a algunas asociaciones que proclaman la oficialidad única del inglés (circunstancia que, por natural y oficiosa, no se les había ocurrido proclamarla antes). Son los que han hecho plantearse al gobierno de Bill Clinton incluir el español como asignatura obligatoria en los planes de enseñanza norteamericanos —lo que no quiere decir que los alumnos vayan a aprenderlo a la perfección— y los que han hecho que el ministro de Educación Richard Riley viaje a países hispanohablantes solicitando en ellos la promoción del inglés. Hoy el español es una realidad viva en Estados Unidos. De hecho, se ha convertido en su segunda lengua. Una lengua muy rentable para los negocios, por cierto: el volumen de los que se hacen en ella equivale en dicho país, aproximadamente, a las tres cuartas partes del producto interior bruto de España. Como todo lo que ocurre en Estados Unidos tiene un eco desmedido, y como es muy posible que el español gane poder en foros económicos y políticos que antes tenía vedados (*El País*, 4-V-2000 y 6-VII-2000), no es descabellado pensar que en pocas generaciones Estados Unidos se transforme en un importante foco para la lengua española.

No hay que olvidar, sin embargo, que la lengua de integración en Estados Unidos es el inglés. Son muchos los hispanohablantes que a la segunda o tercera generaciones ya se han pasado a él. La Constitución norteamericana protege derechos democráticos, no lenguas en sí mismas, y hay muchos hablantes de español que, incluso pudiendo disponer de enseñanza bilingüe, prefieren que sus hijos se pasen al inglés. Es comprensible. Aunque alguien ha calculado que en el año 2050 uno de cada tres estadounidenses hablará español, la suerte de esta hipótesis dependerá, más que de cualquier otra circunstancia, de la fuerza integradora del inglés, que es grande y a la que no conviene estorbar. Para los hijos de Cervantes que viven fuera de Estados Unidos, más práctico que actuar de oficio a favor de una minoría lingüística en un país extranjero es hacer ver a las clases dirigentes de ese país que la cultura en español es comparable a cualquier otra que consideren selecta, y procurar que la palabra *spanish* borre las connotaciones negativas que todavía les sugiere. No es tarea fácil, pero no me cabe la menor duda de que se logrará.

XXIV. *ON PARLE FRANÇAIS*

Influencia cultural francesa en América. Los libros vienen de París. Reacción española. Las peregrinas ideas de Luciene Abeille

El escritor Lucio López decía que en su Argentina natal, a finales del siglo XIX, "no era *chic* hablar español en el gran mundo; era necesario salpicar la conversación con algunas palabras inglesas y muchas francesas, tratando de pronunciarlas con el mayor cuidado para acreditar raza de gentilhombre". Frente a la competencia directa, masiva y arrebatadora del inglés en la frontera mejicana, la del francés en el Río de la Plata fue más sutil. A los colombianos, cubanos o chilenos no les afectó tanto; sin embargo, por diversas razones, argentinos y —en menor medida— uruguayos buscaron un fondo cultural más próximo a lo francés que a cualquier otra fuente. Es verdad que en el siglo XIX la gran cultura venía de Francia. Es más, de Francia habían venido muchas ideas revolucionarias de igualdad, libertad, fraternidad. Ocurrió en Europa y el Atlántico no fue frontera en esto.

Los argentinos que venían de viaje a España estaban tan embebidos por lo francés que, cuando los llevaban a una corrida de toros, en vez de ver "toreros lidiando con valor en la plaza", veían "toreadores jugando con coraje en la arena", o sea, lo mismo, únicamente que en terminología francesa. Efectivamente, algunos se habían dispuesto enriquecer y ensanchar las posibilidades expresivas del español haciendo de él una especie de dialecto gálico. Los franceses, como es de suponer, estaban encantados. No sólo es que fomentaran aquello y le encontraran interesantes ventajas, sino que —en los grados más extremos de fomento— lanzaban sutiles mensajes en el sentido de que el futuro del español iba a ser, o estaba siendo, el del latín: un tronco que se reparte en varias ramas. Algunos hispanoamericanos llegaron a verlo así. El más visionario en esto fue Juan Ignacio de Armas, que en 1882 escribía: "El castellano, llamado a la alta dignidad de lengua madre, habrá dejado en América cuatro idiomas, por lo menos, con un carácter de semejanza general, análogo al que hoy conservan los idiomas derivados del latín". Armas veía un idioma caribeño, otro mejicano, otro platense y otro pacífico (digo del océano).

La empresa inicial de los franceses tuvo carácter político-cultural. Las turbulencias mejicanas favorecieron una intervención entre Inglaterra, España y Francia tras la cual los franceses impusieron al emperador Maximiliano I en 1864. La consecuencia fue la hegemonía cultural gala, favorecida por los negocios de editores como Rosa y Bouret que, concretamente en la capital de México, estuvieron instalados varias generaciones y monopolizaron el comercio del libro. Gran parte del producto editorial, si bien tutelado desde Francia, iba en español. Había muchas traducciones de dudosa calidad de autores franceses, por supuesto. El negocio no estaba nada mal: el editor francés vendía un producto hecho en casa y que pro-

mocionaba los refinamientos de la cultura francesa y el nove-
lista francés recibía sus derechos de autor correspondientes.

La moda se fue extendiendo. Se percibía la necesidad de
conocer idiomas, especialmente el inglés y el francés, para librar al español americano de la tutela del peninsular. En
1853 aparece el *Nouvelle méthode pour apprendre à lire et à écrire et
à parler une langue en six mois appliquée au français, à l'usage des es-
pagnols,* del editor Ollendorff. A éste le siguieron otros ocho
grandes editores, de modo que en 1850, F. Barbier, uno de
ellos, consideraba que el mercado americano era el segundo
en importancia en cuanto a la exportación de libros franceses.
Un viajero que recorría por aquellos años la ciudad de Buenos Aires describe las calles como un conjunto de comercios
inundados de productos que vienen de Francia. En cuanto a
las librerías, dice así: "Un librero ordena metódicamente en
sus anaqueles una colección de volúmenes, está pronto a pro-
porcionaros las novelas de Dumas, de Sandeau y las poesías
de Alfredo de Musset. Es un rincón de París, diréis; una copia de la rue Vivienne". La realidad es que los franceses habían aprovechado una demanda comercial que no satisfacían
las editoriales españolas, de modo que inundaron las librerías de los productos que los lectores exigían: manuales pedagógicos, de divulgación histórica y científica, obras religiosas, enciclopedias.

A la hora de la independencia —y durante muchos años
después— la mayoría de los nuevos países americanos advirtieron la falta de una red escolar medianamente organizada, o
de bibliotecas públicas, y con esta carencia la de manuales,
cartillas y obras de divulgación. En España pasaba algo parecido: cuando se pensó organizar un sistema de bibliotecas para
que los libros llegaran hasta los pueblos más aislados —por
un decreto de 18 de enero de 1869— la Dirección General de
Instrucción Pública pidió a algunos autores que redactaran,
precisamente, obras de este tipo. Las jóvenes repúblicas americanas resolvieron el problema recurriendo a lo que ofrecía
Francia. Un vistazo a los fondos del antiguo Musée Pédagogi-
que demuestra que la vinculación entre los educadores his-

panoamericanos y las instituciones francesas —y sus modelos bibliográficos— era muy estrecha. Ante la potencia comercial y cultural francesas, iniciativas como la del editor catalán Carlos Aribau encontraban duros obstáculos en América.

La reacción española llegó de la mano del escritor Juan Valera. En 1878 soñaba con sacudirse "el yugo intelectual en que los franceses nos tienen" creando colecciones de libros similares a las que tenían los editores parisinos, sólo que cuidando la calidad del idioma: "Una publicación de libros para América hecha en grande escala y con sentido común sepultaría para siempre en el olvido las malas y groseras ediciones que salen de las prensas de París, atestadas con feísimas e intolerables erratas". Lo malo es que Valera consideraba a los editores españoles gente poco amiga de aventuras a no ser que vieran la ganancia en el ojo. El bohemio Alejandro Sawa se unió a la campaña. La pregunta que se hacía Sawa era la siguiente (aunque retórica, tiene gracia por venir de él): "¿Quién es aquí el gobernante que se haya preocupado nunca de que el habla española es melodiada por millones y millones de hermanos nuestros?, ¿de que nuestra literatura ocupa una gran extensión del espíritu humano?, ¿de que podría ser una riqueza si nuestros agentes diplomáticos en el exterior se ocuparan de otra cosa que de ofrecer saraos y de chapurrear francés por los salones?". Lo curioso es que Sawa había ganado fama chapurreando francés en los cafés literarios del París de Verlaine y era asiduo colaborador de la Editorial Garnier. El espíritu que animaba a Valera y a Sawa se concretó años después en la importante iniciativa editorial de un empresario catalán, Gustavo Gili, que abrió las puertas a nuevos editores, catalanes en su mayoría, quienes siguieron los pasos de sus paisanos Aribau, Rivadeneyra, José Espasa o la familia Salvat. Bien puede decirse que la mayor parte del español impreso que recorrió América, si procedía de España, había salido de una prensa catalana.

Por entonces, en medios intelectuales españoles tuvo amplio eco un artículo publicado en *The New York Herald* con el título "Todo el mundo estudia español". En él se explicaba la naturaleza de las misiones culturales (pero sobre todo comerciales) que tras la Conferencia Panamericana de Washington (1915) iban a emprender los norteamericanos al sur del continente. Misiones en las que al lado del gran empresario, el banquero y el bolsista viajaban un profesor de español y un editor de libros.

Algunos autores, como Luciene Abeille, eran muy optimistas sobre las posibilidades del francés en América. Hasta finales del siglo XIX estuvieron predicando la heterodoxia idiomática y la creación de lenguas nacionales en las nuevas repúblicas (especialmente en Argentina, donde estas ideas tuvieron eco hasta bastante tarde). Abeille imaginaba una especie de nebulosa lingüística hispanoamericana. Es de suponer que imaginaba algo más que no acabó de expresar claramente: los hispanoamericanos cultos, incapaces de entenderse entre sí con los restos del naufragio lingüístico del español, se entenderían en francés. En América, el francés haría la misma labor que tenía asignada por entonces en algunas colonias de África. Si a las ideas de Abeille se añadían las del doctor Barot (véase capítulo X), la hegemonía del francés en Hispanoamérica sería simple cuestión de tiempo. Es de justicia añadir que la vehemencia de Abeille acabó espantando a los argentinos.

XXV. Las guerras idiomáticas

La moda de la independencia lingüística en Estados Unidos, Brasil e Hispanoamérica. Ideas y resultados finales

Resulta interesante considerar por qué a todos los americanos, por la misma época, les entró idéntica manía: considerar si debían separar sus usos idiomáticos de los europeos. En otras palabras, ¿debía ir acompañada la independencia política de la independencia lingüística en forma de lenguas nacionales particulares? Los estadounidenses fueron pioneros en este asunto desde los años de la independencia. Un anónimo publicado en la *North American Review* decía: "¿Cómo se pueden describir las cataratas del Niágara en un idioma que sólo ha descrito los chapoteos que hay bajo el Puente de Londres? ¿Cómo describir la inmensidad del Misisipí en una lengua hecha para describir el Támesis?". Menos retórico, Thomas Jefferson (presidente entre 1801 y 1809) lo expresaba así: "Las circunstancias en las que vivimos requieren nuevas palabras y nuevas frases". Tan decididos estaban que John Adams, en 1770 —cuando todavía se batallaba por la independencia— solicitaba del Congreso la fundación de una Academia Americana, al estilo de la Académie Française, dispuesta a establecer la nueva norma del inglés norteamericano. La academia no se fundó, pero muchos ya se habían lanzado a proponer reformas ortográficas. Se buscaba una escritura más simple que la propia británica, más acorde con los usos de la pronunciación.

Quién sabe si el remedio no hubiera sido peor que la enfermedad. Benjamin Franklin, por ejemplo, ya había ingeniado en 1768 una reforma ortográfica para anglohablantes americanos que, de haberse sancionado por la academia-que-nunca-fue, les hubiera hecho escribir palabras como *Tsuiniiz* en vez de *Chinese*, o *peel-peel* en vez de *people*. Jefferson también tenía ideas propias y Noah Webster puso las suyas en un famoso diccionario. Algo ha quedado de aquellos anhelos y hoy el inglés a la americana tiene, en ciertas voces, una escritura más adaptada a lo que se pronuncia que el inglés a la británica.

En Brasil se planteó la misma cuestión. El autor más beligerante al respecto era Alencar: "Cuando pueblos de una misma raza habitan en la misma región, la independencia política, de por sí, los dota de individualidad. Pero si esos pueblos viven en continentes distintos, bajo diferentes climas, no sólo se rompen los vínculos políticos, se produce también la separación de las ideas, de los sentimientos, de las costumbres y, por tanto, de las lenguas que expresan los hechos morales y sociales". Para Alencar, el quid de las diferencias entre portugueses y brasileños estaba en la emigración que llegaba a Brasil sin tasa. En Portugal, prácticamente, no la había; de haberla, apenas ejercería influencia en un pueblo tan concentrado. En Brasil, sin embargo, todo era emigración que, además, podía campar por el inmenso país a sus anchas. Las innovaciones lingüísticas, en tal situación, estaban servidas.

Entre los hispanoamericanos, el argentino Juan Bautista Alberdi hizo compendio de las ideas norteamericanas y brasileñas: "Vemos por las observaciones de Mr. Tocqueville sobre las mudanzas que ha experimentado la lengua inglesa, en la América del Norte, que lo que ha sucedido con la española en la América del Sur es una revolución común a las dos lenguas aristocráticas, que, cayendo bajo el doble influjo del clima y del principio social americanos, se han transformado en dos lenguas destinadas a revestir con el tiempo un carácter diferente del que trajeron de ambas Metrópolis". Para Alberdi, una lengua típica de un régimen político obsoleto no podía servir para el dinámico régimen que se inauguraba en América.

Lo que les ocurría a hispanoamericanos, angloamericanos y brasileños es un fenómeno bien conocido. Se trata de una reivindicación nacionalista manifestada a través de la lengua. Un nacionalismo lingüístico, por así llamarlo, que en Argentina y Uruguay tuvo notable peso: en el caso uruguayo este sentimiento de autoafirmación se proyectó contra el portugués (y esto es lo que ha determinado que Uruguay no sea hoy un país bilingüe); en el caso argentino, el enemigo resultaba ser cualquier norma lingüística hispánica que no fuera de creación específica argentina y, más concretamente, porteña.

Resulta normal que coincidieran en este sentimiento los tres nuevos inquilinos del Nuevo Mundo. El alto valor simbólico que a veces adquieren las lenguas las hace muy propias para subrayar reivindicaciones políticas de autoafirmación. Si éstas pasaban por la independencia, ¿qué separación simbólica más visible y evidente que la propia del idioma? A la larga, todo quedó en símbolo y bandera. De las inevitables y comprensibles divisiones políticas se salvaron las lenguas, que garantizaban una comunicación —junto a valores de carácter económico— muy práctica, aunque americanos y europeos se llevaran mal entonces en casi todo lo demás. También es verdad que en aquellos años hubo voces que recomendaban separarse en todo lo que hiciera falta, menos en el idioma.

Algunos, sin embargo, estaban dispuestos a llevar la ruptura idiomática lejos. Sobre todo si eran gentes del estuario del Plata. Si bien Buenos Aires se había fundado en 1580, no comenzó a alcanzar importancia hasta el establecimiento del virreinato del Río de la Plata, en 1776. De esta fecha a la independencia del país van unos treinta años, muy pocos para estrechar lazos fuertes con España. Por eso mismo, en las guerras idiomáticas hispanoamericanas cundió una especie de alianza chileno-venezolano-platense muy beligerante frente a España, mientras que las zonas de mayor peso virreinal permanecieron indiferentes o ligadas a la metrópoli. Pero chilenos, argentinos y venezolanos eran gentes que se sentían más desligadas de lo español, miraban a Estados Unidos, a Inglaterra o a Francia; el peso del indigenismo era menor allí y tendían lazos con sus emigrados liberales y proindependentistas en Londres (desde donde se alentaron ciertos usos lingüísticos divergentes de los aceptados por la Academia española).

Como al final no ha pasado nada y hoy el español se mantiene razonablemente unido, no advertimos que si el separatismo lingüístico de aquellos años hubiera triunfado, nuestra lengua común podría estar dividida a estas horas en dos, tres o más normas escritas. Es posible que estas normas favorecieran usos de pronunciación divergentes, o viceversa, que usos de pronunciación divergentes —y hay algunos— pasaran con facilidad a representarse en distintas ortografías. Posiblemente se favorecerían los movimientos de *autodefinición* lingüística, es decir, se fomentaría el convencimiento de que se era distinto lingüísticamente del vecino (aun siendo muy parecido a él). Como la *autodefinición* es el primer paso para crear una lengua, es posible también que los pronósticos de Juan Ignacio de Armas en torno a los idiomas caribeño, platense, mexicano y pacífico, aparte del español europeo (que era un pronóstico muy parecido al que había hecho sesenta años antes Andrés Bello, al que luego me referiré), hubieran cuajado en algo más sustancioso que pronósticos. Nunca se sabe, pero en el primer tercio del siglo XIX todo apuntaba a que nuestra lengua común podría haber dejado de ser eso mismo: común.

XXVI. LA ESTRATEGIA LONDINENSE

Ideas lingüísticas del liberalismo político. El español peninsular, lengua anticuada. La creación de una ortografía de la lengua española para uso específico de americanos

Es posible que a Simón Bolívar le cuadre mejor el tratamiento de *míster* que el de *señor*. Mientras se iban sucediendo las declaraciones de independencia americanas él escribía: "Nada puede cambiar la faz de América queriéndolo Dios, Londres y nosotros". Frases que debían de encantar a Mr. Patrick Campbell, el encargado de negocios ingleses por tierras americanas. Según Campbell, el libertador entendía inglés, aunque no trataba de hablarlo, y leía todos los periódicos británicos que caían en sus manos. Por cierto, ¿qué hacía don Patrick a la vera de Bolívar? Básicamente, facilitar el establecimiento de empresas y negocios ingleses en la entonces República del Alto Perú. Desde principios del siglo XIX toda la actividad económica de las nuevas repúblicas pasaba por el puerto de Londres. No sólo es que Inglaterra fuera para los hispanoamericanos la "Señora del universo", "el coloso que abarca todas las partes del mundo", "la nación protegida de Neptuno" y otras lindezas, es que los ingleses adivinaban el gran mercado continental que les abría sus puertas y no estaban dispuestos a desaprovecharlo. Así que enviaban frecuentemente por allí muchas gentes al estilo de Mr. Campbell.

Londres se hizo entonces lugar de paso o residencia de muchos liberales americanos. Como resultado de los regímenes de Napoleón y de Fernando VII, otros tantos liberales españoles, exiliados políticos, habían recibido cobijo del gobierno inglés. Así que el grupo londinense de hispanohablantes notables era muy nutrido aquellos años. Como los comerciantes ingleses necesitaban el español para encauzar sus negocios americanos, éste empezó a hacer acto de presencia en universidades, academias particulares y publicaciones de todo tipo. Los hispanohablantes notables empezaron, además, a hacer reflexiones sobre su lengua. Hubo uno que las hizo muy interesantes: José María Blanco Crespo, que en su exilio cambió lo de Crespo por White (no fue capricho, así se apellidaba su abuelo paterno).

White había nacido en Sevilla. Por sus ideas políticas —y algunas crisis personales—, a los treinta y cinco años, en 1810, embarcó rumbo a Inglaterra. En Londres se ganó la vida con el periodismo y escribió unas *Cartas de España* donde puede leerse lo siguiente respecto al idioma español: "Hemos permitido que una gran parte de nuestra lengua se haga vulgar y anticuada. Las otras lenguas que durante el progreso intelectual de Europa se han convertido en vehículos e instrumentos del pensamiento han dejado muy detrás a la nuestra en cuanto a capacidad de abstracción y precisión, y el rico tesoro que hemos tenido escondido durante tanto tiempo tiene que volver a ser acuñado y bruñido antes de que pueda ser reconocido como moneda de ley" ("Carta undécima"). Para White, era evidente a qué se debía la vulgaridad y la antigualla idiomáticas: no a otra cosa que a la censura de prensa, a la prohibición de libros y, en general, a las cortapisas que la persecución política ponía a la libre expresión de ideas, todo lo cual había recluido el idioma al uso casero empobreciéndolo irremisiblemente.

No es imposible que White tuviera razón, pues un hecho innegable es que la difusión popular de la lengua inglesa escrita, entre la que él mismo se movía, se debe en buena parte al hecho de que desde el siglo XVIII ha sufrido muy pocas leyes coactivas, se ha difundido sin censura y ha pagado menos impuestos que el resto de la prensa europea. Ideas similares a las de White reaparecieron en la combativa generación de románticos argentinos, que fueron quienes llevaron más lejos la identificación de España con un mundo viejo, oscurantista, de tradiciones retrógradas y ligado a un antiguo régimen que les había encerrado en una especie de celda mental, una mordaza que impedía a las nuevas repúblicas el enlace con las ideas democráticas modernas, en general, asociadas a Inglaterra y Estados Unidos.

De Estados Unidos —concretamente de Filadelfia— llegaban en 1811 a Perú, Venezuela, Río de la Plata, Chile, México, traducciones de los incendiarios escritos de Thomas Paine, o de los más serenos de William David Robinson, hechas por García de Sena. Thomas Paine no fue un escritor original, pero supo como nadie convertir ideas sencillas en poderosos eslóganes revolucionarios y darles una difusión como nunca se ha conocido. Su *Sentido común*, publicado en 1776, vendió cuatrocientas mil copias cuando en las Trece Colonias vivían tres millones de personas. Sus traductores hispanoamericanos, Sena, Villavicencio, Rocafuerte, Teresa de Mier, se veían obligados a buscar expresiones ignotas en la lengua española: *derechos del hombre, soberanía del pueblo, sistema federativo, leyes constitucionales, derecho de libertad,* y al traducirlas advertían que, si faltaban tales expresiones en su lengua, es porque faltaban esos conceptos en el estrecho régimen político colonial.

Otra vez Juan Bautista Alberdi era contundente al respecto: "No tenemos una idea, una actitud, una tendencia retrógrada que no sea de origen español". A la juventud argentina de entonces —y el caso podía hacerse extensivo a la juventud de otras repúblicas americanas— le aburría *El Quijote;* España no podía ofrecerles nada parecido a lo que ofrecían las obras de Rousseau o Tocqueville. La modernidad pasaba, pues, por un remozamiento de la lengua, un hacerla apta para los nuevos usos ideológicos, humanísticos, científicos. No se podía prescindir del español, claro está, pero sí se podía "americanizarlo", o sea, reformarlo según las novedades del mundo moderno que pasaban más por América que por una España decadente, vencida, anclada en su obsoleto régimen dinástico y sin nada de interés que ofrecer más que viejas glorias literarias.

No fue por casualidad que en 1823 apareciera en Londres, en una colección llamada Biblioteca Americana, un trabajo titulado *Indicaciones sobre la conveniencia de simplificar y unificar la ortografía en América* firmado por G. R. y A. B., iniciales correspondientes a Juan García del Río y Andrés Bello. Era el prólogo de una tendencia innovadora en la escritura del español, que iba a tener diversa suerte hasta su liquidación un siglo después.

Estaba trazada la senda, pues, para una escritura específica americana, distinta de la que en esos momentos fijaba la Real Academia Española. Tras el combate ideológico, los combatientes en las guerras idiomáticas empezaban a pisar terrenos mucho más peligrosos. Acaso sin saber que los pisaban.

XXVII. DON ANDRÉS SE ALARMA

Diversidad en la pronunciación del español americano en el siglo XIX. Peligros de disgregación lingüística. Sigue la pugna por la ortografía americana. De Andrés Bello a Faustino Sarmiento. Intervención del poder político

Cuando Andrés Bello publicó en 1847 su *Gramática de la lengua castellana dedicada al uso de americanos,* a pesar de lo que pueda sugerir el título, nunca tuvo en mente separar los usos idiomáticos americanos y peninsulares. Todo lo contrario: quería unificar el uso americano mostrándole un camino de corrección idiomática común, basado, precisamente, en el ideal uso castellano (que en muchas de sus particularidades no era seguido para nada en América, ni lo ha sido nunca). La preocupación de Bello, como consta en el prólogo de su obra, es que por el continente pululaban "una multitud de dialectos irregulares, licenciosos, bárbaros, embriones de idiomas futuros, que durante una larga elaboración reproducirán en América lo que en Europa en el tenebroso periodo de la corrupción del latín". Por lo demás, Andrés Bello era muy obediente con la tradición clásica de corte castellano. Vean si no: como caraqueño que era, él decía *papa* en vez de *patata,* pero a la hora de escribir sus silvas americanas dice: "Para tu mesa la *patata* educa sus harinosos globos", que a un criollo debía resultarle palabra algo ajena, como si un poeta español escribiera "manejo el carro" en vez de "conduzco el coche". Pero el patrón castellano conservaba su prestigio; de hecho, hasta 1934 no se pudo sustituir en documentos oficiales argentinos *patata* por *papa,* que era palabra corriente desde generaciones atrás.

Antes que Bello ya planteó el problema de la disgregación el argentino Antonio J. Valdés, autor de otra gramática en 1818 que sigue "el puro lenguaje de Castilla". Y ésa era la misma recomendación, seguir el puro castellano, que daba el catalán Antonio Puigblanch por los mismos años al mundillo del exilio hispanoamericano en Londres —el mundillo de Blanco White— cuando se debatía qué había de provecho para la América republicana en las antiguallas idiomáticas de Cervantes, Lope, Calderón, la Real Academia y toda esa caterva monárquica.

Bello, Valdés y Puigblanch tenían razones para preocuparse. He aquí cómo se describe en unas coplas anónimas de aquellos años el diálogo entre un español trasplantado a América y un negro. Dice el primero:

> *Venga uté a tomai seivesa*
> *Y búquese un compañero*
> *Que hoy se me sobra ei dinero*
> *En medio de la grandesa,*
> *Dio, mirando mi pobresa,*
> *Me ha dado una lotería*
> *Y aquí está mi papeleta,*
> *Que no he cobrao entuavía.*

Acaba de hablar el criollo, que es quien de los interlocutores de la copla utiliza un lenguaje más pulido y perfecto, más fino y educado. Su colega le contesta así:

> *A! Si oté no lo cubrá*
> *Si oté toavía no fue*
> *Pa que buca qué bebé?*
> *Con qué oté lo va pagá?*

Si a estos diálogos americanos de entonces se hubiera unido el gaucho Martín Fierro, la tertulia hubiera continuado así:

> *Ruempo, digo, la guitarra*
> *Pa no volverme a tentar.*
> *Nenguno la ha de tocar,*
> *Por siguro ténganlo.*

No es de extrañar que a los notables americanos se les pusiesen los pelos de punta y considerasen, razonablemente, que en dos o tres generaciones el criollo, el negro y Martín Fierro malamente iban a poderse entender entre ellos a la hora de comprar lotería, beber cerveza o romper guitarras. Como ya saben, veinte años antes de publicar su *Gramática*, Andrés Bello se había puesto en marcha en Londres para solucionar los malos entendimientos, y había inventado una ortografía americana —algo más simple de la autorizada por la Real Academia Española—, de modo que el criollo, el negro y Martín Fierro no escribieran sus coplas cada cual a su modo. Como el analfabetismo en América era grande entonces (y en España, todo hay que decirlo) y, aún más, como quedaban auténticas masas indígenas que no hablaban español, ni estaban en mayor disposición o necesidad de aprenderlo, y como la instrucción popular era una preocupación de los revolucionarios y querían llevarla adelante eficaz y rápidamente, una ortografía sencillita para uso americano vendría muy bien. Los niños —y adultos— aprenderían con ella a escribir sin tener que memorizar si *armonía* lleva hache o no la lleva.

La ortografía de Bello no era mui diferente de la qe oi estamos aqostumbrados a usar. Si este libro se ubiera impreso en ella usted se abría echo enseguida, en dos o tres pájinas, a sus partiqularidades, qe tampoco son tantas. Le resultaría ziertamente rrara y qaprichosa en un prinzipio, pero todo se abría rresuelto qon fazilidad, qomo imajino qe no abrá tenido muchas difiqultades para seguir este párrafo. Si qiere qe le sea sinzero, personalmente —salvo en lo de la *q*— me agrada más la ortografía qe se inventó Bello qe la seguida rregularmente a lo largo del presente libro. Qon la venia de la Aqademia. Por eso no me e rresistido a esqribir estas líneas. Esqritas qedan.

Lo que ocurrió con la ortografía de Bello se resume en el proverbio "el camino del infierno está empedrado de buenas intenciones". Él proponía unas normas simples, sencillas, de fácil y rápido aprendizaje, de modo que los niños en la escuela —los analfabetos adultos puestos a aprenderlas, los indígenas o los hablantes de otras lenguas que no fueran la española— pudieran aplicarlas sin dificultad en breve espacio de tiempo. Pero inmediatamente aparecieron nuevos autores, como Francisco Puente, proponiendo nuevas formas de escribir. De este modo, empezaron a difundirse de forma improvisada usos ortográficos divergentes entre sí, divergentes a su vez del peninsular. Y empezaron a difundirse, como quien dice, cuando América comenzaba realmente, masivamente, a hablar y escribir en español. Con todo, lo peor estaba por llegar. Vino de la mano de un autor notable, un tipo arrojado, valiente y con carácter. Era argentino, llegó a ser presidente de la República entre 1868 y 1874. Se llamaba Domingo Faustino Sarmiento.

Como ya saben, la repoblación de la zona del Plata se estableció tardíamente. Se hizo bajo las pautas de un capitalismo muy alejado de los usos económicos coloniales. Emigración europea aparte, contó con el importante aporte de familias catalanas, canarias, gallegas y vascas, cuyas formas se apartaban de las hidalgas castellanoviejas. Por lo mismo, allí tuvieron mejor acomodo las ideas que ridiculizaban y despreciaban todo lo español, cuyos espejos solían ser entonces Andalucía y Castilla. Como no podía ser menos, con España se identificó la propia lengua, conque los brotes de separatismo lingüístico estaban servidos mejor que en ninguna otra zona americana, en Argentina, y mejor que en ningún otro escritor, por su particular forma de ser, en Sarmiento.

Hacia 1845 Sarmiento vino de viaje a España. Hizo un amable retrato de la tierra de sus abuelos: entró por el País Vasco, a cuyos vecinos les auguró que no serían libres hasta que no abandonasen los fueros. Siguió por Burgos, que le pareció una antigualla propia del siglo XV. El resto de ciudades visitadas le daban una imagen de esa misma época, sólo que además de antiguallas le parecían cementerios de lo muertas que estaban. En todo el país observaba poco sentido de Estado, atraso general, falta de industria, falta de carreteras, falta de marina nacional, falta de un sistema de educación popular (que es lo que él había venido a copiar —¡iluso!— para su Argentina natal), falta de aplicación al estudio de las ciencias y falta de una sólida literatura de ideas. Todo lo español tenía aroma a chorizo y tocino. En Córdoba observó cómo las viejas barrían la calle con una escoba sin mango, doblando el espinazo. Se acordó de las escobas que él había visto en Estados Unidos, tan prácticas, con su palo largo para barrer de pie cómodamente. Reflexionó sobre el hecho de que la única innovación tecnológica que se conservaba en España era el arado romano. En Madrid se fue a los toros; había buen cartel: El Chiclanero, El Montes y Cúchares. Glorias nacionales. Al ver el entusiasmo de la plaza, Sarmiento comentó: "Vete a hablar a éstos de ferrocarriles, de industria o de deberes constitucionales". Se fue a Gibraltar, tomó un vapor hacia Valencia, de Valencia se fue a Barcelona. En la capital catalana dijo aliviado: "¡Por fin estoy fuera de España!". Lo más gracioso de todo es que don Domingo Faustino, salvo en lo de Barcelona, tenía algo de razón.

Sarmiento era un hombre de ideas idiomáticas incendiarias. Visto el desbarajuste nacional de la madre patria, estaba convencido de una cosa: hablar como se hablaba en España, repetir las ideas y conceptos que en ella se repetían, seguir los modelos gramaticales y literarios que en ella eran corrientes e incluso los que habían sido clásicos, no podía sino traer cerrazón de mollera a chilenos, argentinos y venezolanos. Con las estantiguas españolas y las majezas de Cúchares malamente se podía construir el nuevo mundo político, ideológico y cultural que necesitaban las repúblicas americanas. ¿Qué puede tener de extraño que este hombre propusiera en su tierra la reforma ortográfica más radical que se conoce en la época, destinada, conscientemente, a separar los usos escritos americanos de los españoles? Similar en cierto sentido a la reforma de Bello, la de Sarmiento recomendaba, además, eliminar la *c* y la *z* del alfabeto americano y, puesto que la mayoría de americanos cultos seseaba, se escribiría *sapato* en vez de *zapato*, *senisa* en vez de *ceniza*, *sisaña* en vez de *cizaña*. Con estas ideas se fue a la Facultad de Filosofía y Humanidades de Chile en 1843 y trató de convencer al rector. En la facultad aquello les pareció muy atrevido pero, como los universitarios chilenos ya estaban por la labor, a su vez, de crear otra ortografía —quizá les parecía que había pocas— sólo tomaron en cuenta la filosofía general sarmientista sobre el caso.

Al verse rechazado, Sarmiento se enfadó. Y les recordó a los chilenos que eran más papistas que el Papa, pues la propia Academia Española ya estaba autorizando en Madrid una reforma muy parecida a la que él les estaba proponiendo. Aquello impresionó vivamente al cuerpo universitario, que avanzó en sus propuestas reformistas, si bien todavía sin seguir a Sarmiento a rajatabla. Lo de la Academia Española era una verdad a medias. La Academia Española no estaba reformando radicalmente nada de nada, más bien observaba con espanto el desbarajuste ortográfico americano... y español, porque el 12 de abril de 1843 una denominada "Academia Literaria i Científica de Profesores de Instrucción Primaria de Madrid" ya se había inventado otra ortografía —¿quieren más?— y estaba enseñando a escribir a los niños de Madrid cosas como "cerido padre", cuando los niños de Andrés Bello escribían "qerido padre". Ésa era la academia que Sarmiento presentaba en Chile como "la Española", lo que geográficamente hablando no dejaba de ser verdad. En fin, que entre Bello, Puente, Sarmiento, los maestros de Madrid y los universitarios chilenos, brotaban aquellos años ortografías como setas.

Vista la anarquía reinante, la propia reina Isabel II, por real decreto de 25 de abril de 1844, hace oficial la ortografía académica para España, lo que atrajo la simpatía de los americanos que no comulgaban con los radicales chilenos, argentinos y venezolanos. Para entonces, Andrés Bello se había retractado de sus ideas y apoyaba las decisiones académicas, a la vista de que las divergencias ortográficas eran un peligro de consecuencias imprevisibles para la lengua común. Pero, simbólicamente, el mismo día en que la Academia Española tomaba la antedicha decisión, la facultad de Filosofía y Humanidades de la Universidad de Chile se pronuncia por su particular reforma de la escritura. Empezaban a utilizarla los profesores, se imprimían en ella libros y periódicos. El cisma ya tenía, en América y en España, carácter oficial. Duró ochenta y tres años. Hasta el 12 de octubre de 1927. Ese día, el ministro chileno de Educación, Aquiles Vergara Vicuña, dio por finalizada la aventura ortográfica chilena con el acatamiento de la hispánica común, que quedaba bajo la autoridad académica —no sólo española—, porque para aquel año ya eran catorce las academias americanas que se habían fundado.

El cisma tuvo sus secuelas. Es verdad que las propuestas chilenas no encontraron apoyo unánime. Sarmiento se quejó de que nunca tuvieran el respaldo oficial para imponerlas en colegios y estamentos gubernativos. Las nuevas ortografías quedaban, la mayor parte de las veces, sujetas a la voluntad de quien quisiera emplearlas o al simple azar de que un folleto reformista —váyase a saber de qué padres— llegara a tal o cual escuela perdida por aquellas tierras infinitas. Pero esas voluntades y esos azares reformistas existieron, de modo que las propuestas calaron, aparte de hacerlo en Chile, en los Andes argentinos, Ecuador, Colombia y Venezuela. Hacia 1865 subían por Centroamérica y llegaban a Nicaragua. Sus ramificaciones eran ya imprevisibles. Hasta tal punto llegó el desbarajuste, que los propios chilenos se encontraron con un grave problema en 1911: no se podía exigir a los alumnos una ortografía común en los exámenes, así que los examinadores tenían que aceptar como bueno lo que los escolares escribieran. Ese año no se suspendió a nadie por faltas de ortografía. En aquellas zonas americanas donde la reforma había cundido se estaba gestando, quizá, una lengua inútil para la cultura escrita. Aquello les hizo recapacitar: desde 1913 se dieron pasos decisivos para acatar las decisiones académicas. Catorce años después cesó la marejada ortográfica. Sólo algunos niños, educados en los años de su mayor rigor reformista, han llegado a viejos escribiendo *soi jeneral extranjero*. Ciertamente, en la ortografía americana había muy buenas ideas, pero todo el caso nos da una lección esencial: un negocio común como la lengua española requiere decisiones comunes. En 1927 concluía, quizá, el más peligroso frente de las guerras idiomáticas. Se mantenía, sin embargo, cierta actividad guerrillera. Volvemos a Argentina.

XXVIII. MI BUENOS AIRES QUERIDO

El particularismo lingüístico rioplatense. El plebeyismo idiomático en Argentina. Lunfardos y cocoliches

El 24 de febrero de 1946, Juan Domingo Perón obtuvo un rotundo triunfo en las urnas. El 56 por ciento de los electores votó su candidatura presidencial. En los mítines, Perón no trataba a los adversarios políticos de tontos y desgraciados, que hubiera sido lo razonable, sino de *pastenacas* y *chantapufis*, o sea, lo mismo dicho en alguna de esas jergas porteñas tan comunes entonces. Los opositores políticos eran unos *contreras* y quienes apoyaban al peronismo los *grasas*. Fórmulas de indudable éxito que entonces te podían llevar a la Casa Rosada. Los peronistas veían en ellas la expresión popular, desgarrada y arrogante de un líder al estilo de los viejos caudillos criollos. A poco de ganar las elecciones, en las paredes de Buenos Aires aparecían pintadas como "Le ganamo a lo

dotore". Los doctores eran, como puede suponerse, gente
poco peronista y poco amiga de la grasa.

En sí misma, la oratoria peronista no era nueva. Seguía
una tradición muy antigua y muy arraigada en el Plata, una
especie de plebeyismo lingüístico que consistía en ganarse la
voluntad de las masas procurando hablar como hablaban
ellas. Había algo de artificio en el procedimiento, pero era
útil. El peronismo debió su éxito propagandístico a estos particulares usos (en la parte que le corresponde). Igual que en
la campaña presidencial de Eisenhower, en 1952, se ganaban
las presidenciales con el lema "I like Ike", en la Argentina de
los años cuarenta un *chantapufi* o una *tratativa* (negociación)
bien puestos le venían muy bien al político populista.

En esto, no habían cambiado mucho las costumbres argen-
tinas típicas del siglo XIX. Sarmiento describe así el país: "Había, antes de 1810, en la República Argentina dos sociedades
distintas, rivales e incompatibles, dos civilizaciones diversas: la
una, española, europea, culta, y la otra bárbara, americana,
casi indígena; y la revolución de las ciudades sólo iba a servir
de causa, de móvil, para que estas dos maneras distintas de
ser de un pueblo se pusiesen en presencia una de otra, se aco-
metiesen y, después de largos años de luchas, la una absor-
biese a la otra". La primera sociedad solía integrar el partido
unitario y la segunda el federal. El unitario se distinguía por
sus modales finos, su comportamiento ceremonioso, sus ade-
manes pomposamente cultos y su lenguaje altisonante y lleno de expresiones librescas. Para los unitarios, los federales
eran unos *gauchos* o *jiferos,* o sea, unos bárbaros. Para los federales, los unitarios eran unos *cajetillas,* o sea, unos afemina-
dos. El político federal Juan Manuel Rosas advirtió que podía
atraerse las simpatías de la gente del pueblo, y ejercer su influencia sobre ella, precisamente hablando como un gaucho. Y así lo hizo. El escritor Lucio V. Mansilla recuerda que
aquellos años el lenguaje se pervirtió y circulaban "vocablos
nuevos, ásperos, acres, no usados". Curiosamente, a pesar
de su gusto confesado por las clases populares, el desprecio de
los federales por los indígenas era absoluto. Los considera-

ban salvajes. No se tomaron el trabajo de asimilarlos y, por la vía militar, los fueron eliminando o provocaron su huida hacia otras zonas. De modo que el problema lingüístico que el indigenismo hubiera podido crear a la nueva república —buena parte del cual se lo habían planteado los misioneros españoles de antaño— desapareció por tan expeditivo y violento método.

El plebeyismo idiomático reapareció en los años presidenciales de Nicolás Avellaneda, en 1880, cuando se produjo la revolución de Carlos Tejedor. En la llamada "resistencia" de Buenos Aires, el fervor localista fue tan grande que en los cuarteles, según Ernesto Quesada, testigo de los hechos, "convivió la juventud patricia con el compadraje y la chusma, tropa y oficialidad fraternizábamos y se establecía, como vínculo democrático común, el de un término medio equidistante en indumentaria y lenguaje". Según el propio Quesada, la circunstancia ayudó a que en el habla diaria se imitara el rasgo popular, haciéndolo deliberadamente caló y descuidado, pues había que demostrar que se era parte del pueblo y se exageraban los rasgos lingüísticos atribuidos a eso, al pueblo. Entonces se cantaban coplas como ésta:

> *El castellano me esgunfia,*
> *no me cabe otro batir*
> *que cantar la copla en lunfa*
> *porque es mi forma 'e sentir.*

Esgunfiar viene del italiano *sgonfiare*, "desinflar, desanimar", y la *lunfa* es el lunfardo, una jerga que apareció en los barrios bajos bonaerenses y cuyas expresiones son una mezcla complicada de italianismos, galicismos, anglicismos y lusismos, todo revuelto, y que se difundió por *conventillos* (casas de vecindad), *piringundines* (verbenas) y ambientes del hampa. Las letras de los tangos se nutren de ella. En el barrio bonaerense de la Boca, como consecuencia del gran número de inmigrantes que entraron en Argentina desde 1857 —unos quince mil al año hasta 1946— se gestó otra jerga italohispana, el cocoliche. Ha tenido menos fama que el lunfardo, porque para este último, dado el anhelo que sentían algunos argentinos por diferenciarse lingüísticamente, no ha faltado quienes lo definían como "el genuino lenguaje porteño", consideración evidentemente exagerada.

De aquellos días data el desaire que Juan María Gutiérrez le hizo a la Real Academia. En 1879, los ilusos académicos creían que le hacían un honor nombrándolo miembro correspondiente de la docta casa. Gutiérrez destapó su argentinismo contestándoles que podían esperar sentados, porque no aceptaba tamaño honor. Es más, ¿qué podía ofrecer él, un bonaerense, a una academia española? Para Gutiérrez, el habla de Buenos Aires estaba en constante efervescencia gracias a la aportación de los dialectos italianos, del catalán, del gallego, del galés, del francés y del inglés —se conoce que allí no se hablaba nada llegado, por ejemplo, de La Mancha— y todas esas voces "cosmopolitizaban", con palabro de Gutiérrez, la tonada bonaerense. Era inútil pretender fijar tales corrientes según moldes académicos; por lo menos él no se sentía con ánimos. Su amigo Juan Bautista Alberdi daba entonces la siguiente recomendación: igual que Dante (observen: otro italiano) en su día llevó la lengua hablada en Florencia a los inmortales versos de la *Divina comedia*, los escritores porteños debían reflejar en su prosa el castellano modificado que se hablaba en Buenos Aires, en vez de tener la vista puesta en los diccionarios que venían de Madrid. Otros autores, como Rafael Obligado o Alberto del Solar, no pensaban así y defendían el valor de una lengua común, sin casticismos que la interrumpieran.

El caso es que polémicas de este tenor se han prolongado hasta mediados del siglo XX. El día que a don Américo Castro se le ocurrió escribir un libro poniendo el grito en el cielo sobre lo particulares y descuidados que eran los argentinos al hablar, y previendo que de seguir así se iban a apartar de la corriente hispánica general —estábamos en 1941— Jorge Luis Borges le contestó, en un artículo titulado "Las alarmas del doctor Américo Castro", lo siguiente: "En cada una de sus páginas abunda en supersticiones convencionales [...].

A la errónea y mínima erudición, el doctor Castro añade el infatigable ejercicio de la zalamería, de la prosa rimada y del terrorismo". Pero Castro no estaba entonces tan descaminado: que se sepa, la única voz que en las altas instancias idiomáticas ha defendido alguna vez el "derecho a la incorrección" predicaba, no por casualidad, desde la Academia Argentina en 1943. Las altas instancias porteñas no dejaban de ser sorprendentes: un locutor de radio, cuyo mérito dicen que era la verborrea, llegó a alto cargo del Ministerio de Educación. Una vez allí, seguía hablando como si estuviera delante de los micrófonos con finezas como *utensillo* (en vez de *utensilio), áccido* (en vez de *ácido), dejenmelón* (en vez de *déjenmelo), sientensén* (en vez de *siéntense)* y *cumpelaño, rompecabeza,* "es usted un héroe, señorita", etc., etc.; visto lo visto, el académico Luis Alfonso habló sobre la conveniencia de estudiar el idioma para quienes tenían responsabilidades en cargos públicos, a lo que el aludido contestó: "No es urgente hacerlo. Total, el idioma no va a desaparecer por dejar de estudiarlo".

El desgarro idiomático argentino, junto a la manía de una lengua nacional apartada de la norma común española, cedieron. Y con ello, el último frente de unas guerras idiomáticas que se habían iniciado en los albores de la independencia americana. Hecho el balance, resulta que Argentina no sólo ha dado extraordinarios escritores antiguos y modernos —incluso en pleno fervor separatista dio figuras como Domingo Faustino Sarmiento o Estanislao del Campo— sino que desde mediados del siglo XX se iba a convertir en un foco editorial importante cuyas publicaciones se han distribuido por todo el mundo hispánico. Se ha explicado la razón del particular desapego al idioma apelando al genio de los argentinos, a cierta soberbia heredada de los españoles, a una afirmación de su plenitud vital; se han querido ver razones humanas en la notable inmigración que recibió la zona, procedente de los más diversos países europeos, y que propició la mezcla de lenguas muy distintas; se han querido ver razones históricas en el hecho de que el Virreinato del Plata fuera el último constituido y, por tanto, el de menor apego a España. Habrá un poco de todo. Lo cierto es que, todavía en los años cuarenta, el nacionalismo argentino seguía blandiendo la bandera de la lengua, con cierto éxito en algunos sectores de la opinión pública y en instituciones como la escuela, donde los niños debatían si Argentina tenía, o debería tener, lengua propia y cómo denominarla. Era el último resto ideológico de unas guerras idiomáticas iniciadas en los años de Bolívar y San Martín. Amado Alonso le dedicó un trabajo clásico al caso.

XXIX. ACUERDOS DE PAZ

La importancia de las Academias en la unidad del idioma. Ideas de Rufino José Cuervo. Unidad y variedad del español actual. El problema de la disgregación normativa. Spanglish *y* lusoñol

El 24 de noviembre de 1870 sucedió un hecho interesante. Un indicador de que, igual que hubo importantes procesos de disgregación idiomática a lo largo del siglo, empezaba a haberlos de integración. El marqués de Molins, que era entonces director de la Academia Española, inició unas gestiones para crear Academias correspondientes en los países americanos. El documento de Madrid decía así: "Los lazos políticos se han roto para siempre. De la tradición histórica misma puede en rigor hoy prescindirse; ha cabido, por desdicha, hasta el odio entre España y la América que fue española; pero una misma lengua hablamos, de la cual, si en tiempos aciagos que ya pasaron usamos hasta para maldecirnos, hoy hemos de emplearla para nuestra común inteligencia". Aparte de las buenas intenciones de esta declaración, Molins estaba preocupado porque en aquellos años los hablantes americanos superaban en número a los españoles, las guerrillas idiomáticas persistían en el continente, los emigrantes llegaban en aluviones llevando consigo todo tipo de lenguas, y en países como Argentina, Uruguay o Chile la mezcla de acentos sobrepasaba en ocasiones al español neto. El peligro de fragmentación estaba servido y había que hacer algo para evitarlo.

Hacía casi cuarenta años que al mejicano Lucas Alamán se le había ocurrido lo mismo: formar una academia en su país. Era una ocurrencia espontánea, a la vista, según él, de lo mal que estaba el idioma por la falta de escuelas, la mala literatura, las peores traducciones, las guerras civiles americanas y el alejamiento de España. La iniciativa de Lucas Alamán no llegó a prosperar. Por lo menos, no dio frutos sobresalientes. El historiador colombiano José María Vergara era un alma afín a Alamán. Vergara pertenecía a un grupo de notables colombianos preocupados por conservar en su país la pureza del lenguaje de Castilla vinculándose a la Academia Española. O sea, que la iniciativa de Molins no fue un acto gratuito pues ya había recibido algunos avisos americanos. Sin embargo, una vez en marcha, no despertó gran entusiasmo. Para entonces, España no era un modelo ni político, ni cultural, en ámbitos influyentes de la intelectualidad americana. De modo que las Academias correspondientes que fueron apareciendo, con cierta pereza, a partir del primer paso dado por Colombia en 1871, eran para algunos autores al estilo del argentino Juan María Gutiérrez quintacolumnas del pensamiento más conservador; la mayoría de los académicos que las integraban simpatizaban con los partidos políticos europeos menos progresistas y la misma filosofía de fijar el lenguaje según moldes clásicos era buena muestra de sus ideas apolilladas. Para Gutiérrez, y para otros tantos como él, los nuevos usos idiomáticos de argentinos, chilenos, venezolanos, podían ser irregulares y hasta destrozar la gramática, pero si tales destrozos servían para la expresión del pensamiento libre, bienvenidos fueran. Dicho de otra forma: las Academias iban a ser, probablemente, un freno para las ideas liberales.

El caso es que se fueron inaugurando Academias. Rencillas políticas aparte, nadie en su sano juicio estaba dispuesto a negar las ventajas de poseer una lengua curtida para la administración, la cultura, la enseñanza y, además, conocida internacionalmente. A los quince años del llamado de Molins, Bogotá, Quito, México, San Salvador, Caracas, Santiago de

Chile, Lima y Guatemala habían respondido con la creación de sus Academias. En 1973 se fundó la última de ellas en Estados Unidos. Hoy son veintidós. En un principio, la labor de las Academias americanas era meramente subsidiaria: se subordinaban a la Española y le proporcionaban noticias sobre "provincialismos" que la corporación madrileña incluía, o no, en el *Diccionario*. Esta situación, sin embargo, estaba a punto de cambiar. Las intenciones que animaban el documento de Molins —que los americanos copiaran los usos españoles para evitar la disgregación— se desanimaron al llegar al continente.

Rufino José Cuervo fue una eminencia que perteneció al grupo de fundadores de la Academia Colombiana. Por aquellos años acababa de escribir unas *Apuntaciones críticas sobre el lenguaje bogotano* donde decía cosas verdaderamente raras para los oídos de la época. Todavía era corriente el concepto —no sólo entre los europeos, sino entre los propios americanos— de que los usos de América, en cuanto se apartaban de los de España, eran una especie de corruptelas simpáticas y poco más. Pero Cuervo demostraba que muchos usos americanos eran, simplemente, formas clásicas del español que la península había olvidado y América repetía, *ergo*, los americanos conservaban fielmente usos que los españoles habían "corrompido", *ergo*, a veces los españoles se equivocaban y los americanos no. A Cuervo lo acusaron en España de querer patrocinar la formación de lenguas nacionales americanas con tales ideas. No había tal. Como suele ocurrir en estos casos, Cuervo conocía la literatura española, y la tradición hispánica en general, mucho mejor que sus acusadores. La intención de Cuervo era otra: poner en pie de igualdad el español hablado en América al hablado en España y obligar a ésta a reconocer que, en términos de norma lingüística, el español era ya condominio de muchos hablantes, con varias metrópolis creadoras y emisoras de lengua, la mayoría de las cuales no estaba, precisamente, en la península.

Rufino José Cuervo tenía razón. Al final se reconoció ese hecho evidente. Por tanto, desde principios de siglo, se fue abandonando el viejo concepto de que el español tenía un centro rector —a veces identificado con Madrid, a veces con Toledo, casi nunca con Sevilla, que algo de importancia ha dejado en América— y se admitió que el castellanismo castizo era un estorbo para la ideología que sustenta el concepto de unidad lingüística. Porque, muy en el fondo, la unidad de lengua radica en la idea de que se está unido y en la voluntad de mantenerse en ese ideal. Y si ese reconocimiento de la aportación americana —al que contribuyó desde España Unamuno, y al que más tarde Ramón Menéndez Pidal le dio entidad teórica— no se hubiera producido, quién sabe si los separatistas argentinos, por citar el caso más extremo, no hubieran dado rienda suelta a sus particularismos y hubieran avanzado en sus proyectos de una lengua nacional, puesto que en poco podían contribuir a un modelo marcado por Castilla que, por mucho que se esforzaran, era de todo punto imposible para ellos obedecer o seguir. Y como ellos, quién sabe si se hubieran autodefinido idiomáticamente los chilenos, venezolanos, mejicanos y suma y sigue.

Cuervo solucionó un problema y el viejo criterio de pureza idiomática (identificado con lo castellano) dio paso al de norma hispánica ideal. Por lo menos en la escritura, la norma panhispánica no admite dudas y la última ortografía de la lengua española se avala por las veintidós Academias. En lo que respecta a la lengua hablada, el asunto es otro. Como opina Guillermo L. Guitarte: "La desaparición del concepto de pureza crea, a su vez, el problema de encontrar otro criterio que guíe la política lingüística. La falta de un criterio de valor, reemplazado acaso por nociones puramente lingüísticas o sociológicas, puede, a la larga, ser más perjudicial a la conservación de la lengua que la vieja idea de pureza". Es una preocupación razonable.

El hispanohablante debe acostumbrarse hoy a que la norma culta de unas regiones es *coche* y la de otras *auto;* lo que alguien pronuncia como *paciencia* alguien más lo hace como *pasiensia;* lo que para unos es *tú,* para otros es *vos;* lo que para unos es *piscina,* para otros es *alberca* y para otros más *pileta;* lo que para unos es *bolígrafo*, para otros es *birome*, para otros *lápiz atómico*, para otros *de bola;* hay quienes dicen *"¿qué quieres tú?"*, quienes dicen *"¿tú qué quieres?"* y quienes dicen *"¿qué tú quieres?";* cuando alguien de Venezuela le *exija* algo, se lo estará pidiendo con toda cortesía; los peninsulares debemos resignarnos a que nuestra costumbre de perder la *d* cuando decimos *llegao, helao, cansao...* se considere una vulgaridad frente a la norma mejicana —y americana en general— conservadora que prefiere *llegado, helado, cansado.* A esto no hay más remedio que acostumbrarse, y yo creo que nos acostumbramos bien: el Festival de Cine de San Sebastián da premios cinematográficos denominados "La Concha" que a la gente de cine rioplatense les suena de otra manera muy distinta, algo así como si les dieran "El Coño"; que yo sepa, no ha habido ninguna protesta al respecto. Sin embargo, el asunto del polimorfismo no deja de suscitar algunas dudas; por ejemplo, ¿qué español enseñar a un extranjero? ¿El de *tú, paciencia, bolígrafo?*, ¿el de *vos, pasiensia, birome?*, ¿el de *auto* o el de *coche?* Si usted vuela en alguna compañía norteamericana no se sorprenda si, a la hora de elegir la lengua en que desea ver las aburridas películas de vídeo que suelen pasar en los aviones, le dan a elegir entre *castilian* o *spanish american.* Pero no hay que volar para advertir cómo esta diferenciación está ganando terreno, entre otras varias causas, por la doble denominación *castellano/español* que utilizamos a cada paso. Si tal polivalencia no causa problemas para consumo interno de hispanohablantes, sí puede confundir a hablantes de otras lenguas: en la Constitución de Nicaragua: "El español es el idioma oficial del Estado", así para Honduras, Guatemala, Cuba, Puerto Rico, Paraguay... En la Constitución de Colombia: "El castellano es el idioma oficial", así en Venezuela, Ecuador, Perú. En la Ley Federal de Educación mejicana se habla de "idioma nacional". Y la formulación más rara, e internacionalmente confusa, que puede leerse la hemos inventado los españoles: "El castellano es la lengua española oficial del Estado", si con *española* dicha formulación se refiere al hecho de que el *castellano* se habla en España se trata de una aclaración imprescindible, sin duda.

Por otra parte, respecto a la dispersión normativa, ¿qué ocurriría si la literatura, el cine, los medios de comunicación se vieran invadidos por una fiebre localista que prefiriese giros muy particulares de Quito, por ejemplo, a aquellos que pueden comunicar a dicha ciudad con Montevideo, La Habana y Tenerife? Son circunstancias posibles. Como opina el profesor Juan Manuel Lope Blanch: "La norma hispánica ideal coincide más con los usos cultos americanos que con los castellanos". Es lógico, los castellanos netos quizá constituyan el 3 ó 4 por ciento del dominio hispánico todo. Pero en América no hay unanimidad precisamente.

La norma ideal es eso mismo: ideal. En Gran Bretaña podemos encontrar tales diferencias habladas en lo que llamamos inglés que acaso podrían considerarse lenguas distintas... si los británicos se empeñaran en considerarlas así. Pero los británicos se empeñan en considerar que hablan la misma lengua con alto grado de variación. Quizá haya que seguir su ejemplo. Porque la condición para ser parecido es sentirse parecido. Ahora bien, ese sentimiento debe ir respaldado por vínculos materiales: comercio, diplomacia, turismo, cooperación internacional, acuerdos en educación, periódicos, cadenas de radio y televisión, que alimenten la idea. Por lo demás, la variación es inevitable. Las circunstancias políticas y económicas a las que se enfrenta Hispanoamérica —y la propia España en la futura Unión Europea— no dejan de ser una caja de sorpresas. Y la fragmentación sucederá cuando esas circunstancias hagan que la idea de unidad no pueda mantenerse o no le importe a nadie hacerlo. De hecho, hay quien supone que el español está dando muestras preocupantes de disgregación normativa.

"El mundo hispánico hablará *spanglish*", leo en un titular del diario madrileño *El País* del 2 de febrero de 2000. Su autor es Ilan Stavans, un profesor de español del Armhest College, en Massachusetts. Ya saben que los titulares de periódico deben ser convenientemente llamativos —y el propio Stavans nos anuncia a renglón seguido que acaba de publicar un diccionario de *spanglish, espanglis,* o como se llame—. Resulta que hay hispanos en Estados Unidos que son conscientes de su español y de su inglés, de modo que pueden ir de uno a otro. Pero a otros muchos, si no les viene a la cabeza la palabra *techo* dicen *rufa* (inglés, *roof);* si no aciertan con *gratis* dicen *fri* (inglés, *free)* y así se hacen entender. El caso que eso les ocurre muchas veces, de modo que han creado un idioma intermedio: el *spanglish.* Antes era la lengua de los pobres, pero ya no lo es tanto. Ahora hay ciento veinticinco emisoras de radio en California que utilizan el *spanglish.* No hay tantas emisoras de radio en toda Centroamérica que se expresen en español, digamos, correcto. De modo que Stavans cree que el *spanglish* será lengua franca del mundo hispánico (¿por qué no del mundo anglo?). Si bien él todavía enseña en inglés o en español, según los casos, ya nos avisa de lo que puede pasar. Es mucho creer, me parece.

Por mi parte, dada mi edad e instalación europea, difícilmente me veo "drinqueando fri en los estores" antes que "bebiendo gratis en las tiendas", por ejemplo, cuando hacen esas promociones de cerveza que, de otra forma, no beberías nunca. Por lo demás, ¿se librará el *techo* del acoso de *rufa?*, ¿convivirán?, ¿confluirán en una lengua normalizada que se enseñe en las escuelas, tenga un patrón literario y uso administrativo? ¿Qué será del *spanglish* de Gibraltar, que se parece poco al del suroeste estadounidense? Quién lo sabe. Imaginen ahora que, con el entusiasmo que les ha entrado a los brasileños por aprender español, se creara otra lengua fronteriza, digamos, el *lusoñol.* De hecho, yo recibo correos electrónicos de estudiantes brasileños en un *lusoñol* muy aceptable. Incluso me atrevería a contestarles en lo mismo. La confluencia del portugués y el español en una gran lengua compartida por lusohablantes e hispanohablantes ya ha sido propuesta, teóricamente, por Ignacio Hernando de Larramendi. Quién sabe si los brasileños estarán en el camino de lograrlo. Las lenguas son así. En el fondo, nunca se sabe qué va a ser de ellas, porque nunca se sabe qué va a ser de sus hablantes. De modo que, tal vez, no sean muy aventuradas ni las predicciones de Stavans ni la posibilidad de un futuro *lusoñol* de base brasileña. Incluso hay quienes apuestan por la creación de un *catalañol* en Cataluña, como uno de los efectos de la catalanización obligatoria de la escuela pública donde acuden niños que hablan español en sus casas. Todo es posible.

XXX. *BUSINESS IS BUSINESS*

Interés por el español como segunda lengua con fines comerciales. Ingleses y estadounidenses. Los robber barons. *Fundamentos del hispanismo*

El académico Rufino José Cuervo había resuelto un problema ideológico. Así contribuyó a trazar la paz idiomática entre hispanohablantes. Pero la buena suerte del español se iba a sustentar en asuntos más materiales que los tratados por Cuervo. La revista norteamericana *Hispania* publicaba un artículo en 1920 titulado "El español debe enseñarse en Estados Unidos por razones de cultura y por motivos comerciales y sociales" (¿tengo que resumirles el contenido del artículo?). Lo firmaba un tal Mr. L. S. Rowe. Acababa de concluir la I Guerra Mundial y el tráfico comercial de Estados Unidos con Europa había sufrido un severo traspié. De modo que ese tráfico empezó a desviarse a Hispanoamérica. El comercio hispanoamericano no era una novedad, venía de atrás, pero la guerra europea lo acrecentó. Como consecuencia, la matrícula de estudiantes de francés, italiano y, sobre todo, alemán descendió al tiempo que aumentaba la de español.

La vieja corriente del hispanismo norteamericano empezó a fluir con más rapidez y las sociedades culturales, academias, publicaciones dedicadas a la lengua española, y a la cultura hispánica en general, se multiplicaron.

Era una corriente veterana, sin duda. La Real Academia de la Historia había nombrado en 1784 a Benjamin Franklin primer miembro correspondiente en los recién fundados Estados Unidos. Franklin era más francófilo que hispanófilo, todo hay que decirlo, pero aceptó gustoso el honor y contribuyó poderosamente a ir demoliendo algunos tópicos de la leyenda negra española. La Academia lo honró en reconocimiento a la labor de otros compatriotas suyos, como Garrat Noel, que había escrito en 1741 la primera gramática de español para anglohablantes publicada en América. Ni que decir tiene que todo este trasiego de honores y gramáticas era trasunto de las relaciones comerciales entre anglo e hispanohablantes. Los primeros, sobre todo, habían advertido que una de las formas en que podían ganar dinero era imprimiendo libros en español para los segundos. Es posible que Filadelfia y Nueva York distribuyeran este tipo de libros por América con más generosidad que Madrid. Es más, según Sarmiento, un tercio de los libros en español distribuidos por Hispanoamérica procedía concretamente de las imprentas de Manhattan. Una exageración, quizá. También les interesó el portugués, pero el español acabó prevaleciendo. Hasta tal punto llegaba la bonanza del negocio editorial, que los libreros norteamericanos imprimían sus catálogos directamente en español, como hizo George Lockwood en 1869.

Este librero negoció con toda clase de títulos y materias. Y se especializó en la publicación de libros de texto en español para uso de españoles, ingleses y franceses, o sea, para uso de tres de las grandes corrientes migratorias europeo-americanas de entonces. Sus retoños poblaban escuelas e institutos que se habían fundado según modelos de planes docentes estadounidenses. Lockwood competía principalmente con D. Appelton & Company, otro librero que llegó a crear una famosa colección de textos educativos destinados a la misma clientela. Appelton, por su parte, supo hacerse con la colaboración de algunas lumbreras como el propio Sarmiento, José Martí o el puertorriqueño Eugenio María de Hostoa. A su vez, los libreros estadounidenses competían por el mercado editorial en lengua española con los franceses. Entre unos y otros surtieron a las repúblicas hispanoamericanas de un caudal de literatura clásica española y de actualidades literarias del momento, que apenas recibían de la propia España, cuyas aportaciones más notables aquellos años eran las de algunos editores catalanes (o las obras del filósofo Jaime Balmes, catalán también). La aportación editorial catalana de peso tardaría en llegar cincuenta o más años. Los Salvat, Espasa, Gili y otros no se dejaron notar verdaderamente en América hasta principios del siglo xx, como ya se ha visto.

Pero no todo eran lazos culturales. Había otros. Éstos eran los lazos trazados por los *robber barons,* o sea, comerciantes, industriales y financieros yanquis para quienes los negocios eran los negocios. Gentes que crearon sus oligopolios, instauraron regímenes neocoloniales allí donde había materias primas interesantes, como el azúcar cubano, y presionaron hasta convertir al imperialismo a un pueblo que había sido más bien aislacionista, enemigo del colonialismo y defensor teórico de la libertad de los individuos y las naciones. Lo que tenían delante los *robber barons* para empezar su carrera era otro imperio en franca bancarrota al que con una guerra fácil y barata se le podían conquistar —o comprar— las escasas perlas que le quedaban en el Caribe o en el Pacífico. En las perlas, eso sí, se hablaba español. El sentido práctico de esta gente les hizo comprender las ventajas de conocer dicha lengua y para eso estaban los puentes lingüísticos que venían trazando desde hacía años los Lockwood, los Appelton, los Rich y, antes que ellos, los propios comerciantes londinenses, esos mismos que habían enviado a Mr. Patrick Campbell a presentar sus credenciales al Libertador.

Las universidades inglesas tradicionales, al estilo de Oxford o Cambridge, apenas daban importancia al estudio de las lenguas vivas. Pero desde la primera mitad del siglo xix, la urbanización e industrialización crecientes de ciudades como Londres gestaron una nueva clase media con necesidades educativas menos elitistas. Muchos estudiantes elegían carreras de leyes, comercio, diplomacia y exigían materias acordes con esas necesidades. Entre las materias nuevas empezaron a cobrar valor las lenguas modernas. Y entre las lenguas modernas, el español. La importancia del estudio del español por razones comerciales no admitía discusión en el mundillo londinense de principios del xix. Algunos exiliados políticos españoles se ganaron la vida, precisamente, como profesores de español, escribiendo gramáticas, diccionarios, métodos de enseñanza. Antonio Alcalá Galiano fue uno de ellos. Ocupó la primera cátedra de Español que se fundó en la Universidad de Londres y leyó la lección inaugural en 1828.

En opinión de Alcalá Galiano, se había abierto en las vastas regiones de Suramérica un campo amplísimo para el emprendedor espíritu británico. El dinero inglés fluiría allí torrencialmente, de modo que era preciso mantener los vínculos que ya se habían establecido entre británicos e hispanoamericanos, más cuando la creación de las nuevas repúblicas los iban a incrementar. El español se hablaba, o se entendía, en todo el continente y estaba llamado a ser la lengua común de las nuevas naciones. Hechos todos ellos que los británicos no podían desconocer.

Como suele ocurrir en nuestra historia idiomática, desde fuera del mundo hispanohablante se preveía su bonanza mejor que desde dentro. Y cuando el marqués de Molins hacía sus reflexiones teóricas sobre la conveniencia de aunar criterios lingüísticos entre españoles y americanos, los comerciantes londinenses y los *robber barons* ya los venían dando por unidos desde hacía años. Para los autores del manual *The Spanish Commercial Correspondent,* un *best-seller* en su género publicado a los pocos meses de que Molins expresara sus preocupaciones, el asunto estaba claro: "Hoy por hoy, el español ha conquistado su legítimo lugar entre las lenguas comerciales y es un instrumento de relación internacional, sólo el inglés le supera en importancia, y resulta imprescindible para quienes mantienen negocios con España, las Antillas y las emergentes repúblicas americanas".

De la mano de este interés práctico, o a su lado, venía un nuevo género de estudios académicos: el hispanismo, es decir, el gusto por la lengua española y su literatura. Su origen hay que buscarlo en la Alemania romántica que, aburrida del clasicismo heredado del siglo XVIII, veía en Cervantes, Lope y Calderón gente de brío, agilidad y vigor literarios. El hispanismo moderno se canalizó a través de Estados Unidos, Francia, Alemania, Gran Bretaña e Italia, y era una mezcla de intereses prácticos y culturales. Los estudiosos extranjeros influyeron en la propia visión que españoles e hispanoamericanos tenían sobre su lengua y cultura pero, sobre todo, crearon unas organizaciones académicas que, al día de hoy, se reparten por todo el mundo y contribuyen a la difusión del español en los rincones más insospechados del planeta.

XXXI. No diga Patrick, diga Patricio

Los frutos lingüísticos de la emigración. De la variedad a la unidad. Asimilación humana y ventajas de una lengua común. El papel de la Iglesia. Contradicciones académicas

Patrick Mullins llegó a la ciudad mejicana de Monterrey en 1849 procedente de su Irlanda natal. Se casó con la hija del gobernador. Tomó el apellido de su mujer, Milmo, y a renglón seguido cambió el Patrick por Patricio: ya era Patricio Milmo. Tuvo una hija que se casó con un polaco de la alta nobleza (eso decía el polaco) emigrado a su vez a América. La familia se dedicó al comercio y a la banca. Cosa natural en una comunidad como la de Monterrey, donde la mayor parte de los trabajadores especializados y del personal administrativo eran europeos. Significativa era también la comunidad norteamericana y, por supuesto, abundaban los mejicanos. Sin embargo, la fluidez de la emigración era tal que, a los pocos años de la independencia mejicana ya no tenía mucho sentido, por lo menos en Monterrey, la distinción entre inmigrantes y naturales. Muchos de los primeros habían hispanizado sus nombres y habían adoptado la lengua española en el trabajo. América entonces estaba llena de Patricios Milmos. Y las líneas de cruce entre la inmigración eran variadas: los propietarios de la industria textil mejicana de hace un siglo procedían de España; la mayoría era de origen catalán. En los años de la revolución zapatista, hacia 1910, muchos desaparecieron. Tenía que suceder, porque si bien Zapata y Carranza se llevaban muy mal, su odio a los gachupines era el mismo. Los españoles, sin embargo, no fueron sustituidos por mejicanos en el negocio textil, los sustituyeron libaneses.

La mayoría de la emigración hispanoamericana no provenía de España. Gran Bretaña, Italia, el Imperio austro-húngaro y Alemania, por este orden, dieron más emigrantes. Para algunos americanos, la emigración española era poco recomendable. El escritor chileno Benjamín Vicuña Mackena, en 1864, consideraba que la emigración más preciosa para Chile era la alemana —hace una curiosa apología de ella en términos raciales—, seguida de la italiana, la suiza, la inglesa según y cómo, la francesa a ratos, la española en ningún caso... a no ser que fueran de raza céltico-vasca, en palabras de don Benjamín. En esto don Benjamín se parecía a Santiago Ramón y Cajal, al que no le parecía bien que hubiese tanto andaluz en Cuba y recomendaba para América las gentes cántabras. Otros no eran tan drásticos en esto de las razas y siempre consideraron el tronco español, en general, como un importante factor de regeneración americana.

La procedencia de los emigrantes era variadísima, como sus lenguas. En algunas ocasiones llegaban a superar con creces al producto nacional: entre los años 1880 y 1914, la Compañía de Ferrocarriles Argentinos empleaba a un tercio de británicos, otro tercio de extranjeros varios y sólo el tercio restante era argentino. De hecho, en 1940 la población argentina de origen forastero doblaba a la de la misma procedencia en Estados Unidos, que siempre se ha considerado gran receptor de emigrantes. Rusos, alemanes, italianos, ingleses, checos, hablando entre sí ruso, alemán, italiano, inglés y checo daban su particular tono a aquella sociedad americana. Precisamente esta multiplicidad de lenguas fue una de las condiciones que facilitó la difusión del español entre las familias de emigrantes en cuanto salían de casa. La integración en la sociedad hispanoamericana no era fácil entonces. El sur no seguía el modelo de "crisol" típico del norte, los vínculos familiares eran más cerrados y se buscaba protección dentro de la misma comunidad de origen. Pero ni siquiera esto garantizaba la conservación de las lenguas traídas de fuera, de modo que si en esa comunidad concreta había diferencias dialectales notables, el español solía servir de árbitro. Esto ocurrió con los italianos, que adoptaron muy pronto el portugués en Brasil y el español en Argentina. La variedad de hablas traídas de Italia era laberíntica. Además, por comprensibles rencillas locales, era absolutamente imposible que una de ellas se alzara como lengua común de los italianos trasplantados a América. De otro modo, dado el número de emigrantes procedentes de Italia, si hubieran compartido lengua, el italiano podría ser ahora la segunda lengua de Argentina o Uruguay —quién sabe si la primera en determinadas circunstancias—. No fue así, pero el italianismo se conserva, notablemente, en apellidos como Brindisi, Giacometti, Gentile, en nombres como Enrico, en palabras coloquiales al estilo de *fiaca* (pereza) o *mofa* (mal humor) y, señaladamente, en la gastronomía de la zona, de la que dan cuenta el *pesto,* los *ñoqui* o el *minestrón.*

Si el grupo emigrante procedía de países con instituciones sociales o estatales fuertes, la asimilación cultural y lingüística solía ser lenta. Es el caso de las familias alemanas afincadas en Chile, que formaban establecimientos propios, germanohablantes en ocasiones, con el español como lengua franca para entenderse con los naturales de la zona. La "germanidad" resultaba tan visible que todavía Hitler, a principios de la II Guerra Mundial, pretendía asegurarse su fidelidad para la causa alemana. En otros casos, la asimilación se producía a la segunda o tercera generaciones. Pero ni siquiera los hablantes de alemán tenían todo asegurado, y no era raro que se hispanizaran con todas las de la ley: los *Schnaider* pasaban así a ser *Esnáider* con absoluta naturalidad.

El gobierno español no veía con buenos ojos la emigración, porque era una pérdida de gente joven para el país. Si acaso, la encauzaba hacia las últimas posesiones coloniales que le quedaban en las Antillas, como la gran emigración gallega de 1854 con destino a Cuba, que se vio favorecida por la hambruna de los dos años precedentes. Era aceptable que si la emigración iba a empobrecer áreas rurales de Galicia, León o el País Vasco, por lo menos que enriqueciera Cuba o Puerto Rico. La emigración gallega era fundamentalmente rural y hablaba gallego, pero una vez desembarcada en América se pasaba al español y conservaba el gallego —cuando lo hacía— como lengua familiar. El campo gallego quedó con este éxodo muy desasistido. Los planes de modernización rural que se preveían por medio de reformas agrarias, carreteras y escuelas ya no tuvieron tanto público sobre el que ejercerse. De este modo, la ruralización ayudó a conservar en los pueblos la lengua gallega pues, de haberse llevado a cabo los planes para que los niños gallegos aprendieran español por métodos más prácticos que agarrarlos del cuello cuando pronunciaran mal (esto a los niños que asistían a las escuelas, que eran los menos), quizá la difusión del español hubiera sido mayor y mejor.

No hay duda de que uno de los éxitos de la emigración americana de mediados del siglo XIX fue librar a la lengua común de uno de sus estorbos en siglos precedentes: la Iglesia, gran valedora de las lenguas indígenas. Explico esta consideración: desde los años de la independencia el clero español residente en América va a respaldar los intereses de la oligarquía o los terratenientes en términos nacionalistas más o menos inflamados. Por simpatía, eso es lo que hizo la "invasión negra" española, como llamaban algunos anticlericales americanos a los religiosos que, desde 1851, van recalando en América. Las oligarquías, en general, ni persiguieron el indigenismo lingüístico ni lo fomentaron. La consecuencia de esto fue que la Iglesia en Chile, México, Argentina, Uruguay, Perú, participó en la fundación de instituciones académicas muy selectas para un público hispanohablante, desatendió a su antigua parroquia indígena de los años virreinales y, con ello, no contribuyó decididamente a complicar el mapa lingüístico de América. La evangelización estaba lograda. Los planteamientos que se hacían en el siglo XIX los evangelizadores en África —que tanto y tan bien han contribuido a la fragmentación lingüística del continente— ya se los habían hecho hacía más de tres siglos los españoles en América. Ya no tenía sentido repetirlos.

En España sucedía todo lo contrario: la misma Iglesia católica, sin entender muy bien lo que ocurría en las ciudades o en el inquieto movimiento obrero —muy radical a veces en su intención de que el gobierno eliminara cualquier lengua que no fuera la común—, se refugió en el campo, en la vida tradicional y quieta de caseros y payeses, contribuyendo así poderosamente a conservar o revitalizar las hablas eusquéricas o el catalán; en menor medida, el gallego.

Los emigrantes de aquella época eran en su mayoría de estratos sociales bajos. Una vez en América, esa masa, con frecuencia analfabeta, logró cierta nivelación social, tuvo una movilidad mayor y un grado de instrucción más alto que el que hubiera tenido de haberse quedado en Europa. Como consecuencia, se empezó a crear un mercado para productos editoriales como libros, periódicos, revistas, y espacio para la visita de maestros, abogados, actores, profesores y gente cualificada. Los periodistas americanos empezaron a reclutar firmas españolas y viceversa, de modo que se crearon vinculaciones idiomáticas más fluidas. Todo ese flujo sólo podía amalgamarse en una lengua común y el botón de muestra muy característico lo dan los revolucionarios: gentes de filiación anarquista, socialista, bakuninista, que proceden de media Europa y, para el caso español, principalmente de Cataluña y Andalucía. Así se dan tipos característicos como Plotino Rodhankanaty, que de Grecia pasó a México (y del griego al español), o Bartolomé Victory, un menorquín que editaba en Buenos Aires el semanal obrero *El Artesano*.

No es imposible que la ingente y dispersa emigración hispanoamericana que va agolpándose desde los años de la independencia, superpuesta a un fondo donde el español no estaba tan extendido como se cree, en época de guerras idiomáticas entre los propios hispanohablantes, a las que ya me he referido, y con el interés de colonización cultural —y comercial— de franceses y norteamericanos, no es imposible que todo eso, digo, hubiera dejado aquellas repúblicas inútiles para el negocio de la lengua común. Pero lo cierto es que sucedió todo lo contrario. Los emigrantes, por distinta que fue-

ra su procedencia, advirtieron espontáneamente en la mayoría
de los casos las ventajas de una comunidad lingüística y nunca la pusieron en peligro, es más, contribuyeron a ella desde
japoneses hasta griegos, pasando por los más diversos fondos
lingüísticos que uno se pueda imaginar.

A su modo, la emigración fue como un segundo mestizaje:
gente de medios lingüísticos variados, a veces muy distintos
del español, que acaban adoptándolo, bien para comunicarse entre sí, o bien porque emparentan con hispanohablantes
americanos. Ésa fue la clave: la sorprendente diversidad, in-
comunicable en otra lengua que no fuera la española. Se
puede considerar hasta qué punto la emigración pudo haber
desempeñado el papel contrario: a principios del siglo XIX,
cuando América empieza a independizarse, viven en el continente unos doce millones de personas de los que únicamente un tercio habla español; desde ese periodo hasta 1930 a
dicha población se van sumando más de veinte millones de
emigrados, que a menudo desbordaban a los naturales: en
1861, cincuenta y siete de cada cien cubanos eran extranjeros; en 1914, de cada cien bonaerenses cuarenta y nueve habían venido de fuera. Pues bien, esa masa humana tan diversa, que se podía haber sumido en un laberinto lingüístico, no
sólo adopta la lengua común sino que la garantiza, como recordaba Constantino Suárez en *La verdad desnuda* (1924):
"No es el idioma, como suponen muchos, el lazo más consis-
tente en Hispanoamérica y España, sino la emigración, sin la
cual el propio idioma habría degenerado en dialectos o len-
guajes diversos". Por esas paradojas de la vida, la única que
pudo haber creado algún problema a la hora de enseñar el
español común y corriente a las masas de emigrantes fue... la
Real Academia.

Desde su fundación, la Academia había considerado, con
el mejor criterio, que ningún hablante de español distinguía
entre la pronunciación de la *b* y la *v*, si bien mantuvo en la escritura esta última por respeto a la tradición ortográfica. Pero
visto que franceses, italianos, ingleses, alemanes sí pronunciaban una uve parecida a una efe —como había pronunciado

uve también el latín clásico, si bien de forma algo distinta—, pocos años después se les ocurrió a los académicos que por qué no iban a pronunciar los españoles cosas elegantes e internacionales como "*F*alentín cierra la *f*entana, que entra el *f*iento". Dicho y hecho: desde 1754 hasta 1920 la Academia se empeñó en que había que hacerlo así. En España el empeño no acabó de cuajar. Si muchas palmetas se estrellaron en las manos de los niños —como recordaba Pío Baroja—, el parvulario pronunciaba la inicial de *V*alencia igual que la de *B*arcelona, y solamente a los muy aplicados se les quedaba algo en la memoria.

Pero el parvulario americano (como sus maestros) era otro: procedía de Italia, de Gran Bretaña, de Alemania, de países diversos con lenguas en las que sí se estilaba la pronunciación de la *v;* para ellos era cosa familiar; además, la veían recomendada en las gramáticas de español. Hasta muy tarde no se ha tendido a corregir esa pronunciación que el español de base castellana no ha tenido nunca, pero que la escuela moderna americana propagaba gracias a una particular decisión académica.

XXXII. LO QUE SE DEBE A LA ESCUELA

La debilidad de los proyectos escolares en América y en España. Portugués y español en Uruguay

A la hora de difundir popularmente la lengua en América y en España, las virtudes de la escuela han sido en general más imaginarias que reales. Don Gabino Barreda, que fue comisionado del Gobierno de Benito Juárez para asuntos de instrucción pública en el México de 1867, hacía esta declaración de principios: "Difundir la ilustración en el pueblo es el medio más seguro y eficaz de moralizarlo y de establecer de una manera sólida la libertad y el respeto a la Constitución y a las leyes". La intención era buena, pero en la mayoría de los casos surgía este pequeño problema: ¿cómo se lleva a cabo?

Que la escuela podía civilizar a la gente no lo dudaba casi nadie. Que con ella se iba a redimir al indígena de su postración social tampoco se dudaba. Que la ilustración de los ciudadanos era garantía de una república más rica e integrada, tampoco ofrecía dudas. Lo malo es que la gente que dudaba quizá era poca, pero poderosa. La gente que dudaba, hacendados, terratenientes, crearon el aforismo "indio leído, indio perdido", o sea, persona inútil para el trabajo servil. Después de pasar por la escuela, probablemente, el indígena adquiriría conocimientos nuevos y se integraría en medios que podían, a la larga, poner en peligro la hacienda, la terratenencia y las rentas. De modo que la filosofía escolar de difundir el español cuajó en la práctica mejor en aquellas repúblicas sin tradición indigenista —como Argentina, Uruguay, Chile— que en aquellas donde esta tradición (o si se quiere, la tradición de explotar al indígena) era fuerte. Resulta evidente que aquellas repúblicas de estructura social más horizontal vieron en la lengua común un código interclasista, que podía contribuir a la movilidad social. En aquellas otras donde la jerarquía se marcaba no sólo en términos económicos y de propiedad, sino en términos de conocimiento, esto es, de posesión de la lengua española y de acceso a los bienes que ésta proporcionaba, la diferencia entre lengua y clase resultó mucho más marcada. Como era de esperar, las clases pudientes eran las más interesadas en mantener esa diferencia. Independientemente de que para el indígena el conocimiento del español no salvara, por sí mismo, la contradicción de clase, lo cierto es que la permanencia en su lengua la agravaba.

Uruguay es, tal vez, el caso donde de una forma más consciente y decidida la escuela pública ha servido para difundir la lengua española por el país. Curiosamente, en Uruguay tuvieron gran arraigo las ideas y prácticas pedagógicas de la familia Sabat, un clan de intelectuales de origen catalán afincado en "el paisito". En los años de su independencia, que data de 1828, en Uruguay convivían el español y el portugués. En Uruguay, como en Argentina, no había problemas con las lenguas indígenas: los indios eran pocos y, en sucesivas campañas militares, habían sido exterminados u obligados a huir. El noroeste del país hablaba portugués y el sureste español. Muchos uruguayos —en uno de los ejemplos de nacionalismo lingüístico quizá más evidentes de América—consideraron anómala esta situación y comenzaron a fundar pueblos hispanohablantes en las zonas de habla portuguesa, centralizaron progresivamente las decisiones administrativas en Montevideo y establecieron una red de escuelas —según métodos estadounidenses y holandeses interpretados por gentes como los Sabat— dedicada expresamente a hacer retroceder el portugués. Consecuencia: en poco más de cincuenta años el portugués pasó a ser una modalidad lingüística desprestigiada y cedió mucho terreno. Hoy Uruguay no es un país bilingüe. Pero pudo haberlo sido.

Cuando los uruguayos se ocupaban de promover el español como única lengua del país, en México la cuarta parte de la población hablaba, sólo o principalmente, lenguas indígenas. No faltaban escuelas en México donde aprender español, ni gentes de mérito que las inspiraran —como el maestro Telesforo García, que era gallego, por cierto—, pero la inmensidad del territorio mejicano, y su heterogeneidad humana, hacían muchas veces inútiles los esfuerzos escolares. Es más, don Moisés Sáenz, uno de los creadores en 1928 de la escuela rural que iba a ser, según él, un "factor de integración que principia por dar voz castellana a cuatro millones de indios mudos" (una exageración, en ese año los indios mudos eran exactamente dos millones doscientos cincuenta y un mil setecientos ochenta, según el censo de población indígena de 1930), acabó considerando seis años después que para aprender español, mejor que poner escuela era trazar una carretera, una línea telefónica y otra de radiodifusión. Sin embargo, en los años de don Moisés, el indigenismo era en México un caso, si se quiere, menor en comparación con lo que había supuesto siglos atrás: a principios del XVIII casi el 80 por ciento de la población era de origen indio; a partir de esa fecha el descenso ha sido vertiginoso. En su integración humana y su paso a la lengua española gentes como Telesforo García o Moisés Sanz han contado mucho, pero igualmente lo ha hecho el aumento del mestizaje y otras medidas unificadoras donde el papel de la escuela no deja de ser secundario.

En México la escuela no se planteó como principal tarea la erradicación de las lenguas indígenas en sí mismas. Podría haberlo hecho así (y, en efecto, durante años estuvieron vetadas en las escuelas); sin embargo, se trataba sobre todo de dar voz en español a los indios, nada más. Muchos maestros consideraron que esta voz podía darse enseñando a los niños, primero, en su tarahumara, tepehuano, pima o guarijío, de modo que, en el censo de 1990, de los cinco millones de hablantes de lenguas indígenas que se registran (que suponen el 7 por ciento de la población mejicana) más de cuatro millones son bilingües. Resulta así que el monolingüismo indígena es raro en México, pero las lenguas indígenas conservadas sí son algunas. Sin que haya que deducir de ello que tales lenguas tengan prestigio, cultivo o futuro, pues la mayoría no dejan de ser códigos en trance de desaparición, que es el curso humanamente natural de estas cosas.

Quienes sí recalaron en América fueron muchos maestros extranjeros. Al contrario de lo que solía ocurrir en Europa, donde para ejercer la profesión en un país se exigía pertenecer a él, ninguna de las nuevas repúblicas americanas tenía normas en ese sentido. Allí se importaban planes de educación, básicamente angloamericanos, franceses y holandeses, como se importaban maestros para llevarlos a buen puerto. Respecto a España, el carácter más liberal de la América de aquellos años atraía a gente considerada heterodoxa o incómoda —en general, más brillante que el producto nacional español— y no han sido pocos los maestros y profesores, de cualquier materia, que precisamente por dicho motivo salieron de España rumbo a América. Llama la atención el grupo de catalanes: ya he citado a la familia Sabat, como se podía citar a la Clavé o a la Nunó, uno de cuyos miembros, Jaime, compuso el himno nacional mejicano.

Respecto a España, no parece que la escuela haya sido un factor determinante en la difusión popular de la lengua, por lo menos entre los siglos XVIII y XIX, dada la precariedad del sistema educativo y los pocos niños inscritos en él. La situación de la enseñanza no era maravillosa y el analfabetismo no resultaba fácil de erradicar. La circunstancia del país favorecía dicha situación, porque España era un país básicamente rural. En él era muy débil quien tradicionalmente ha sido el más combativo en pro de la instrucción popular: el movimiento obrero. Hasta tal punto debía de estar arraigado el analfabetismo que al republicano Pi y Margall, en 1895, se le ocurrió lo siguiente: para enseñar a los obreros y campesinos, lo mejor era hacerlo de viva voz y por señas, es decir, a la hora de explicar que el cuerpo humano está formado por cabeza, tronco y extremidades, el maestro se pondría delante de la audiencia y haría una demostración similar a la que hoy hacen las azafatas —o aeromozas— al iniciarse el vuelo para mostrar dónde está la salida de emergencia y cómo se infla el chaleco salvavidas. Con ese método se podían enseñar nociones elementales a muchas gentes, sin entretenerlas practicando caligrafía.

Las circunstancias cambian en nuestros días. La extensión progresiva de un sistema educativo universal y gratuito ayuda en el sigo XX a la difusión popular de la lengua en los centros escolares. De esto no cabe duda. En general, muchas circunstancias económicas y políticas han favorecido la extensión escolar del español: la revolución cubana, por ejemplo, ha hecho que Cuba sea el país con menos analfabetos del ámbito hispanohablante, lo que no deja de ser un logro. La dictadura franquista, por su parte, primó al español en las zonas de contacto lingüístico y desbarató planes educativos en pro de otras lenguas de España —señaladamente en Cataluña— que se iban gestando al calor de las normativas republicanas de 1931. Pero la genuina extensión de la lengua, sobre todo en América, no es obra principal de los centros de enseñanza. Sin que pueda menguarse su labor, otras circunstancias de mayor peso han contribuido a crear necesidades en pro de una comunidad lingüística.

XXXIII. MÉXICO SE REVUELVE

Espontaneidad social en la difusión de la lengua. El indigenismo: México y Perú. El papel de los medios de comunicación

En abril de 1913, Pancho Villa salió de El Paso. Llevaba cuatro acompañantes, tres caballos, un kilo de azúcar, otro de café y medio de sal. Iba a conquistar México. Ya era un tipo popular. En menos de un mes levantó un ejército de tres mil soldados. A los siete meses se proclamaba gobernador militar de Chihuahua, con la responsabilidad de organizar un gobierno para trescientas mil almas. Se ha dicho de Villa que su éxito se debió a que estaba rodeado de consejeros con cierta educación. Seguramente. Villa nunca la tuvo. Hablaba con un lenguaje ordinario, el de la gente pobre: el *pelado*. No tenía ningún rudimento idiomático. Aprendió a leer y a escribir por su cuenta y riesgo, sin tener la mínima base. Se defendía con mucha más dificultad frente a las noticias de un periódico que frente a las balas enemigas. Cuando leía, lo hacía con un deletreo gutural, un zumbido inseguro, como si fuera un niño que repasa sus primeras letras.

Entre las gentes de Villa, Toribio Ortega era quizá el soldado más bravo del México revolucionario. Villa confiaba en él más que en cualquiera de sus generales. Entrevistado por el reportero norteamericano John Reed, Ortega explicaba que la revolución se había hecho inevitable porque "hemos visto robar a los nuestros, al pobre, sencillo pueblo, durante treinta y cinco años. Hemos visto cómo nos han arrebatado nuestras pequeñas tierras, ¿eh?, hemos anhelado tener hogares y escuelas para instruirnos y se han burlado de nuestras aspiraciones". Ni Villa, ni Ortega, ni tantos como ellos, podían filosofar sobre las bondades de la instrucción pública como lo había hecho don Gabino Barreda, quien a partir de 1867 había orientado desde su ministerio las líneas mejicanas de la enseñanza. Es evidente, sin embargo, que a tipos como Villa y Ortega les debe el español tantos favores como a Barreda. Si no más.

Resulta curioso considerar que las guerras y las revoluciones hayan tenido en México, y en general en otros países americanos, quizá más importancia para la difusión del idioma común de la que haya podido tener la escuela. La guerra ha producido, una y otra vez, un particular sistema de movilidad social espontánea que, en muy poco tiempo, ha hecho que gente de distinta procedencia se vea en la necesidad de entenderse, o de organizarse, en torno a una lengua común: Villa salió de El Paso con cuatro soldados, al mes reunió tres mil, al mes siguiente mil más y, antes de un año, se veía en la necesidad de organizar la vida y la administración —por llamarla así— de trescientas mil personas. ¿Qué plan escolar podía haber hecho eso en tan poco tiempo? Muchos de los que se unían a Villa o a Ortega eran indígenas, o gente pobre, que se habrían pasado la vida aislados, sin oír una palabra de español, o hablando un español *pelado*. Los particulares usos del ejército revolucionario, donde aparte de soldados con rifles marchan en ocasiones sus mujeres y niños, donde se recluta gente nueva en cada pueblo, donde se asiste a bailes, bodas y bautizos, donde se vive en una especie de comunidad que tan pronto se prepara para la guerra como se organiza para la paz, hacen de las iniciativas de tipos como Villa y Ortega la mejor escuela de español. Aunque ellos malamente supieran leer un periódico.

Al menos en México, estos particulares usos de enseñar y compartir el idioma venían de atrás. Venían de la guerra contra los norteamericanos del año 1835. De la que se tuvo con los franceses treinta años después. De los años cuando Porfirio Díaz fue derrocado por Madero. De cuando Madero guerreaba contra Emiliano Zapata, de cuando Zapata sucedió a Madero, de cuando Victoriano Huerta pasó el testigo a Venustiano Carranza, que era enemigo, precisamente, de Villa y Ortega... de modo que cuando Lázaro Cárdenas llega a presidente catorce años después, en 1934, ese mismo año era cuando el maestro don Moisés Sáenz consideraba que la mejor escuela era una red viaria para que la gente se comunicase con facilidad y espontáneamente entre sí. Pero la gente llevaba haciendo lo propio, aproximadamente, un siglo. Eso sí, sin las facilidades de la vida moderna que traía el gobierno de Cárdenas y que contribuyeron a acelerar el proceso: industrias, carreteras, líneas de ferrocarril, junto a un proyecto educativo, el "Tarasco", para que los indígenas aprendieran español desde su lengua materna. Sin embargo, en opinión de Yolanda Lastra, para el caso mejicano, "la escolarización no ha sido la causa principal del aprendizaje del español aunque, por supuesto, sí habrá tenido algún efecto. La necesidad de los campesinos, sin tierra suficiente, de emigrar a las ciudades en busca de trabajo y el hecho de que muchos padres les hablaran a sus hijos en español para que no tuvieran dificultades en la escuela son factores fundamentales que contribuyeron al aprendizaje de la lengua oficial". Efectivamente, el tipo de desarrollo capitalista que se fue gestando desde los años de la independencia, y que se aceleró desde mediados del siglo XIX en adelante, ha contribuido a la comunicación en español de modo más notable que cualquier proyecto escolar, académico o cultural. Esta idea es extensible a casi toda Hispanoamérica pero, especialmente, a aquellos países que han tenido un fondo indígena notable, como el propio México, donde ya está muy disminuido (apenas un 7 por ciento de la población habla lenguas indígenas). O como Perú, donde la aportación indígena es tres veces mayor.

La instrucción pública peruana, como otras bondades de la civilización que conoció el país, debió su auge a los beneficios del comercio de guano. Entre 1872 y 1876 el presidente Manuel Pardo se preocupó por la instrucción popular, pero a los tres años comenzaba la guerra del Pacífico, que arruinó a Perú, y con ello el sistema escolar quedó desasistido. Se empezó a reconstruir en 1904 y, diez años después, una aguda crisis económica lo volvió a arruinar. En 1918, cuando se reorganiza de nuevo, había menos escuelas que en 1904; sin embargo, desde entonces ha tenido un desarrollo sin muchas interrupciones. Pero en 1918 ya había efectos poderosos en la comunicación popular que no tenían nada que ver con las escuelas. Cierto auge en la industria y el comercio petrolero, minero, textil y del caucho había abierto usos para una movilidad social desconocida cincuenta años antes. La población bajó de la sierra a la costa, se incrementaron los centros urbanos, se multiplicó el tráfico en los puertos y las vías de comunicación resultaron más fluidas.

Para cubrir las nuevas necesidades, una empresa británica, de nombre West Coast, y otra norteamericana, la Central and South American Telegraph, se establecían en Perú entre 1878 y 1882 y lograban éxitos idiomáticos mucho más notables que los de las escuelas: comunicaban entre sí Lima, Callao, Chorrillos y Molledo al momento. Si la comunicación era con Buenos Aires había que esperar diez minutos; si con Nueva York, unos veinte.

Los lugares de trabajo, especialmente si eran centros urbanos costeros, las carreteras, el servicio militar obligatorio —importante en unos países que estaban en guerra cada poco tiempo—, las idas y venidas de la gente, acabaron siendo caminos más prácticos para la difusión del español que cualquier forma organizada a través de planes escolares. Era una difusión informal, espontánea, y como tal ha dejado desequilibrios en la población peruana, que para Rodolfo Cerrón-Palomino han dado lugar a una sociedad "desarticulada social y económicamente, en la que los núcleos de habla hispana se concentraban mayoritariamente en las ciudades antes que en el campo, y en la costa antes que en la sierra, con la marginación respectiva de los grupos de habla vernácula". Perú se caracteriza por tener una de las situaciones lingüísticas más complejas de América, con una zona costera y urbana que habla español; con un altiplano dominado por el aimara y por un quechua que anda dividido en seis variedades diferentes, cada una de ellas con su gramática y vocabulario; aparte, con una zona amazónica prácticamente inexplorada. Cuando en 1975 se declaró oficial el quechua, los problemas que dicha declaración provocó no fueron pocos. No faltan opiniones que dibujan a Perú como dos países formados por quienes saben que son peruanos y quienes no tienen la mínima idea de que lo son; estos últimos, a menudo, ignorantes asimismo del español.

La situación es extensible a otros países de fuerte presencia indígena y pone el dedo en la llaga de un problema muy característico de Hispanoamérica: el que causa la integración de las poblaciones indígenas en la vida nacional y el hecho de que en esta población se den los niveles más altos de analfabetismo, pobreza y marginación social. Los principios revolucionarios de igualdad, libertad y fraternidad que se manifiestan en todas las Constituciones de América muestran aquí una aguda contradicción, pues resulta evidente que gran parte de los problemas en torno, precisamente, a la libertad, igualdad y fraternidad indígenas derivan de que estas poblaciones no saben español y de que, tradicionalmente, nadie se ha preocupado de enseñárselo. Es la cara y la cruz de la espontaneidad que, básicamente, ha caracterizado la difusión de la lengua común en Hispanoamérica. Una espontaneidad condicionada por líneas de desarrollo económico muy desiguales que, en más ocasiones de las debidas, no han tenido canalización, ni pública ni privada, en el terreno educativo o cultural. Sin embargo, la condición de lengua franca del mundo indígena nunca le ha faltado al español. Cuando hace unos años se celebró en México un gran Congreso de los Pueblos Indios no hubo más remedio que realizarlo en una lengua común: la española. Era el único medio de entenderse entre las doscientas cincuenta y seis lenguas indígenas presentes en la reunión.

La espontaneidad lingüística, sin embargo, ha sido respaldada por medios mucho más poderosos que la vieja telegrafía de la West Coast. Desde mediados del siglo XX, la televisión y la radio se han ido plantando en muchos hogares y sus efectos en la nivelación idiomática y la difusión popular de la lengua han sido evidentes, pues no cabe duda de que los medios de comunicación masiva son un apoyo para la difusión del idioma.

Un ejemplo de la nivelación lingüística a la que se llega con la televisión lo dan los "culebrones", esas series donde

Antonio Enrique Fernando Casparroso se va a casar con Clara Jimena Cecilia Fernández (una chica de muy buena familia), pero ha dejado en estado de buena esperanza a Delia Alicia Sartori, que, a su vez, es prima de Clara Jimena Cecilia. Pues bien, como los productores de estas series deben venderlas en todo el ámbito hispanohablante, porque así son más rentables, se han preocupado de escribir guiones sin mucha coloración local, de modo que si la serie se rueda en México sea bien recibida en Chile o en Centroamérica. Y si algún matiz de color se escapa, no es extraño que se cuele con naturalidad en aquellos medios hispanohablantes donde se recibe la serie. No sé qué pasará al final en España con el verbo *coger* (en Argentina, por ejemplo, sólo se puede coger un taxi por el tubo de escape), pero que en España se oye a veces *agarrar una servilleta, un vaso,* al estilo de Clara Jimena Cecilia, es un hecho; como lo es el que la palabra *chévere,* "bonito", haya aparecido ocasionalmente en medios de comunicación españoles. Cuál sea la suerte de estas corrientes lingüísticas de ida y vuelta, y si son simple anécdota o no, lo dirá el tiempo.

Lo cierto es que si el español ha llegado donde ha llegado entre las lenguas del mundo ha sido, esencialmente, por obra de la espontaneidad más que por la escuela o la intervención estatal. En los siglos en que el español se extendía por el mundo gracias al régimen colonial, la influencia del Estado sobre los ciudadanos era infinitamente menor de lo que actualmente es, y los medios de comunicación paupérrimos, si se comparan ambas circunstancias con la época contemporánea, cuando se han extendido lenguas como el francés o el inglés. Eso explica que, a grandes rasgos, la necesidad, el interés y el contacto entre la gente haya podido más en la difusión popular del español que unas leyes que, en la mayoría de los casos, no se podían aplicar por falta de instrumentos estatales organizados ya fuera en la escuela, en la administración, en los medios de comunicación o en la burocracia. En cierto sentido, uno podría sorprenderse de por qué el español no se ha desintegrado como lengua común o por qué sus hablantes no han quedado a merced de otros grupos lingüísticos; pero el caso es que no sólo se ha conservado con buena salud, sino que está dando muestras sorprendentes de vitalidad internacional. No cabe duda, sin embargo, de que la espontaneidad a que me he referido ha obrado de forma irregular y deja algunas nubes en la instalación actual y futura del idioma. No estará de más considerar este punto.

XXXIV. DÓNDE ESTÁ EL ESPAÑOL

Circunstancia internacional de la lengua española. Demolingüística. Relación con otros grandes grupos lingüísticos

He aquí los diez pesos pesados de las lenguas: inglés, francés, español, ruso, chino, alemán, japonés, sueco, italiano, hindi (portugués, bengalí y árabe son también considerables). El orden no es caprichoso. Se obtiene tras considerar el valor ponderado de seis factores: el número de hablantes; el índice de desarrollo humano (o sea, si los hablantes, además de hablar, saben leer y escribir, cuál es su nivel de instrucción, si sus animales domésticos son perros y gatos o cabras y gallinas, en qué trabajan, qué renta per cápita tienen, qué esperanza de vida...); se considera también la extensión geográfica de la lengua; el valor comercial calculado en dólares norteamericanos; el interés como segunda lengua para quienes no la hablan; finalmente, el estatuto oficial en organismos internacionales. Es un severo examen de lenguas, desde luego.

Ninguno de los valores considerados es absoluto. En número de hablantes es el chino mandarín la lengua más hablada del mundo, con ochocientos millones largos de hablantes; sin embargo, su extensión geográfica es mucho menor que la del inglés y su valor comercial es la sexta parte del que ofrece el alemán. Por cada hablante de sueco en el mundo hay unos treinta de hindi, pero el desarrollo humano de los hablantes de sueco, el valor mercantil de esta lengua y el hecho de que por cada traducción de hindi que sale a la luz se hagan a su vez treinta traducciones de sueco hacen que este idioma adelante al hindi, por ahora, en peso internacional.

Factor arriba, factor abajo, después del riguroso examen de lenguas, el español se mantiene en la tercera plaza. Se puede ser optimista, porque que te concedan la medalla de bronce en una competición de seis mil ciento setenta lenguas que hay en el mundo (o de dos mil setecientas, según quien las cuente) no es poco premio. O se puede ser menos optimista, porque en ese selecto grupo, el español está por debajo, incluso muy por debajo a veces, de vecinos como el inglés, el francés, el alemán, el italiano, el ruso... incluso del sueco en determinados factores. Lamentablemente, suelen ser aquellos que dan calidad a las lenguas: el desarrollo humano de sus hablantes, el valor económico de la lengua, su interés por aprenderla, las traducciones que de ella se hacen. Es verdad que se compensan estas desventajas con una notable extensión geográfica, una aceptable unidad y una sobresaliente cifra de usuarios, pero ¿cuántos de éstos viven en el Tercer Mundo? Más de los que quisiéramos, desde luego.

Una buena definición de nuestra lengua la da el marqués de Tamarón: "El más somero boceto mostraría una gran lengua internacional, sorprendentemente unitaria, bastante pero no demasiado extendida geográficamente, de poco peso económico y con una reputación internacional manifiestamente mejorable".

Respecto al número de sus hablantes, no hay dos autores que se pongan de acuerdo. Así que si están buscando una ocupación amena donde emplear sus ocios, una ocupación que les sorprenda a cada paso, yo les recomendaría la demolingüística, o sea, el recuento de los hablantes que tienen las lenguas. No les defraudará.

Yo no me explico cómo pueden desaparecer de un recuento a otro cincuenta millones o más de inocentes hablantes, pero el caso es que se escamotean con relativa facilidad. El último cálculo que conozco para nuestra lengua dice que hay trescientos treinta y dos millones seiscientas diez mil personas capaces de hablarla en países donde es oficial, a los que hay que sumar veinticinco millones y medio que la hablan donde la lengua no lo es (por ejemplo, en Guam hay setecientos noventa y tres hablantes a los que saludamos desde aquí y sumamos con mucho gusto). En el cómputo total salen unos trescientos sesenta millones de hispanohablantes, calculando por lo bajo. Su número crece rápidamente. Lo seguirá haciendo durante el próximo siglo, en América, por supuesto. Mucho más difícil es saber cuántos lo estudian como segunda lengua, cuyo número crece cada día, pero hay que suponer que la mayoría de quienes lo estudian no llegará a dominarlo nunca.

Por número de hablantes, la lengua española se situaría detrás del chino mandarín, del inglés y del hindi. Quizá se pregunten por qué hablo otra vez del chino especificando *mandarín,* y es que el chino más bien son *los chinos,* de modo que las gentes de Pekín, Shanghai, Taiwan, Cantón y Meixan, entre otras, sólo pueden entenderse de forma escrita pero si se ponen a hablar cada cual a su modo, sea en la variedad wu, min, yue o hakka, ya no se entienden. Por esto mismo andan ocupados en crear una norma hablada común, el *putongua,* que en chino quiere decir "lengua común" precisamente. Como esto de aunar lenguas sí que es un trabajo de chinos, me imagino que acabarán lográndolo. Los hablantes de lenguas románicas podríamos pensar en ir haciendo algo parecido.

¿Qué lengua sigue al mandarín? Hace un párrafo se suponía que el inglés, y que detrás de éste iba el hindi, hablado en seis estados de India. Se suponía. Pero el natural desparpajo de los guarismos demolingüísticos no deja de sorprendernos: hay quienes distinguen entre lo que otros han considerado un tronco aproximadamente común, o sea, separan el hindi del bengalí y, dado el laberinto idiomático que es India, sólo cuentan los hindihablantes natos. El hindi sufre así una considerable pérdida. En fin, voy a dejarme de disimulos: el hindi sufre una sangría horrible y se queda casi en la mitad de hablantes que otras veces le atribuyen. Así que nos encontramos con otra lengua numerosa, el bengalí, de entre ciento cincuenta y ciento noventa y dos millones de hablantes (obsérvese con cuánta facilidad se pierden cuarenta millones de paisanos), la mayoría apiñada en Bangladesh. Al hindi le quedan unos doscientos millones largos, que tampoco son de despreciar.

Más sorpresas. El inglés solía contar con más hablantes que el español (también es verdad que muchos demolingüistas hablan aquel idioma y en algo se tenía que notar), pero dado que en los últimos años por cada niño nacido en casa anglohablante han nacido cinco en casas hispanohablantes, algunos autores, como F. B. Grimes, calculan que el español ya tiene más hablantes natos que el inglés. Entre el descenso de natalidad anglo y la sangría hindi, el español, con sus trescientos sesenta y tantos millones (incluso ahorrándose los veinticinco millones que viven en países donde la lengua no es oficial) se vendría a situar detrás del chino mandarín. Sea como fuere, resulta que de cada veinte habitantes del mundo uno habla español, o sea, reunidas sesenta personas del mundo al azar, las que hablaran español podrían formar tertulia.

Los hablantes de grandes lenguas tienen gustos paradójicos: algunos se reparten por el mundo. Otros se concentran hasta extremos asombrosos. Más de cien millones de hablantes de bengalí, por ejemplo, viven en un territorio que es aproximadamente como Andalucía y media. Los de chino se concentran en China, con menos apreturas. Los de ruso, en Rusia y otras ex repúblicas soviéticas, mucho menos apretados aún. Los hablantes de inglés, como los de francés, prefieren dispersarse. La tribu de Cervantes anda a medio camino: está dispersa por el mundo pero se concentra, sobre todo, en América. De cada nueve personas que hablan español ocho son americanas; la que queda vive en España. Las que quedaban por Asia y África casi se han convertido en anécdota (lo digo con cariño) gracias, sobre todo, al empeño de la tribu en que así fuera, pues entre las grandes lenguas del mundo no ha habido caso como el de la española: feliz de perder hablantes o de abandonarlos allí donde los tenía leales.

Esto de las distancias y del globo terráqueo puede parecer una sandez pero no lo es. Considérese un simple hecho: si us-

ted habla una lengua con muchísimos hablantes pero que
sólo le permite trasladarse sin tener que cambiarla a lo largo
de unos mil kilómetros (éste es el caso del bengalí) o de dos
mil y pico kilómetros (el caso del japonés), incluso de cuatro mil kilómetros (el caso del chino), no me negará que no
es lo mismo que otra lengua que le permita trasladarse distancias que multiplican por cinco las citadas. Hoy día, cuando la gente devora millas sin ton ni son, se adentra por exóticos destinos, se expone a ser secuestrada por guerrilleros o
mutilada horriblemente por fieras salvajes, ha comprendido
qué cómodo es llegar a su destino y no encontrar barreras
idiomáticas. Los anglohablantes son quienes más experiencia han acumulado al respecto. De hecho, muchos solemos
imitarlos con el socorrido *¿zu yu espic inglis?* que nos viene a
la boca en cuando salimos de casa.

XXXV. LENGUAS INTERNACIONALES

*El concepto de lengua internacional. Lenguas multinacionales y len-
guas francas*

El número de hablantes no lo es todo para una lengua.
Que una lengua sea grande y se hable en varios países no quiere decir que sea genuinamente internacional. *Internacional,
universal, global, franca,* son adjetivos pomposos que se apli-
can a las lenguas con mucha generosidad. Sólo hay tres lenguas en el mundo que se hablan en una cantidad notable de
países, digamos, de quince para arriba: el inglés, el francés y
el español. Las demás lenguas del mundo, grandes o pequeñas, no conocen nada igual.

Pero la genuina condición de *internacional* se ha puesto
por las nubes. Ya no basta con que una lengua tenga muchos
hablantes o se hable en varios países. Hace falta que esa misma lengua se seleccione por quienes, no teniéndola, ven en
ella un canal eficaz de comunicación. Por eso se puede distinguir entre lenguas genuinamente internacionales y len-

guas, más bien, multinacionales. El inglés es, hoy por hoy, una genuina lengua internacional, es más, el inglés ha logrado lo que nunca ha logrado ninguna lengua: estar en camino de alzarse con el título de planetaria, si no lo tiene ya. El francés disfruta asimismo de la internacionalidad que le brindan, sobre todo, los foros diplomáticos. El español, más que internacional, es multinacional porque se habla en varios países, todos ellos (si se exceptúa el caso de Estados Unidos)... de lengua española. Parecerá una perogrullada pero es la verdad. Es más, si esos muchos países se hubieran unido en grandes federaciones, a lo mejor el español se hablaba hoy no en veintiuna sino en dos, tres o cuatro naciones.

Francés e inglés han conseguido la condición de internacionales, o francas, al ocupar en los dos últimos siglos el lugar que el español había ocupado antes: han sido lenguas de grandes potencias coloniales, que abrían rutas mercantiles o las aprovechaban una vez abiertas, que tenían ejércitos poderosos —en el caso del francés, el ejército era propiamente de funcionarios—, diplomacia hábil, empresarios y emigrantes bien dispuestos. El español recorrió ese camino desde finales del siglo XV hasta principios del XIX. Después se ha mantenido con mucha mejor suerte de la que cabría esperar. Pero sin poder entrar en territorios reservados a las nuevas potencias; uno de estos territorios ha sido la comunicación, relación y presencia internacionales, mucho más necesarias y exigentes en nuestra época que en los años de Felipe II o de Carlos III.

La tribu de Cervantes no ha podido jugar fuerte en las apuestas donde modernamente se ha fraguado la genuina internacionalidad lingüística: peso diplomático y militar, poder económico, gran actividad comercial, financiera, científica y tecnológica. Al contrario que la francesa, la inglesa, la alemana, incluso la rusa, la tribu cervantina apenas ha tenido modernamente lo que podría denominarse "comunidad hablante secundaria", es decir, aquella que aprende la lengua no por tenerla en casa y por serle transmitida, sino porque le resulta interesante, necesaria, y la adquiere como segunda lengua o como lengua franca para hacerse oír en el mundo.

Esto lo hizo el español entre los siglos XVI y XIX. Pasamos un siglo vegetando y sólo desde hace unos años se han tomado algunas iniciativas para fomentar el interés al respecto. Dado el crecimiento previsible de los cervantinos, es probable que las iniciativas prosperen con mejor suerte en América (Brasil y Estados Unidos) que en Europa, donde el inglés, el francés y el alemán ya han consolidado posiciones que no van a ceder. Posiciones que han ganado haciéndose interesantes, o imprescindibles, para quienes no los hablan. Tan interesantes e imprescindibles que con sólo ellas tres se gobierna casi toda la Unión Europea.

Este interés ajeno suele ser una fuente de vitalidad para las lenguas. Buena parte de quienes pueden leer un libro en francés viven fuera de Francia, Bélgica, Suiza o Canadá. Fuera de la tribu de Cervantes, quienes pueden leer en español suelen ser minorías, en general más atentas a los ancestros literarios de la tribu que a lo que hagan sus nuevos miembros. Y dentro de la propia tribu se dan circunstancias paradójicas: parte de quienes la habitan, en número que a veces resulta preocupante, no sabe leer ni en español ni en otra cosa.

XXXVI. LAS TRIBULACIONES DE LA TRIBU

Temas y problemas de la instalación internacional del español. Lengua y economía

Las tribulaciones son comprensibles: una lengua no es interesante por sí misma, sino por lo que promete. Cuando a la estudiantina de inglés que pulula por el mundo se le pregunta por qué eligió esa lengua y no otra, se obtienen de sus respuestas varias conclusiones interesantes. La más evidente: la culpa de la elección no la tuvo Shakespeare. La culpa es que el inglés ofrece relaciones, dinero, viajes, puestos de trabajo y más fruslerías por el estilo. Lo que hace Shakespeare en todo el negocio es presidir honoríficamente un desfile de seis países que están entre los más ricos del mundo. Situación apetecible, desde luego. Por eso mismo se han hecho con séquito de cincuenta países más. Cervantes no puede hacer lo mismo, hay que reconocerlo honradamente. El *índice de desarrollo humano* que han alcanzado sus hijos es menor que el alcanzado por los descendientes del británico, menor también que el alcanzado por la progenie japonesa, francesa, alemana y sueca. Por bienestar material de sus hablantes, el español ocuparía un puesto en la equívoca frontera que divide al Primer Mundo del Tercero. Lenguas que numéricamente son diminutas a su lado la sobrepasarían en este concreto rango cuyo peso se calcula en dólares. Lo más serio del caso es que el desarrollo humano de los hablantes suele dar o quitar interés a las lenguas.

Muchos hispanohablantes son eso mismo: hispanohablantes. Hablan una lengua, la oyen por radio y, sobre todo, por televisión, pero no la leen ni la escriben. Entre los trescientos treinta y dos millones de seres que viven en países donde el español es oficial se reparten a diario dieciséis millones de ejemplares de prensa. En Japón, un tercio de esos seres se reparte setenta y dos millones de periódicos.

¿Estará dominada la tribu cervantina por algún hechizo que le haga repeler la letra impresa de los periódicos? ¿Está mejor adaptada para la lengua oral? La explicación es más sencilla: los analfabetos son muchos. Países como Bolivia, Guatemala, Honduras o Perú dan cifras sobresalientes al respecto. Pero la alfabetización en sí es sólo una parte del desarrollo humano, un índice de la riqueza de los países. Y los bajos índices generales de desarrollo son el talón de Aquiles del mundo hispanohablante. Algo que le resta atractivo a su lengua y representación en el mundo a quienes la hablan.

El repaso de los registros económicos cervantinos no es una lectura edificante. Pero no conviene cerrar los ojos a la realidad. Los países hispanohablantes tienen la mitad de renta per cápita que los países desarrollados, la mitad de tasa de crecimiento anual, el doble de paro y una inflación que es de quince a veinticinco puntos superior. Dicho índice económico general está en estrecha relación con otros asuntos poco presentables: más de la mitad de los países hispanohablantes, doce en concreto, participan de lo que se califica como "régimen de desigualdad social severa", con un 12 por ciento de la población que disfruta de unos recursos equivalentes a los que se reparte el 88 por ciento restante. Algunos se amontonan en la cola de las naciones más pobres del mundo.

Todos los países hispanohablantes están entre los campeones en ahorrarse dinero para educación: aproximada y proporcionalmente, algunos gastan lo que Chad, Somalia, Afganistán, China o Nepal (es verdad que otros han hecho examen de conciencia y están dispuestos a ser más rumbosos). Así no es de extrañar que coleccionen analfabetos: hace diez años, más de la mitad de la población guatemalteca lo era. En las escuelas, los cervantinos son los que tienen las aulas más apiñadas, y no porque se desvivan por acudir a ellas, sino porque hay pocos maestros. En las calles son los que más niños tienen trabajando, únicamente les superan algunos países africanos y asiáticos, donde da la impresión de que los niños trabajan más que los adultos. Tienen pocas líneas telefónicas; los servicios de correos están organizados para salir del paso porque, en comparación con los más de ciento cincuenta envíos que hace un australiano al año, en Paraguay la media no pasa de cinco. Además de tener los carteros justitos, cuentan con pocos investigadores universitarios. En fin, uno de los hacendados de la tribu, que es España, alcanzó hace veinticinco años el 79,4 por ciento del PIB per cápita de la Unión Europea... y poco más o menos ahí se ha quedado. Este bajo desarrollo humano resta representación internacional a la lengua, y aparte de representación, prestigio. Pero esto no es lo peor, limita también a la tribu de Cervantes para aprovechar las oportunidades que están abriendo nuevas corrientes económicas que pasan precisamente por el negocio con las lenguas. Estas limitaciones ensombrecen el futuro y pueden sembrar dudas sobre la salud y reputación de la lengua para el día de mañana.

No faltan, sin embargo, indicios muy esperanzadores: en ese novedoso medio que es Internet los países hispanohablan-

tes no hace mucho mostraban un "coeficiente de esfuerzo"
—es decir, de voluntad en crear contenidos y utilizar Internet como medio de relación con el mundo— relativamente
bajo. Es posible que con el acuerdo firmado por la Real Academia y Telefónica para promover el uso del español en la
Red la tendencia empiece a corregirse. De hecho, se nota ya
un ascenso notable en el "coeficiente de esfuerzo" y dentro de
muy poco tiempo (si no ha sucedido ya) el español ocupará el
cuarto lugar en la Red tras el inglés, el japonés y el alemán.

XXXVII. Asuntos de dinero

Lengua y comercio. Las nuevas tecnologías y su reflejo en la lengua

Las lenguas producen mucho dinero. En torno a ellas se
han creado auténticos imperios industriales. Puede parecer
extraño que algo de apariencia inmaterial pueda medirse en
euros, dólares o yenes contantes y sonantes, pero así se mide:
la quinta fuente en importancia de ingresos del Estado británico es... la enseñanza de inglés. Los anglos son prácticos en
esto y venden su lengua a buen precio en cualquier esquina.
Pero aunque la enseñanza de idiomas sea quizá el negocio
más evidente que se puede hacer con una lengua, la industria lingüística no se queda ahí y tiene ramificaciones insos-
pechadas. A veces refinadísimas y todas muy lucrativas para
quien las sepa aprovechar.

La tribu de Cervantes mantiene en este campo una actitud
hidalga: la mayoría de sus naturales no se entera de los beneficios económicos que podría generar y que tan ricamente le
vendrían. A veces, los producen otros en su nombre. No es
que los hablantes de español seamos inútiles; sencillamente,
tenemos aquí un campo industrial que no nos produce el entusiasmo que sí les produce a otros, como los japoneses, por
ejemplo, que ya se han convertido en una de las grandes fuentes de edición de libros en español. Sin embargo, el negocio
lingüístico da cifras apetecibles: en 1992, por ejemplo, sólo en

publicidad emitida en español se generaron unos quince mil millones de dólares en el mundo. Las industrias culturales que, concretamente España, se desarrollan en español suponen un 3 por ciento del PIB. Pero esto no quiere decir que el dinero vaya a parar a bolsillos hispanohablantes, ni mucho menos. Y esto causa preocupación. Si la tribu de Cervantes no despierta, no aprende a negociar con el español en campos de la industria lingüística, tecnología informática y áreas afines donde se forjará el eco y prestigio de su voz en el mundo, perderá dinero, perderá buenas oportunidades empresariales, se empobrecerá culturalmente, tendrá menos cosas que decir por sí misma y quedará a merced de otros grupos, que tomarán prestada su voz.

Hace pocos años que Antonio Castillo daba este aviso: "Las repercusiones económicas para los países hispanohablantes serán enormes. Este colectivo constituye un mercado potencial tan rico como poco explotado. La industria norteamericana es puntera en tecnología del habla y ha descubierto el rico potencial de la lengua española lanzándose a su conquista. Si los países hispanohablantes desatienden su política lingüística, sus ciudadanos consumirán productos desarrollados por la industria norteamericana, o incluso japonesa, que introducirán un español tecnológico de raíces fonéticas y sintácticas muy diferentes. Esta situación tendrá graves consecuencias tanto para su economía como para su cultura". La circunstancia de colonización cultural no es nueva: en el siglo XIX quienes ganaban dinero con la edición de libros en español por tierras americanas eran los editores franceses, que de paso exportaban el francés (véase capítulo XXIV). Hoy día, para asegurar una presencia sólida en las nuevas tecnologías lingüísticas es imprescindible el concurso de Hispanoamérica, que empresas americanas desarrollen productos y servicios lingüísticos electrónicos en español ofrecidos por hispanohablantes. Aunque ciertamente sea un halago, y una suerte para la lengua española, que otros grupos lingüísticos se interesen por ella.

XXXVIII. LENGUA Y CIENCIA

Cuando se consultan por simple curiosidad esos índices de libros y artículos que se publican sobre física, ingeniería, ordenadores, tecnología y ciencias varias, uno se queda asombrado de la voracidad del inglés. Hay índices que de cada cien artículos traen noventa o más en dicha lengua y los restantes se reparten entre el ruso (que últimamente ha perdido mucho), el alemán, el francés, el italiano... y algo de español. No es que los anglosajones lo escriban ellos todo, claro está; es que los rusos, los alemanes, los franceses, los italianos, los españoles y otros muchos, en cuanto se hacen ingenieros, físicos o matemáticos les da por escribir en inglés para que sus colegas les entiendan. Es una servidumbre comprensible, porque los científicos son como son y buscan códigos internacionales desesperadamente, ayer fue el latín y hoy es el inglés.

Aunque es comprensible y ya nos hayamos resignado a ella, la servidumbre deja algunos nubarrones en el cielo del español. Y no es para consolarse el hecho de que los deje también en los cielos de otras grandes lenguas. Antes, la ciencia y la tecnología eran cosa de cuatro iluminados, hoy están a la orden del día y sus derivaciones en la vida cotidiana son inverosímiles. Dichas derivaciones no son inocentes: suponen desarrollo, bienestar, prestigio, ventajas para quienes las controlan y, en términos idiomáticos, agilidad para la lengua que sabe expresar y transmitir todo ese conocimiento novedoso, que es como inventarse el mundo donde vivimos o donde vamos a vivir mañana.

La muerte llama a la puerta de muchas lenguas precisamente así: empieza por dejarlas inútiles para el cultivo de tales o cuales campos. Es lo que técnicamente se llama "pérdida de funcionalidad". No es que en sí misma la lengua se quede inútil, o con un número muy reducido de hablantes, es que sus hablantes prefieren otras para expresar conocimientos nuevos; hay una especie de fuga de cerebros, precisamente aquellos que podrían poner al día la lengua de la que huyen. Al final, esa lengua puede muy bien acabar siendo un montón de chatarra gramatical propia para el folclore. Éste es un círculo vicioso que cuando empieza a rodar resulta de difícil freno: un científico hispanohablante puede preferir el inglés, resultarle imprescindible o más útil, hace sus descubrimientos en esa lengua, entre colegas con esa lengua y en ella los publica; por lo mismo, deja de hacerlos en español, el español se empobrece, pierde funciones... cuando se quiere comunicar con otro científico hispanohablante resulta más cómodo y preciso hacerlo profesionalmente en inglés. Lo menos grave de este círculo vicioso es que el español se llene de palabras como *testar* por probar, o *know how* por técnica (no me negarán que es más cómodo decir *escáner* que decir *estudio de imágenes;* el primero, además, lo entiende todo el mundo y si hablas del segundo a lo mejor confundes más que aclaras, incluso entre los propios hablantes de español), lo peor del caso es que el español acabe siendo una lengua inane para la comunicación científica y técnica donde dé igual decir *escáner* que no decirlo, porque no haya nadie para escucharlo.

Hay quien piensa, como Luis F. de Lara, que el círculo vicioso se está cerrando para el español, si no se ha cerrado ya: "En la cultura hispánica contemporánea, cuando se trata de ciencias modernas cuyas terminologías proceden de lenguas como el inglés, francés o alemán, cada país sigue las corrientes terminológicas que le dictan las influencias científicas a que está sometido. De ahí que la terminología científica hispánica sea caótica e impida, en realidad, la comunicación entre científicos hispanohablantes. En las ciencias contemporáneas casi no hay un vocabulario hispánico común". La pérdida de campos funcionales acecha al español y se nota sobre todo en las traducciones al estilo del manual que tengo aquí, al ladito del ordenador. Les regalo un párrafo: "La bahía central puede ocuparse por un flopy de conducción simple de diskette o por un pequeño paquete [¿por qué no pakette?] de batería auxiliar. Cuando el módulo ha sido insertado, por favor, verifique que los lazos de cierre se acoplan en los lados dobles de la bahía central". Pues nada, a verificar.

Es posible que quien traduce no pueda utilizar otra prosa. Es más, hay ocasiones en las que ni siquiera se traduce y se deja al consumidor con un librillo de instrucciones plurilingüe, que viene hasta en arameo antiguo pero no en español, con el que manejarse como buenamente pueda. Todavía, en revistas de ciencia y tecnología publicadas en la tribu de Cervantes, el español sigue siendo mayoritario y con ello se mantiene la llamita de la funcionalidad; sin embargo, razonablemente el inglés gana terreno en ellas y es prudente suponer que con el dinero que gastan los países hispanohablantes en investigación científica y técnica —o en la recuperación de investigadores hispanohablantes desperdigados por el mundo— el terreno se le vaya allanando a esta lengua un poco más cada día. Y no es que yo tenga celos del inglés, cuyas ventajas, economía, universalidad y simplicidad gramatical reconozco, pero entiendo que si el español quiere pesar internacionalmente más de lo que pesa, o arregla esta particular circunstancia o no va a haber circunstancia que lo arregle a él.

No crean, sin embargo, que todas las amenazas para la agilidad del español están fuera. Antes les he leído un párrafo demoniaco traducido del inglés. He aquí otro producido por españoles, me imagino, que he leído esta mañana en el correo electrónico: "Taller desempeoramiento docente [...]: En este taller haremos el esfuerzo de penetrar práctica, concretamente, en este ámbito, con el fin de procurar un cierto desempeoramiento que nos capacite para autoanalizarnos y ser mejores profesores y profesoras". En fin, lo dicho, a desempeorarse.

XXXIX. Imagen del futuro

Visto lo visto, los hijos de Cervantes tienen dos tareas urgentes que otras grandes lenguas ya han cumplido: limpiar su casa y mostrarla limpia a los vecinos entre quienes pretende vivir. De poco sirve imaginar altos vuelos lingüísticos en el panorama internacional cuando en el doméstico hay niños sin escuela, analfabetismo crónico, medios de comunicación poco repartidos, escaso cultivo de aquellos campos del conocimiento donde se fragua el prestigio de una lengua moderna, además de poco aprecio y estimación por la propia. Si no mostramos respeto por nosotros mismos en asuntos tan elementales, de poco servirá reclamar que los demás nos lo muestren. Lo esencial de estas tareas desborda los ámbitos literario y filológico. No son por sí mismas tareas lingüísticas: pasan por la transformación de unas relaciones económicas y políticas que a menudo anclan a regiones del mundo hispánico en el núcleo del Tercer Mundo. Pero esta mejora, indudablemente, fomentará el interés por la lengua y la hará respetable más allá del número de hablantes que sume o de la tradición literaria de la que es heredera. Además de cantidad, los hispanohablantes deben esforzarse por ofrecer calidad de lengua y mejorar la imagen que se transmite con ella.

No faltan medios: el español es, en número de hablantes, la más grande de las lenguas románicas y muchos estudiantes la eligen por esa razón, o como primer paso para entrar en dicho tronco lingüístico. El ascenso en la matrícula de estudiantes de español por el mundo ha sido notable. Brasil y Estados Unidos se van a poner a estudiarlo masivamente. En otros países donde se esperaría menor interés por el español, si no crece más, es por la falta material de profesores para cubrir la demanda. En fin, en este concreto punto su crecimiento no sólo parece asegurado, sino que quizá se desborde. Un aporte de hablantes secundarios que, por razones políticas y económicas, el español había perdido a finales del siglo XIX, lo reencuentra a principios del siglo XXI.

Hay otros reencuentros: la revista *Time,* en su número de enero de 2000, publicaba un interesante reportaje sobre los negocios empresariales de compañías españolas en América. No les daré cifras, sino letras: son fastuosos. Uno de los redactores, Ronald Buchanan, reconocía que la suerte de lo que él denominaba *reconquista* estaba echada para españoles y americanos gracias al idioma común, que les facilitaba el trato personal y comercial. No es para menos: el español crecerá en el próximo siglo hasta convertirse en una lengua de quinientos cincuenta millones de hablantes. Probablemente, será la única lengua de verdadero rango internacional junto al inglés y, en menor medida, el francés. Si bien su difusión europea no se presenta tan clara, por lo menos, a medio plazo, su progresiva proyección internacional no admite dudas. Basta con consultar el *Anuario 2000* del Instituto Cervantes (http://cvc.cervantes.es) para darse cuenta del crecimiento, en verdad sorprendente, que está experimentando nuestra lengua. He aquí un dato anecdótico (que puede no serlo tanto dentro de unos años): en Utah, donde apenas hay hispanohablantes, lo estudian un 89 por ciento de alumnos de primaria. En China hay sesenta estudiantes candidatos para cada plaza que se oferta de español. En Brasil, la iniciativa del presidente Cardoso de fomentar la enseñanza del español en las escuelas hará que en los próximos años sean necesarios en el país 210.000 profesores.

En cuanto a su sistema lingüístico, es una lengua de ortografía sencilla —y que puede serlo más—, lo que no deja de ofrecer ventajas para las nuevas tecnologías de lengua escrita en sistemas informáticos. Tiene un cultivo literario notable y tradición escrita de siglos. A pesar de quienes ven brechas en ella, muestra una sólida unidad de usos cultos. Se estudia en muchísimas universidades repartidas por todo el mundo; son miles y miles las sociedades científicas dedicadas a su cultivo y al de la cultura hispánica, algunas de ellas ciertamente meritorias. Cuenta con un instituto tan joven como activo para su difusión exterior. Sus veintidós Academias, desde la decana española hasta la norteamericana, última que se fundó, no son meros cuadros de honor, sino que trabajan. Por otra parte, la decisión del gobierno español de crear un Consejo de Política Exterior que dé a España mayor representación internacional de la que tiene y aproveche, precisamente, la lengua española como uno de los cauces de dicha representación, es una magnífica noticia ya sólo por las intenciones del proyecto (*El País,* 22-VII-2000, pág. 27). Cabe recordar en palabras del vicepresidente de la RAE, Gregorio Salvador, que "los países de lengua española no han sabido vender nunca su idioma. No ha habido política lingüística en ese sentido, proyección de la lengua hacia el extranjero, como la que han llevado a cabo Francia, Inglaterra, Alemania, incluso Italia". No está de más ninguna iniciativa en el sentido de considerar la lengua española en lo que es: uno de los grandes bienes económicos, de comunicación y de proyección internacional que poseen los hispanohablantes, todo ello por encima de sus valores culturales, que suelen ocupar un segundo plano en la difusión internacional de las lenguas.

La imagen del español —que es asunto menos frívolo de lo que parecería en un principio— se podría mejorar notablemente. No vamos a ocultar la cabeza debajo del ala y negar un hecho señalado por el marqués de Tamarón: "El adjetivo *spanish* evoca en la mente del norteamericano culto imágenes de Pancho Villa, de Perón y de la Inquisición, y rara vez de la biblioteca de El Escorial". Es verdad. La evocación no es sólo para el norteamericano, sino para muchas personas cultas: incluso dentro del propio mundo hispanohablante parece a veces que hay más entusiasmo en airear guerrilleros, narcotraficantes, dictadores y terremotos que en mostrar el Museo del Prado, los Colosos toltecas de Tollán, los veleristas que participan en la "Copa América", Celia Cruz, Plácido Domingo o Julio Iglesias (según gustos), cineastas, actores, escritores, periodistas, empresarios y gente diversa cuyas obras y actividades hechas públicas en español dignifican nuestra lengua y mejoran su imagen. La comunidad hispanohablante tiene aquí una tarea que, por otra parte, tampoco es tan difícil de cumplir: bastará con esforzarse en invertir los términos de la evocación. Por lo demás, el futuro parece prometedor (quizá demasiado prometedor): según el lingüista norteamericano Steven Fischer, de los más de seis mil y pico idiomas que hoy se hablan en el mundo,

dentro de trescientos años apenas quedarán dos docenas
(¿será verdad?). De esos veinticuatro, tres serán los más hablados: la mayoría de las personas tendrán rudimentos para
expresarse o bien en inglés, o bien en chino, o bien en español. Es el futuro. Un futuro, por cierto, lleno de pasado. Es
hora de repasarlo.

TERCERA PARTE

XL. LA PRIMAVERA DE TÁRIQ BEN ZIYAD

La formación de los primitivos dominios romances en España. La aportación de los árabes a la historia lingüística peninsular

Supondrán que el castellano viejo salió de su rincón para hacerse al mundo gracias al primitivo empuje de condes valientes. Condes guerreros que salían de sus escondrijos norteños, abandonaban su Amaya legendaria, atravesaban los montes de Oca o el desfiladero de Pancorbo y les robaban el sustento a los pobres hijos de Alá que encontraban al paso. Es una historia romántica. En parte es cierta. Pero la verdad completa es algo distinta y empezó antes: el origen del castellano primitivo está en condes cobardes que salen de escondrijos sureños como Gibraltar, Sevilla, Écija, Jaén y se dispersan huyendo a toda prisa de la espada de Táriq ben Ziyad, que los hostigó hasta el norte peninsular.

Si Táriq y su gente no se hubieran entrometido en asuntos de política visigoda, la historia lingüística peninsular hubiera transcurrido por cauces completamente distintos a los que aconteció. Táriq había desembarcado el 28 de abril de 711 a la altura de Tarifa con la noble intención de ayudar al príncipe godo Agila en sus guerras con don Rodrigo. Los partidarios de Rodrigo perdieron. Los de Agila no ganaron mucho. Táriq, Muza, Al-Hurr, Ambasa y tantos guerreros árabes que atravesaron el estrecho en aquellos años eran gentes traídas por la arrebatada expansión de una conquista islámica que, procedente de su Arabia feliz, duraba ya casi un siglo. No se contentaron con matar a don Rodrigo en las tierras de Cádiz y casarse con su viuda. Inmediatamente llegaron a Toledo, entraron en él y desbarataron el centro político —y simbólico— de la monarquía visigótica. Por occidente subieron hasta Lugo, por oriente conquistaron Cataluña y se adentraron en el sur de Francia. La España gótica quedó desmembrada. La relativa unidad jurídica, religiosa y, hasta cierto punto, idiomática que caracterizaba a la gente romanogoda, se quebró. La península iba a quedar desbaratada y repartida, aproximadamente, así: de los ríos Duero y el Ebro para abajo, tierra de Alá y viejos romanogodos que se islamizan, o sea, *mozárabes* (del árabe *must'arab*, "arabizado"); del Duero y el Ebro para arriba, o bien sureños que se han escapado de las iras de Táriq, o bien romanogodos instalados en aquellas tierras que no se habían enterado cabalmente de que Muza, Al-Hurr y Ambasa estaban más al sur para recibir a los califas y su culta lengua, el árabe.

Consecuencias lingüísticas de tanta agitación: como mancha de aceite, el árabe iba a cubrir el agua del romance en dos tercios del territorio peninsular: Alandalús. El tercio norteño restante alojó a náufragos romanogodos hablantes de romance (se exceptúan los vascones, claro está). Como la romanía andaba desbaratada, con los hilos de su tradición latina muy gastados, con escasa comunicación, y a veces resueltamente reñida entre sí, sus variedades lingüísticas tendían a diverger, a hacerse distintas unas de otras. Con el tiempo, y con cierta organización guerrera, notablemente tres de ellas empezaron a pujar hacia el sur y a ganarle terreno a los árabes: por el oeste la galaicoportuguesa, por el centro la castellana y la catalano-valenciana por el este.

La central iba a tener buena fortuna por circunstancias simples: era la que más terreno ocupaba, la que se llevó la parte del león del antiguo, y próspero, dominio musulmán, la que contaba con más gente, la de paso obligado si los del este se querían comunicar con el oeste y los del sur con el norte (o viceversa) y la que, más tarde, iba a abrir unas interesantes rutas atlánticas que dejaron muy desasistido al tradicional comercio mediterráneo donde, si de lenguas peninsulares se trataba, mandaban el árabe o el catalán. En todo hubo algo de azar. Porque si Táriq no hubiera desembarcado aquel día de abril, los romanogodos no se hubieran comportado como lo hicieron. Primero, no se hubieran aislado en sus reductos norteños, y después, no se hubieran organizado y no hubieran empezado a bajar hacia el sur y a comunicarse con los hablantes de romance que por allí quedaban (que eran algunos, por cierto), tan pronto como en el siglo x. Sin Táriq, los romanogodos probablemente se hubieran quedado quietos ocupando ellos solos todo el territorio peninsular. Ésta ha sido la contribución trascendental de los árabes a nuestra historia lingüística: hacer que los centros lingüísticos romances dejaran de ser los populosos Toledo, Sevilla, Córdoba, Tarragona y pasaran a serlo lugarejos norteños sin mayor tradición latina como Amaya, Burgos, Iria Flavia, Jaca, Urgell. Con ello sentaron las bases para la creación, por repoblaciones sucesivas, de un amplio espacio territorial y humano que iba de León a Aragón, donde se fueron acumulando gentes diversas, pasajeras, que se consideraban iguales entre sí, acostumbradas a manejar con pericia el arado y la espada, y para el interés de nuestra historia con necesidad de entenderse en un código común, simple y útil para tan amplio espacio, para tanta diversidad dialectal como originariamente traían los repobladores. En cierto sentido, podría decirse que el castellano viejo fue un producto musulmán.

Todo hubiera sucedido de forma mucho más tranquila sin Táriq ni Muza. Hubiera sucedido lo que sucedió en Francia o en Italia durante siglos y siglos. Salvados los territorios eusquéricos, la mayor parte de la península la ocuparían romanogodos, habitarían sedentarios en áreas provinciales muy similares a las trazadas por la administración romana. Hablarían lenguas parecidas dado su común fondo latino, inteligibles entre sí siempre que se pusiera buena voluntad. En cada provincia, las modas lingüísticas estarían trazadas por las ciudades más pujantes dentro del territorio. Con el tiempo, quizá se habrían ido formando, por lo menos, cuatro grandes variedades románicas: la cartaginense, con sus centros en Toledo y Cartagena, donde la gente pronunciaría *fuente, plomo, paloma, fierro*. La gallego-lusitana, con sus centros en Braga y Mérida, donde la gente preferiría pronunciar *fonte, chumbo, pomba, ferro*. La tarraconense, con sus centros en Zaragoza, Tarragona y Barcelona, donde la gente pronunciaría *font, plom, coloma, ferro*, si bien muy al noroeste de dicha zona dirían quizá *ierro*, incluso *uente* u *onte* alguna vez. Finalmente, la bética, con sus centros en Córdoba y Sevilla, donde no se distinguirían mucho de los demás, pero dirían *escudeiro, zapateiro* y quizá *laitaira* en vez de *lechera*. Habría también otras hablas de tránsito, otras variedades locales y, salvados los hablantes de variedades eusquéricas, la península se habría convertido en un jardín neolatino delicioso para los dialectólogos. La gente viviría tranquila. Todo tendría un aire de familia, de esas amistosamente divididas.

Con los siglos, los familiares se habrían dividido algo más. Algunas variedades lingüísticas llegarían a ser ininteligibles entre sí. Es posible que a finales del siglo XVIII (como ocurrió en el caso del francés), o en el primer tercio del XIX (como sucedió en el caso del italiano), una de esas cuatro variedades, dada la importancia comercial, demográfica, militar, literaria o cultural de sus hablantes, se alzara como lengua general de España. Al calor de ideas revolucionarias sobre la igualdad y la fraternidad de los españoles, o al calor de ideas propias del romanticismo nacionalista, el cartaginés, el tarraconés, el galaicoportugués o el bético, uno de ellos habría pasado a ser el español, sin más. Se enseñaría en las escuelas, ocuparía casi toda la letra impresa, la radio y la televisión, trazaría los usos de la norma culta y condenaría a las demás a una dulce muerte. Sin embargo, gracias o desgracias a Táriq, no sucedió nada parecido a esto que acabo de imaginar.

XLI. Escipión busca a Aníbal

Prerromanos, romanos y visigodos

Cuando los de Alá embarcaban en la orilla africana del estrecho ya había en la orilla europea una historia muy vieja escrita en latín. Se había empezado a escribir nueve siglos antes de que Táriq, Agila o don Rodrigo vinieran al mundo. Los romanos llegaron a Ampurias en el año 218 a.C. por simple estrategia: estaban en guerra comercial con los cartagineses. Como la flota cartaginesa no podía competir con la romana, los de Cartago transportaban sus fardos por el interior peninsular. Los había como Aníbal, que hostigaban a los romanos cruzando los Pirineos por algún paso que fuera practicable todo el año. Así que Escipión desembarcó en el noroeste peninsular con la intención de adentrarse, cortar ese paso pirenaico y dominar la ruta de los fardos cartagineses. Una vez en la península, los romanos advirtieron que se podían emplear en asuntos de más enjundia. Se encontraron con que había minas y metales que escaseaban en Roma, brazos para ponerlos a trabajar en ellas, zonas productoras de cereales, buenos puertos y mejores elementos para la construcción naval, como madera, esparto, cordaje. Quedaron encantados y no era para menos: según cuenta el turista griego Estrabón, en las minas de plata de Cartagena "trabajaban cuarenta mil obreros que rendían al pueblo romano veinticinco mil dracmas diarias". Una cantidad prodigiosa, dicho sea de paso. De modo que en el año 19 a.C. ya se habían adueñado de lo que en su lengua latina llamaron Hispania, adaptando el nombre de una denominación fenicia cuyo significado es para unos "tierra de conejos" y para otros "tierra oculta"; en todo caso, una de tantas denominaciones costeras que tienen los marinos para orientarse.

Los romanos no traían mucha inquietud civilizadora en sí misma, ni ganas de difundir el latín. Simplemente, eran tipos de una organización más práctica que la de los pueblos que se encontraron en la península. Tenían ideas interesantes sobre administración civil y militar. Traían innovaciones técnicas, como su arado. Una milicia potente y disciplinada. Una lengua cultivada que tenía alfabeto. Crearon un sistema de explotación de recursos naturales, comunicaciones y tráfico comercial desconocido hasta entonces. De modo que no tenían que darse mucha publicidad para que las aristocracias locales se interesaran por alistar a sus hijos en el ejército romano, mandarlos a sus escuelas de latín y griego, asistir a los espectáculos teatrales o circenses, habitar en sus colonias o distritos administrativos, en fin, que se interesaban por parecerse a ellos. A este respecto, las calzadas y el comercio han tenido mucha más importancia que las escuelas de latinidad: la romanización que penetra en la zona del Ebro —y lo hace muy pronto— sigue la ruta comercial trazada desde Tarragona, pasando por Lérida y Zaragoza, a Briviesca, Pamplona o Clunia. La romanización de la Bética, la futura Andalucía, fue tan intensa al ser área de primeros contactos mercantiles que de los veintisiete senadores de origen hispanorromano que aparecen en los reinados de Trajano y Adriano dieciocho son andaluces, nueve de ellos nacidos en Itálica. En Roma, al parecer, los conocían por el particular acento de su latín.

Cuando Estrabón recorre la Provenza y el sur de España en el año 14 a.C. hace el siguiente comentario: "Los naturales de estas tierras han cambiado sus costumbres y han adoptado totalmente la moda romana. Visten la toga y hasta hablan latín. También han cambiado la estructura de sus leyes". La sorpresa de Estrabón porque los pueblos prerromanos "hasta hablaran latín" no es infundada. Romanización y latinización, en muchas ocasiones, no van juntas. El latín lo hablaban, sobre todo, los propios romanos desplazados a sus nuevas colonias. De modo que amplias áreas podían quedar bajo administración y ley romanas sin que a los nuevos administradores —de habla latina— les importara gran cosa lo que hablaran los nuevos administrados. De hecho, gracias al alfabeto grecolatino conservamos restos escritos de viejas lenguas peninsulares que entraron en contacto con el latín, como el ibero, celtibero, lusitano, y que debieron de persistir incluso hasta después de que los romanos decidieran dejar de escribirlas. El olvido de tales lenguas ha sido absoluto: aunque tengamos testimonios escritos de ellas gracias a griegos y latinos, no se pueden interpretar sin que surja la polémica entre los entendidos. En el año 45 a.C., por ejemplo, desaparece el bilingüismo en las monedas. Un ejemplo curioso al respecto lo brinda el eusquera: sus hablas se han conservado durante siglos, aun no faltando la romanización en los territorios donde se cultivaban. Y aun teniendo noticia de que desde el año 80 a.C., padres que se llamaban Nesille o Enasagin —nombres de impronta vasco-francesa— veían con naturalidad cómo sus hijos se hacían llamar Cneus Cornelius o Publius Fabius, a la moda romana.

La Hispania prerromana era un laberinto lingüístico muy complejo. Como muchos hablantes, especialmente los que habitaban zonas rurales, nunca tuvieron necesidad de aprender latín y el poder civil romano tampoco se desvivía porque lo aprendieran, la concurrencia de lenguas duró siglos. Si los hablantes de ibero, en el litoral mediterráneo, acabaron pasándose al latín, tampoco falta noticias de romanos de primera hornada pasados al ibero o capaces de expresarse en él con toda naturalidad. Con el tiempo, el latín fue demoliendo los muros del laberinto y el propio ibero, el celtibero, el ártabro, el tartesio, el lusitano y tantas otras lenguas, de las que no han quedado más que noticias inciertas, desaparecieron. Se conservan como restos de aquella época las lenguas eusquéricas —refundidas en el actual eusquera batúa— que persistieron, más que por resistencia heroica de sus hablantes, por el poco interés que para el comercio romano tenían aquellas áreas mal comunicadas, sin recursos naturales que explotar, sin vida urbana notable y sin puertos tan útiles como los mediterráneos. A los romanos les parecían, además, pueblos de singulares costumbres donde mandaban las mujeres. Se romanizaron, si bien con menor intensidad, salvo en la religión. Su vinculación románica debía de tener para otros cierto aire arcaico. En esas zonas, el romance ha convivido por siglos con las hablas eusquéricas. Es más, uno de los solares del primitivo romance castellano ha sido ése precisamente: las tierras de Álava, Vizcaya y Guipúzcoa.

El latín amalgamó el mapa lingüístico peninsular, si se considera lo repartido que estaba antes de la llegada de los romanos. Sin embargo, el latín en sí mismo no era uniforme. Quienes colonizaron el centro y oeste decían *mensa, fabulare, comedere,* por lo que hoy el español y el portugués dicen *mesa, hablar-falar, comer.* Quienes colonizaron la vertiente mediterránea decían *tabula, parlare, manducare,* que es lo que hoy dice el catalán: *taula, parlar, menjar;* o el francés: *table, parler, manger.* Es posible que en origen las diferencias no fueran mucho mayores de las que hoy nos podemos encontrar, por ejemplo, en el propio español, donde unos decimos *coche* y otros *carro.* Sin embargo, las condiciones de aislamiento en que se vivía entonces no facilitaban una comunicación lingüística fluida, con lo que pequeñas diferencias acumuladas, sin contraste con el habla del vecino, sin existencia de nada parecido a una norma común más allá de los usos cultos o literarios, todo ello podía germinar en lenguas neolatinas familiares pero distintas, que es lo que pasó con el tiempo.

La difusión del latín no se debe de forma decisiva a los intereses del poder civil romano, que nunca mostró muchos en tal terreno. Es más bien obra del celo religioso, es decir, del proceso de extensión del cristianismo. Si la romanización política no implica necesariamente latinización efectiva, cristianización y lengua latina sí suelen ir de la mano. Sin embargo, los autores cristianos hispánicos de renombre, como Prudencio o san Paciano, obispo de Barcelona, no aparecen sino entrado el año 300, o sea, cinco siglos después de las aventuras de Escipión contra Aníbal. Lo que puede dar una idea de cuánto tardó en consolidarse la difusión, digamos popular, del latín. Tardaría más aún, porque el verdadero celo cristianizador no lo fue sólo de romanos, sino sobre todo de visigodos, de cuando Recaredo proclamó en 589 la conversión de éstos al cristianismo, casi cien años después de que los francos se hubieran convertido en la mano derecha de la Iglesia católica en Francia tras la conversión de Clodoveo.

Aunque muy romanizados, los visigodos no dejaban de ser una minoría en Hispania de religión arriana. El hecho provocaba conflictos más de tipo político y económico que propiamente religioso. De modo que en el III Concilio de Toledo el rey Recaredo unificó a todos los godos e hispano-rromanos bajo la misma religión, cristiana, pretexto que le sirvió para promover otra unificación más apetecible para el poder político: al unir a los dos pueblos que compartían el reino, había que crear un nuevo código jurídico y nuevas normas sobre tribunales, de aplicación universal. En otras palabras: el poder de la monarquía se multiplicaba. La medida encontraría dos obstáculos, primero el interpuesto por magnates visigodos descontentos y, sobre éste, la gran masa de rústicos que permanecía ajena al cristianismo y a las nuevas leyes. De modo que el primer problema que había que resolver era lo que entonces se llamaba *correctio rusticorum,* o sea, la instrucción de rústicos y su cristianización en latín.

Conviene, sin embargo, matizar el significado que el concepto *latín* podría tener aplicado a la corrección de rústicos en los siglos VI o VII, pues más que de enseñarles la lengua de Cicerón se trataría entonces —liturgia y ritual aparte— de cristianizarlos comunicándose oralmente en las variedades vernáculas a las que el latín había dado lugar, labor a la que se dedicaría el bajo clero, como no podía ser de otra forma. La lengua escrita, sin embargo, sí era latín más o menos perfeccionado. Con lo que el nacionalismo religioso de los visigodos (y sus derivaciones políticas) debió de ser un acicate para el reconocimiento popular de variedades romances habladas, y tal vez facilitaría que aflorase cierta conciencia, por escasa que ésta fuera, acerca de su diferenciación respecto a variedades vecinas. De modo que esa idea viejísima, y prácticamente olvidada hoy para la filología hispánica, de que fueron los visigodos quienes transformaron el latín en romance y lo extendieron por España, por lo menos en materia de religión y política, tiene una base cierta, independientemente de la importancia que se le otorgue al elemento vascón (que, a mi juicio, está sobrevalorado). Pero el mapa lingüístico peninsular que se hubiera podido conseguir corrigiendo rústicos quedó suspenso el día que Táriq ben Ziyad desembarcó a la altura de Tarifa una noche de abril del año 711. Suspenso no quiere decir liquidado.

XLII. La hora de los mozárabes

Giner era un hombre bueno de Córdoba. Reconocido por su honradez, testificó en juicio contra un cadí del emir Abderramán II (822-852). La declaración de Giner fue tan sincera y expresiva que, sólo por ella, el emir condenó al cadí. Sin embargo, a Abderramán tuvieron que traducirle la declaración de Giner porque éste testificó en romance, llamó al cadí "tío malvado", "malandrín" y cosas por el estilo. Precisamente ésas fueron las palabras que más le impresionaron al emir. Veinte años después, otro cadí cordobés, Suleimán ben Asuad, se entendía en romance con quienes así se lo solicitaban. Si en Córdoba, en el periodo de máxima arabización, se podía hablar tranquilamente en romance en ocasiones solemnes ante el mismísimo emir y sus jueces, puede imaginarse qué ocurriría en otras ciudades, otras épocas y otras ocasiones. Ocurrían cosas como que el toledano Teman Ben Afif, místico musulmán que murió en 1059, había enseñado a sus discípulos que si sus obras eran buenas, la lengua en que se expresaran era lo de menos. Las buenas obras del piadoso conde Leovigildo son un ejemplo al respecto: hay que suponer que podía entenderse en romance y en árabe, porque de otra manera no se explica que fuese cristiano, devoto de los monjes de Saint-Germain-des-Près, y al tiempo no tuviera empacho en alistarse en el ejército del califa Mohammad en su campaña del año 858 contra los toledanos; al fin y al cabo, la guerra no dejaba de ser un negocio más próspero que la devoción frailuna. Rodrigo Díaz de Vivar haría muchos años después cosas parecidas a las del conde Leovigildo. ¿Y qué me dicen de Abderramán III? Parece que tenía un ministro, Abulcásim Lope, al que le gustaba hacer chistes en verso. En uno de ellos no le salía la rima en árabe, así que la buscó en romance. La encontró, pero como estaba el emir delante no se atrevió a terminar el chiste bilingüe. El propio Abderramán adivinó las intenciones de Lope y completó el verso con un rotundo "su culo ", que ésa era la rima romance precisamente.

No parece que a los emires, cadíes y ministros árabes les importara gran cosa oír romance a cada paso. La islamización de Alandalús no borró las huellas lingüísticas romances, simplemente les puso sordina. El árabe iba a ser la lengua escrita y, por así decirlo, la oficial (si este adjetivo pudiera aplicarse a las cosas idiomáticas de aquellos siglos). Iba a ser la lengua escrita por árabes y escrita por mozárabes de habla romance. La lengua que, con el tiempo, dejaría una impronta tal en el castellano viejo que iba a hacer de éste la variedad más arabizada de todos los romances, notablemente en su vocabulario. Pero todo indica que, en el quehacer cotidiano, muchos hablantes de árabe podían entender el romance y viceversa. Mandaban en esto intereses muy alejados de las cosas culturales. Intereses como los del conde Leovigildo, los propios del Cid (que en algunas crónicas navarras ha pasado de *Campeador* a *Cambiador,* o sea, banquero de la época), incluso los de Abderramán III necesitado de rima. Si los vecinos de Toledo, pongamos por caso, tenían necesidad de negociar con los vecinos del norte mandaría el romance; si bajaban a comerciar en Jaén o Córdoba mandaría el árabe. El propio Giner, si hubiera viajado de Córdoba a Burgos no hubiera tenido mayores dificultades para contarle a su coetáneo Fredulfo cómo con sus expresivos "tío malvado" y "malandrín" un emir había condenado a un cadí. *Emir* y *cadí* serían novedades para Fredulfo, *tío malvado, malandrín* y *culo* no.

Si no hubo una convivencia pacífica e idílica entre musulmanes, mozárabes y norteños, sí hubo cierta conllevancia, que donde mejor se nota es en estos negocios de las lenguas. De hecho, el romance mozárabe no desapareció por la presión del árabe en sí, sino que confluyó con los romances que hablaban las gentes venidas del norte y que, poco a poco y en capitulaciones diversas, iban ganando terreno a los musulmanes. Pero si un mozárabe toledano hubiera querido pasar inadvertido ante los leoneses y castellanos que en 1085 acompañaron a Alfonso VI hasta las orillas del Tajo, podría haberlo hecho. Por su aspecto, ocupación, vestimenta y lengua —supuesto que no hubiera querido expresarse públicamente en romance o dejarse ver en su parroquia de rito mozárabe— los norteños no lo hubieran distinguido de otros musulmanes.

Domingo Alpolichén, o Domingo ben Abdala el Polichení, era uno de esos mozárabes toledanos que, muy a finales del siglo XII, advertía cómo con las idas y venidas de las gentes norteñas se borraban en su ciudad las viejas huellas musulmanas. Los Alpolichenes eran familia influyente en Toledo. Especialmente en el cabildo catedralicio, donde un navarro, Rodrigo Jiménez de Rada, era la influencia toda. En la catedral se hacían oficios religiosos, como puede suponerse, pero era sobre todo el gran centro ordenador del comercio local. Domingo no es que fuera reacio a convivir con castellanos, leoneses, francos, navarros o judíos, pero, en un principio, su familia sí tendría prejuicios a la hora de mezclarse con ellos. Como mozárabe, Domingo seguía ritos religiosos distintos al común de la cristiandad norteña, y en parroquias propias; sus abuelos se habían guiado por un fuero especial de honda raíz visigótica, que los distinguía de castellanos y francos. Además, muy probablemente, sabía árabe.

Sin embargo, Domingo pertenecía a una generación que experimentaba el proceso inverso al que experimentó la del cordobés Giner cuatro siglos largos antes. Giner había visto capitular a los romanogodos ante el poder musulmán y a su habla romance ante el árabe: se había convertido en mozárabe, en cristiano que iba a vivir bajo hegemonía musulmana, así que muchos de los suyos se arabizaron, otros conservaron su lengua romance, sus costumbres y su religión (la mayoría de las veces, previo pago de impuestos). Domingo, sin embargo, se las prometía más felices que Giner: había visto capitular a los musulmanes ante tipos venidos del norte que, para su felicidad, eran de su misma religión, aunque de distinto rito, coincidían en viejas raíces romanogodas y podían entenderse con él en romance. Y había visto a los todopoderosos árabes convertirse en mudéjares, en musulmanes que iban a vivir bajo hegemonía cristiana. Por aquello del prurito purista, los abuelos de Domingo todavía harían distingos religiosos, legales y lingüísticos entre mozárabes y norteños. Con el tiempo pero, sobre todo, con los negocios donde Toledo era el lazo de unión entre el comercio musulmán y las poderosas asociaciones mercantiles encabezadas por Burgos, fueron confluyendo mozárabes y norteños. A muchos coetáneos de Domingo, mozárabes como él, los notarios, si se otorgaba algún documento en árabe, tenían que traducírselo al romance. Toledo fue un caso curioso de confluencia: los de Alpolichén prestaron su ley escrita —fiel a preceptos jurídicamente establecidos— a los castellanos (que éstos la traían distinta, hecha de viva voz, por costumbre) y los castellanos propiciaron la confluencia lingüística en un romance común, si bien de su impronta, que borró los viejos rasgos mozárabes. Cuando Domingo se pone a escribir documentos de compraventa, lo hace en un romance castellano seguro, fácil y entero.

Las actividades de Alpolichenes, Radas y tantos otros hombres de negocios de la época facilitarían que, en 1207, el mismísimo rey Alfonso VIII, en el propio Toledo, organizara unas Cortes para ordenar tanto tráfico mercantil y poner precio a los bienes que discurrían por él. Esas ordenanzas iban a ser de cumplimiento obligado para negociadores de muy diversas procedencias. Para comodidad y entendimiento de todos, se redactaron en castellano. Una lengua, como quien dice, recién estrenada para los documentos cancillerescos y que empezaba a desplazar en ellos al omnipresente latín.

Pero de los años de Giner a los de Alpolichén media mucho tiempo. De los años de Giner a los de Alpolichén pasaron muchas cosas al norte de Toledo. Cosas que hicieron posible que un monarca castellano, muy a principios del siglo XIII, se permitiera ordenar el comercio de sus variopintos súbditos en la lengua con la que mejor podían entenderse todos ellos. Y ponerlo por escrito.

XLIII. Ocho hijos de enero

La formación del viejo dominio lingüístico castellano. Las tierras y las gentes de la frontera: sus efectos en el idioma

Hay gentes que hacen de la necesidad virtud. Las gentes que vivieron en tiempo de los viejos reyes asturianos, por ejemplo. Con la amenaza musulmana al sur recién desembarcada, muchas se especializaron en pastorear ovejas. Una economía simple pero muy práctica: la oveja da lana, leche, carne y, sobre todo, se mueve. Se saca el ganado a pastar y, en caso de ataque musulmán, se lo escamotea por algún paso o desfiladero rápidamente. Los musulmanes podrán apoderarse de campos, ciudades y casas, pero malamente de ganados escurridizos. Cuando el musulmán desaparece, la oveja vuelve. La oveja andarina puede bajar muy al sur y retornar al norte con la misma rapidez.

A finales del siglo VIII, Alfonso II empezó a fortificar esos pasos ovejunos en torno a los que se había establecido cierta actividad agrícola y un comercio rudimentario. Lo hizo siguiendo antiguas rutas que iban de Astorga a Zaragoza. Un buen pedazo de terreno, sin duda. El plan era sencillo: se elegía un establecimiento para explotación agropecuaria, se construía una fortaleza en medio para resguardo en caso de ataque moro, se hacía algún conde arriesgado responsable de su defensa y se convencía a la gente de lo interesante que era la vida intrépida. Las fortalezas recorrían un territorio tradicionalmente conocido como Bardulia. Pronto cambió su nombre en honor a los nuevos establecimientos defensivos que le daban carácter: Castilla, literalmente "los castillos".

Para repoblar aquello no hubo más remedio que dar privilegios a quienes decidieran establecerse. Podrían conseguir tierras con cierta facilidad. Bastaría con que hincaran un palo en algún prado que les apeteciese, dieran una vuelta a su alrededor tan prolongada como pudieran haciendo ruido... y todo lo que quedaba en el perímetro era suyo. Tendrían menos impuestos, pagarían menos en aduanas y portazgos o no pagarían nada de nada. A cambio, allá se las compusieran en caso de ataque moro. Inesperadamente, aquello fue un éxito de público. Sobre todo en la vertiente occidental, la que quedaba al norte del río Duero. En ella apenas había musulmanes, o muy pocos. Estos pocos eran, además, fácilmente acometibles, de modo que cuando los colonos bajaban hacia el sur se encontraban en ocasiones con las ciudades y las casas hechas. Una suerte. Los que repoblaron la vertiente oriental, hacia el río Ebro, lo tuvieron más difícil porque el vecino musulmán, a menudo, era más numeroso y más reacio a abandonar el lugar.

Sea como fuere, en la vieja Bardulia se empezó a acumular gente. Mucha gente. Gente con un estilo de vida especial, el típico estilo de vida de los establecimientos fronterizos, llenos de quienes fían su existencia al azar. Era una especie de Far West peninsular: guerreros, pastores, comerciantes. Más nómadas que sedentarios. Habían abandonado sus tierras originarias en busca de mejor suerte y no tenían inconveniente en proporcionársela asociándose entre ellos para guerrear con la morisma, o asociándose con la morisma para guerrear entre ellos. Habían disuelto lazos de parentesco o de servidumbre para llegar allí; procedían de muy diversos destinos pero muchos —y esto es interesante— podían entenderse porque su fondo lingüístico, aunque divergiera, era el común heredado del latín. Así era la masa popular que iba a converger en una variedad románica de carácter un poco rudo, para qué negarlo, como cortada con hacha, con sonidos novedosos que la distinguirían de sus vecinas, más amigas del latín, una lengua que, como decían los cronistas viejos, "sonaba igual que una trompeta": el castellano viejo, para entendernos.

Las características llamativas, innovadoras, de ese particular romance no se debieron al carácter de la gente, no se debieron a un propósito de ser diferente y demostrarlo en la manera de hablar. Se debieron a que la gente de frontera *es diferente* sin proponérselo. Es llamativa e innovadora porque sus condiciones materiales de vida lo son. Difieren de las de quienes permanecen en su ciudad, aldea o servidumbre, apegados a usos tradicionales y sin establecer contactos humanos muy distintos a los que venían estableciendo sus antepasados.

La frontera es otro mundo. La gente va y viene, no hay modo de conservar la pronunciación familiar, ni las palabras que tradicionalmente transmitían las abuelas. Se empiezan a oír nuevas voces, muy variadas, y hay que establecer curiosos compromisos para entenderse con extraños. Así nace el castellano: como lengua fronteriza de nadie en concreto. Con sonidos nuevos y raros que no son ni de mozárabes, ni de francos, ni de asturianos, ni de musulmanes, ni de navarros, ni de vascones... ni de castellanos, sino que son formas de compromiso que se acomodan a todos ellos, todos los que han ido recalando en la vieja Bardulia. Tal código de comunicación no se percibiría en principio como una lengua hecha, más bien sería una comodidad. Ésa fue una de las suertes del idioma: aparecer como un simple modo de entenderse, laxo, extenso. En él cabían novedades imposibles en otras áreas donde enseguida te hubieran considerado proveniente de aquí o de allí; sin embargo, el castellano lo absorbía todo, como quien dice, de tierras asturiano-leonesas hasta Pamplona y Aragón. Amplio terreno, que pasaba justo por el centro peninsular, y con mucha gente inquieta entendiéndose.

Cuando el rey Alfonso VI (1102-1109) repuebla el área leonesa de Sahagún, Astorga y Ponferrada, junto a establecimientos como Logroño, Santo Domingo de la Calzada y Nájera, lo hace, según dicen las crónicas, con "gascones, bretones, alemanes, ingleses, borgoñones, normandos, tolosanos, provenzales, lombardos y muchos otros negociadores de diversas naciones y extrañas lenguas". Cien años después, a pesar del diversísimo fondo lingüístico de sus bisabuelos, los negociadores se entienden en Toledo en la misma lengua cuando el tasador real les indica: "La libra de carne de puerco fresca: cinco dineros pepiones e no mas". En el intermedio, hacia 1156, un soriano, Diego Pérez de Fuentealmejir, recibe la jurisdicción del castillo de Alcozar, perteneciente a

Juan II, obispo de Osma que antes había pasado por Segovia.
A la entrega asiste un tal Fortún López, delegado allí por un
rey aragonés, Bernardo de Palencia y el capellán de la reina
Blanca de Navarra. El texto es el mismo para sorianos, segovianos, aragoneses, palentinos y navarros de hace nueve siglos, pero también podría entenderlo usted: "E io Diag Pe-
drez prometo a Dios e a sancta María e al obispo d'Osma que
los pobladores qui son el Alqozar e qui hi poblarán que los
tenga a tal foro qual el obispo les diod d'Osma". Esa amalgama que acaba casando en lengua a bretones, tolosanos, alemanes, navarros, aragoneses y gentes de Soria es la amalgama típica de las tierras de frontera. Como la frontera resultaba
territorial y humanamente grande, era una amalgama muy
oída y que traspasaba con facilidad las áreas vecinas.

Todos los romances peninsulares se parecían entre sí.
Eran hijos de la misma madre latina. La condición de lengua
fronteriza y móvil, sin embargo, hace que lo que se produce
en área castellana se distinga bien pronto de lo demás. Las
frases portuguesa *oito filhos de janeiro* y catalana *vuit fills de ge-*
ner (incluso la francesa *huit fils de janvier*) se parecen bastante
entre sí. A su vez, se parecen a lo que hubieran dicho los mozárabes sureños, más o menos: *oito fillos de yenair*. Y todas ellas
son similares a las voces latinas: *octus-filius-janarium*. Si Alfonso II no hubiera fortificado la Bardulia, en toda la península se
hubieran producido frases similares. Como la Bardulia fue
tierra fronteriza, sus habitantes acabaron produciendo algo
bien distinto de lo que tenían alrededor, algo distinto, a su
vez, de lo que cada cual había llevado a la frontera: *ocho hijos*
de enero fue el resultado. Comparada con la portuguesa, la catalana, la mozárabe, la francesa y la latina, esa forma de pronunciar no deja de ser una aberración: *hijo* (<*filium*) ha perdido la *f* inicial y ha incorporado una *j* extravagante; en *ocho*
(<*octus*) aparece un sonido nuevo, la *ch; enero* (<*janarium*) no
tiene ni la *j* portuguesa o francesa, ni la *g* catalana, ni la *y* mozárabe (pronuncie todas como *y*). En fin, *hijo, ocho, enero:* ra-
rezas. Acaso en su tiempo, esa manera de pronunciar fuese
para algunos simple paletería de gente ruda. Aberración, pa-

letería, rareza o rusticidad fronterizas, inventos así iban a tener éxito, sobre todo, gracias a la publicidad que le dieron algunas ciudades.

XLIV. BURGOS & CÍA.

La potencia comercial burgalesa y su empuje lingüístico

Burgos fue una de esas ciudades —por llamarlas así, pues más bien se trataba de pueblos grandes— repobladas en la línea fronteriza hacia el año 884. En la vertiente occidental, la acompañaron aquellos años otras como Oporto, Coimbra, Zamora y Toro. Lo que a menudo es una desgracia para la gente iba a ser con el tiempo una suerte para Burgos: la pobreza. Nunca tuvo grandes recursos naturales, ni agrícolas, ni ganaderos —el clima tampoco ayudaba— y fue un asentamiento casi de paso, así que para sobrevivir, sus habitantes se dedicaron al comercio. Ésa fue su mejor decisión. Burgos iba a ser con el tiempo una genuina república de mercaderes, alentada por negocios como el tráfico lanero y la hostelería de la época surgida al calor de las peregrinaciones. Comerciantes franceses, ingleses, alemanes y lombardos se establecieron pronto allí. Trazaron una red de intereses mercantiles que los ligaba a todas las grandes ciudades del norte de la Meseta y, a través de los puertos del Cantábrico, con los circuitos comerciales del norte de Europa.

El Burgos de hace novecientos años tenía, pues, dos rasgos sobresalientes: uno, actividad comercial intensa; otro, una forma de hablar innovadora, surgida de las tierras de frontera. No es casualidad que estos dos rasgos vengan a unirse en un mismo punto. Son rasgos sólo inconexos en apariencia, ya que la actividad mercantil —que en el fondo no es sino el movimiento y la relación de burgaleses con gentes muy diversas y ajenas a su entorno— mueve y relaciona su lengua en muchísimos ámbitos. Los puertos norteños, que ya he citado, son un ejemplo: como la mayoría de productos que salían por ellos hacia Inglaterra, Alemania u Holanda se gestionaban en Burgos, prácticamente todos los funcionarios empleados en las aduanas eran de la ciudad. Al hablar —y escribir— a su estilo, los demás los imitarían y, así, se fueron arrinconando hablas asturianas, vascas e incluso otras variedades castellanas, quizá más aisladas que las propias de las zonas fronterizas popularizadas por burgaleses.

No termino aquí su suerte. Desde finales del siglo XII, los comerciantes burgaleses disfrutaron de privilegios que les permitían recorrer el reino sin el estorbo de portazgos, aduanas o impuestos. Lo burgalés, y entre "lo burgalés" iba la lengua, tenía paso franco por Castilla y sus áreas vecinas. Pero tampoco acabó ahí su éxito: muchos se hicieron ricos (*burgalés* fue efectivamente, hasta el siglo XVII, sinónimo de *rico*), emitieron moneda, crearon una aristocracia comercial, la de los Pardo, los Curiel, los Arteaga, los Aranda, que en los siglos XII y XIII prestaban dinero a la Corona y, por eso mismo, influían poderosamente en sus decisiones. Aparte, emparentaron comercialmente con Inglaterra y Alemania.

Alemania. Un caso curioso: hubo aquí una ciudad que se enriqueció con el comercio por los mismos años en que lo hacía Burgos: Lübeck. Era la capital de la Liga Anseática. Sus comerciantes elevaron sus particularidades idiomáticas a rango de lengua común, el bajo alemán. Con él se entendían por todo el norte centroeuropeo, el Báltico y Escandinavia. Nada tiene de particular que se encontraran a medio camino con los barcos fletados por burgaleses, se dieran la mano y sus hijos se casaran entre ellos. Vidas paralelas de mercancías y palabras. Ni Burgos, ni Lübeck, fueron centros de saberes literarios o culturales. No les importó gran cosa. La suerte idiomática que corrieron sus usos, difundiéndose con facilidad, poniéndose de moda y aceptándose en la forma de hablar de los poderosos, es muy fácil de entender con un simple refrán: "Quien tiene dineros, tiene compañeros". Esos rasgos que hoy son característicos de los hablantes de español: la igualación de la *b* y *v;* la pérdida de la *f-* inicial, o el sonido excepcional *j,* en *hijo* mientras en otras partes decían *filho;* el invento de la *ch* en *ocho, mucho,* cuando otros decían *vuit* o *muito;* la *z* de *azada, haza,* frente a la *axada, faxa* de otras regiones, todos ellos, estaban en el siglo x repartidos por la Castilla fronteriza. Burgos les dio publicidad. Las típicas letras de Burgos & Cía. lo fueron de cambio, y nunca mejor dicho, porque esencialmente ellas transformaron el *octo-filium-januarius* latino en el *ocho hijos de enero* castellano. Pero una cosa era pronunciarlo y otra escribirlo.

XLV. El truco de la ortografía romance

Cómo y por qué se empezó a escribir el romance. Necesidades prácticas de escritura

Imagine que tiene que hablar en público en francés y usted no sabe francés. A la gente importante, reyes, presidentes de algo, les ocurre esto con frecuencia. Por diplomacia, tienen que dar en ocasiones breves parlamentos en lenguas que ignoran. La solución es simple: si usted tiene que discursear en francés sin saber francés, no se complique la vida con un texto donde se lea *Bonjour mademoiselle,* pida uno donde se lea *bonyúr mahmuasél,* que es lo que usted pronunciaría, más o menos, si estuviese delante de franceses. Éste fue el secreto de la ortografía romance.

La escritura romance no surgió espontáneamente. La lectura y la escritura eran en época medieval ocupaciones especializadas. Quienes las ejercían lo hacían sobre todo en latín. Hablaban romance, pero a la hora de producir textos escritos no les quedaba más remedio que recurrir a las latinidades que habían aprendido en los escritorios. Hablar de una manera y escribir de otra no tiene dificultad alguna para un *latino* medieval, es decir, para alguien que se maneja con latines y estudia gramática. Lo ve como cosa natural. Así como hoy un francés ve normal escribir *mademoiselle* y no pronunciar cada una de las letras que escribe, ayer un monje o un notario castellanos veían normal escribir *januariu* y leer *enero,* escribir *octus* y leer *ocho* o escribir *filiu* y leer *hijo.* Empezar a escribir *enero, ocho, hijo* tal cual se pronunciaban fue una brillante ocurrencia. De los *latinos,* no de otros.

La idea de que el romance lo empezaron a escribir quienes no sabían latín, precisamente porque no sabían latín, parecerá lógica, pero es falsa. La escritura romance es un invento de *latinos,* los únicos que entonces sabían cosas de letras y escritura, los únicos que podían plantearse el difícil problema de cómo representar por escrito exactamente lo que pronunciaban. Para el caso del castellano, es razonable pensar que la escritura vernácula la refinaran monjes franceses o catalanes, los amparados por Pons de Tavernoles, que hacia 1023 oficiaba como obispo de Oviedo. Estarían afincados en torno a la ciudad leonesa de Sahagún. Franceses y catalanes ya traían alguna práctica respecto a las nuevas formas de escribir el romance y habían llegado a Castilla por conveniencias políticas de los reyes con el papado. Una vez en Castilla, aplicaron sus técnicas de escritura a la pronunciación romance de los castellanos.

Es difícil dar una respuesta que explique, por sí sola, el origen de la ocurrencia. No todos los *latinos,* por cierto, eran partidarios de las nuevas modas de escritura. Los castellanos no fueron unos adelantados en poner por escrito *ocho de enero* tal como les sonaba. Pero puede decirse que su organización administrativa, económica y política les inclinó a una solución tan práctica como esa. Castilla no se regía por ley escrita, al contrario que sus vecinos. Como tantas tierras de frontera, era el "País sin leyes". Había costumbres, usos, "fazañas" que se aplicaban según tradición y casi siempre de forma oral. El propio rey estaba acostumbrado a recorrer el reino haciendo justicia y negocios. Al contrario de como dice el proverbio, su palabra no se la llevaba el viento: era palabra de rey; conservada en la memoria de los testigos, tenía tanta o más validez que un documento escrito porque, prácticamente, nadie sabía leer o escribir entonces. Como mucho, el texto se escribía en latín en un pergamino a modo de recordatorio y documento material de los acuerdos, más que porque alguien pudiese leer, en latín, lo que se había negociado o acordado.

Sin embargo, con el avance de la repoblación, con el crecimiento demográfico, con el asentamiento en núcleos castellanos de gentes muy diversas y con las exigencias del tráfico comercial, se multiplicaron las necesidades de una maquinaria burocrática que, cada vez con más frecuencia, se veía obligada a escribir documentos, registros, pasar a escrito los viejos arbitrios orales, tomar declaración a testigos, leer en voz alta los contratos de compraventa, etc., etc. No tenía mucho sentido registrar toda esa documentación en latín. Registrarla al modo antiguo de escritura, por decirlo así; ese que escribía *jaunario* y leía *enero*. De modo que muchos dedicados al oficio de escribir se plantearon pasarse a la escritura moderna, que era más práctica, útil y, sobre todo, poco dada a equívocos de interpretación entre los otorgantes del documento. Es más, la costumbre castellana de no regirse por ley escrita había dado lugar a instituciones y usos particulares que ni aparecían en textos latinos viejos ni tenían nombre preciso en latín; ¿para qué buscárselo? Desde el año 1090 ya hay colecciones de leyes castellanas escritas de ese modo. Con el tiempo, si bien la documentación latina sigue vigente e incluso adquiere notable desarrollo y refinamiento, serán cada vez más usuales los fueros y cartas pueblas que se otorguen directamente en castellano escrito. Pero había quienes llevaban ensayándolo mucho tiempo, a veces casi en secreto. Concretamente, en los monasterios.

La idea de que los monjes antiguos se dedicaban a rezar y cuidar del huerto es tan idílica como falsa. Los monasterios eran mucho más que casas de rezos. A menudo ordenaban la vida económica del territorio donde se asentaban. A veces con ramificaciones sorprendentes. Tomemos un caso notable: el monasterio riojano de San Millán. Los mismos monjes que escribían textos devotos en latín son los que escriben la *Reja de San Millán*.

La *Reja* es un curioso documento donde se detallan los nombres de doscientas y pico localidades que eran tributarias de San Millán y estaban ligadas a él por rentas, pagos, acuerdos comerciales con productos agrícolas o industria de la época. Si se lee la *Reja*, se advertirá que los hilos de San Millán traspasaban su Rioja natal: se extendían por Navarra y, ramificándose por la vertiente cantábrica, llegaban a Palencia y al centro peninsular. La *Reja* no está en latín. No hubiera tenido mucho sentido escribirla en esa lengua si el documento, en sí, lo que registra son tratos comerciales entre municipios que se llevan en romance. Pero los monjes de San Millán no fueron los únicos que en su época hacían tales inventarios. Anterior a la *Reja* es el que, también en romance, hizo el hermano despensero del convento de San Justo y Pastor de Rozuela, cuando echó cuentas de los quesos que se habían consumido en el año 980 en el convento (veintiséis quesos, por si tienen curiosidad).

Tratos comerciales: la vinculación económica o jurídica había creado, de forma más acuciante que el mero interés cultural, la necesidad de ensayar una escritura práctica y de adiestrar a gente que la dominara. Los monasterios son una buena muestra de ello. La gente que ensayaba la escritura de "glosas" u oraciones romances al margen de textos latinos utilizaba desde antes esa misma técnica de escritura en la administración de negocios donde el latín era inútil o resultaba menos práctico que la nueva ortografía romanceada. Con sus estudios de latinidades, refinaban la práctica de la escritura romance. La refinaban no por gusto, sino por necesidad de un medio de comunicación escrito que agilizara y simplificara trámites: sobre todo los de la lectura en voz alta, ante testigos, de los documentos. Aproximadamente, esto pasó hace mil años. Los filólogos, a menudo, polemizan sobre si aquello estaba escrito en aragonés, riojano, romance navarro o castellano. Pero el asunto puede interpretarse al revés: cómo gentes de Aragón, Rioja, Navarra, León o Castilla que —sin tener mucha conciencia de su ubicación política, administrativa o dialectal— procuran escribir en sus documentos lo que hablan, dándose la casualidad de que hablan de forma similar, de modo que de Pamplona a Sahagún se entienden bastante bien sin hacer esfuerzos. Si los castellanos aprovecharon el nuevo método de escritura con frecuencia no se debió a que fueran más modernos, más listos o más cultos, sino a que se ajustaba muy bien a su tipo de organización política, militar y económica. Tenía otra ventaja añadida: como la gente que hablaba romance castellano era la más numerosa, un documento escrito —o leído— en su lengua podía muy bien servir de árbitro en una situación de variedad de normas o de abierto plurilingüismo. Situación que se presentaba con frecuencia en aquellos años.

El día 26 de marzo de 1206, Alfonso IX de León y Alfonso VIII de Castilla se juntaron a hacer las paces. No era la primera vez que lo hacían. Sólo que en esta ocasión no usaron el latín. Y no por los leoneses, sino porque el jefe de la cancillería castellana, Diego García, había preparado para la ocasión un extenso documento escrito en castellano que iba a servir para unos y para otros. El acuerdo se refería al reparto de unos castillos y sus rentas. Es de suponer que el texto se leería en voz alta, para que todos quedaran avisados. Y es de suponer también que el discurso sería entendido por la parte leonesa sin ninguna dificultad. Si no, no se entiende que el mismo Diego García le diese copia en castellano del documento al rey leonés y el rey leonés lo archivara como cosa propia con toda naturalidad. La utilización del castellano en tal documento no llamaría la atención si no fuera porque las otras treguas entre los dos Alfonsos se acordaron siempre en latín.

Sin embargo, las Paces de 1206 eran distintas: por una parte, hay muy importantes asuntos de dinero relativos a los maravedíes que van a rentar los castillos y las aduanas que dominan; por otra, los castellanos salen muy gananciosos en los acuerdos de paz. Todo indica que el texto se preparó en la cancillería castellana, con la aquiescencia de los leoneses, y se registró con un sistema escrito que no diera lugar a dudas respecto a la cantidad de maravedíes ni a las denominaciones de los castillos objeto de litigio. Para entendernos: si todos los allí reunidos conocían un paraje como Castroverde,

¿qué sentido tenía escribirlo como Castrum Uiridis? Hasta podía parecer otro lugar distinto. Es de imaginar a los nietos de los Alfonsos desempolvando muchos años después el acuerdo de paz suscrito en latín por sus abuelos, discutiendo si Castrum Uiridis es Castroverde o Castrourdiales y declarándose mutuamente nuevas guerras.

La ortografía romance podía evitar estos inconvenientes de interpretación. Y entre quienes mejor conocían el nuevo sistema de escritura y sus refinamientos, aplicado a textos administrativos, jurídicos y económicos, qué duda cabe que estaban los escribientes educados en el Estudio de Palencia, quienes en 1206 tenía a sus espaldas una tradición de cien años por lo menos de escritura en castellano. Más o menos organizada, pero tradición al fin. Esta circunstancia sería reconocida sin rencillas diplomáticas por los leoneses, quienes verían como más prácticos a los chicos de Diego García en la producción de documentos de ese estilo. Los Garcías castellanos prepararon un texto romance que lo mismo servía para unos que para otros, porque entre la gente de frontera, la frontera lingüística entre variedades de habla leonesa y castellana nunca estuvo trazada con tanta definición como para no entenderse, y menos en cuestiones de dinero. Asunto más discutible es si la castellanización del documento implicaba una expresa afirmación patriótica por parte de Alfonso VIII o una demostración de que su cancillería estaba más modernizada que la leonesa. Los dos Alfonsos se llevaban rematadamente mal, quizá porque el leonés había sido yerno del castellano hasta que decidió divorciarse de Urraca. Ex suegro y ex mujer hacían la vida imposible al leonés cuando se terciaba. Pero lo más difícil de explicar es por qué Diego García accedió a utilizar la escritura romance en tan magno documento. Porque si entre los *latinos* importantes de entonces había uno a quien no le entusiasmaban las vanguardias ortográficas, aunque las conociera al dedillo, ése era Diego García.

XLVI. Toledo en 1207

El primitivo mercado común castellano y su expresión lingüística

No es imposible que el escritorio de Diego García fuera el responsable de dar el visto bueno a otro importante documento real, escrito asimismo en romance justo un año después. En 1207 se convocaron Cortes en Toledo para un fin muy preciso: organizar la distribución y los precios de mercancías circulantes por Castilla. Hasta Toledo llegaron muchos, pero sobresalían los representantes de Castro Urdiales, Burgos y Segovia. Unos procedían del principal puerto cantábrico, otros de la ciudad comercial por excelencia y otros más de la principal productora textil del reino. Si hay que creer a las crónicas de la época, leoneses, portugueses y gallegos también estaban convocados. En Toledo fueron a juntarse con quienes eran el enlace comercial con el mundo hispanoárabe. Las Cortes de 1207 reúnen, por así decir, a la aristocracia mercantil del momento y, especialmente, al patriciado toledano que se ha hecho rico negociando en árabe. No sólo se ha hecho rico, sino que ha visto las enormes posibilidades comerciales de Alandalús, y ve complacido las repoblaciones que Alfonso VIII planea para toda la región al sur del Tajo, La Mancha y Sierra Morena.

El documento de 1207 se escribe en romance castellano. Los mercaderes lo exigían así. Transigieron con algunos formulismos latinos, pero al señalar el precio de los tejidos, las pieles, las caballerías, la carne, los pescados (por si tiene curiosidad, la trucha fresca valía dos sueldos), los herrajes, los halcones, la caza y todo lo relativo a la exportación y relaciones con los comerciantes extranjeros, todo eso, va en castellano. No podía ser de otra forma. El documento iba a ser de obligado cumplimiento para todo el reino y, se suponía, iba a perdurar. Al igual que en las Paces firmadas el año anterior, la latinización de nombres, productos y precios para gentes que no utilizaban el latín en sus negocios hubiera sido un engorro y hubiera dado lugar a equívocos inconvenientes. Si los comerciantes son quienes van a ponerse de acuerdo en Toledo, habrán de hacerlo en una lengua común.

En cierto sentido, las Cortes de 1207 se parecen a un pequeño mercado común con los ojos puestos en las prometedoras tierras del sur. Quienes participaron en ellas se repartían tres lenguas: el latín para las formalidades; el árabe, que era bien conocido en la comunidad toledana, lengua además imprescindible cuando se iba de Toledo al sur, y el castellano común. Otras variedades romances, como la de sabor antiguo que hablarían los mozárabes, la leonesa de quienes habían acompañado hasta Toledo a los abuelos de Alfonso VIII, la navarra, la riojana... ya habían convergido —o estaban en camino de hacerlo— en una aproximadamente común: aquella con que se entienden las tasas que firmó el rey.

Cualquier día de enero de 1207. Es una fecha más. No pasó nada que no hubiera ocurrido antes, ni que siguiera pasando después. Se convocan Cortes. Se reúnen quienes eran algo en el reino. Pero aunque la fecha sea una más, aunque las Actas toledanas no contengan ningún documento literario excelso (salvo que sea usted historiador, son muy aburridas), en enero de 1207 sucedió algo interesante en Toledo: se reunieron gentes de Castro Urdiales, Burgos y Segovia, mozárabes, navarros, leoneses, portugueses y gallegos; tras saludarlos en latín —*Adefonsus Dei Gratia Rex. Concilio Toletato: Salutem*— ese mismo rey les otorga un importante documento, que los iguala y compromete a todos, que vale para todo el reino y que está escrito en la lengua que más los igualaba, comprometía y valía para todos ellos, aquella con la que llevaban años haciendo, precisamente, las negociaciones que los habían llevado ese año a las orillas del Tajo y que sonaba así: "Sepades que entiendo que las cosas se vendíen más de so derecho & era vuestro gran daño & de la tierra & del arzobispo & de los bonos omnes de mis villas & pusimos por provecho de vos & de todo el regno coto en todas las cosas. Conviene a saber...". Todo lo que convenía saber, todo aquello a lo que se había puesto coto, es decir, precio fijo, se entendía bien. No era latín. Posiblemente, aunque ese tipo de escritura no le hiciera feliz, Diego García le habría dado el visto bueno.

Las Paces de Cabreros, como las Cortes de Toledo, tienen, a mi juicio, un significado especial, pues lo decisorio en la historia de las lenguas no es cuándo y cómo *nacen* (circunstancia, por otra parte, difícil o imposible de determinar) sino cuándo y cómo se *establecen*, es decir, comienzan a utilizarse como parte de un entramado estatal, que las emplea para documentaciones oficiales de cierta centralización, les da fijeza o empieza, teóricamente, a preocuparse por ellas, y educa a personal especializado en la producción de documentos en tales códigos lingüísticos que acabarán siendo de obligado cumplimiento en amplias áreas. Para la historicidad de las lenguas, estas circunstancias son mucho más importantes que su mera aparicion en el tiempo o que la redacción de documentos literarios que no tienen continuidad. Por eso mismo, para la historia de la lengua española, el año 1207, siendo un año más, tiene algo de simbólico. Hay otro aspecto interesante: si realmente en estas Cortes se recitó en público por primera vez el *Poema de Mío Cid,* como sugieren algunas investigaciones, el Toledo de Alfonso VIII representaría en tal ocasión un alarde de la hegemonía castellana (sobre todo, frente al reino de León). Veintisiete años después, Castilla y León se unían definitivamente en la figura de Fernando III. Las variedades lingüísticas del reino leonés que no confluyeron con las castellanas iban a quedar muy dialectalizadas y útiles sólo como códigos locales.

XLVII. La puerta de Andalucía

La expansión castellana hacia el sur peninsular. Demografía y territorio. Unificación castellano-leonesa. Administración política y lengua común

En tiempos del rey Alfonso VIII, al sur del río Tajo había un paisaje muy prometedor. Los caballeros castellanos habían fundado la Orden de Calatrava en 1164 para defenderlo. Diez años después, el rey les dio el privilegio de poseer todos los castillos que conquistasen y el dominio de las villas. El privilegio tenía una condición: repoblar con colonos cristianos el área que iba del Tajo a Sierra Morena. Los de Calatrava se entregaron a aquella labor con celo. Con tanto que, por los años en que los comerciantes se reunían en Toledo, se sabía que el enfrentamiento con los almohades iba a ser fatal e inminente. El Papa había concedido indulgencias a quienes fuesen a combatir en España a los últimos restos del islam europeo. Pero había indulgencias más interesantes que las papales en forma de derechos de conquista. De modo que otra vez en Toledo, cinco años después de acordadas las tasas de los comerciantes, empezaban a acordar las suyas los guerreros: a los anfitriones castellanos se unieron muchos de Francia, otros de Aragón, otros de la Navarrería.

La batalla se riñó el 16 de julio de 1212, en Jaén, entre Santa Elena y Miranda del Rey. Hoy se conoce el lugar como las Navas de Tolosa. El desastre musulmán fue de tal calibre que, en un abrir y cerrar de ojos, Alandalús se quedó sin gente de armas. Murieron prácticamente todos los que podían usarlas. El botín de los aliados fue incalculable. Tanto, que el precio del oro se hundió en los mercados europeos. Las puertas de Alandalús quedaban abiertas para los cristianos de par en par. Los castellanos, concretamente, tenían ante sí un territorio dos veces superior al que habitaban, rico, cultivado, que les iba a permitir alcanzar las costas del sur mediterráneo y las mucho más prometedoras —prácticamente ignotas entonces— del Atlántico. Para mayor facilidad, la aplastante victoria de Las Navas les iba a permitir la ocupación del núcleo de ese territorio poco menos que paseándose por él.

Comerciantes y guerreros castellanos, aragoneses, navarros, leoneses, igual que hacía siglos habían abierto la raya defensiva de la vieja Bardulia, abrieron ahora las puertas de Andalucía para sus intereses y con ello dieron entrada a un romance común de base castellana. Ese mismo en el que habían acordado las tasas hacía pocos años en Toledo. Ésta fue otra de las suertes del castellano: repetir en el siglo XIII la misma historia que llevaba aprendida de cinco siglos atrás. Andalucía se convirtió en otra tierra de frontera que iba a favorecer la llegada de gentes de procedencia diversa asimilándolas a una comunidad lingüística; iba a favorecer su crecimiento demográfico; iba a facilitar una circulación humana y de idioma que, dos siglos después, daría al castellano, con sus variantes norteñas o del sur, que eso es lo de menos, una ventaja en hablantes inalcanzable para ninguna otra lengua peninsular. En poco tiempo hubo que organizar una administración compleja, para un territorio inmenso, repoblado por mucha gente que no iba a entender los latines de los viejos documentos y los quería ver escritos en su propia lengua; la documentación escrita en castellano había de llegar de la vertiente cantábrica a la atlántica; tenía que servir a los balleneros de Castro Urdiales como a los aceituneros de Sevilla. Además, el problema de la ortografía romance estaba resuelto. Mientras tanto, los hablantes de la única lengua que podía hacer la competencia en el nuevo territorio, el árabe, abandonaban sus pueblos y se iban arrinconando en el reino de Granada. Con todo, la suerte andaluza del idioma llevaba inscrita en sí otra mayor: sin Andalucía, no hubiera sido posible América.

Rodrigo Jiménez de Rada fue un testigo privilegiado de aquel proceso. Había nacido en Navarra hacia 1174. Se había educado en Francia y, antes de ser nombrado arzobispo de Toledo, había trabajado en Burgos. Se llevó consigo hasta Toledo a todos los paisanos navarros que pudo. Rodrigo era un caso curioso: intelectual, soldado, comerciante, financiero, prestamista. Hablaba varias lenguas. Sin embargo, como hombre de negocios que era, Rodrigo reconocía que el plurilingüismo era en ocasiones una incomodidad. Describe el Toledo armado para la ocasión de Las Navas a modo de ciudad llena de gentes que hablan multitud de lenguas. En sus crónicas se refiere a esta circunstancia, literalmente, como confusión gestada por el mismísimo diablo. Rodrigo siempre escribió en latín, pero años después de Las Navas estaba otorgando fueros en romance a los castellanos que poblaban Brihuega y Alcalá. Para un hombre de negocios del Toledo medieval no sería difícil convencerse de la bondad de un método de comunicación práctico y que entendían todos. O quizá lo convenció Juan de Soria.

Todos dicen que Juan de Soria era un hombre muy capaz. Había sido abad de Santander y Valladolid, obispo de Osma y Burgos, juez papal, diplomático, sabio, elocuente. Un dechado de virtudes. Fernando III, en cuanto entró a reinar, lo eligió canciller. Era el año 1217. A Diego García, más amigo de latines que de romances, se le despidió del cargo con buenas palabras. Lo que tenía el rey delante de sí no era tarea fácil, había que recoger los frutos del desastre almohade repoblando Extremadura, Andalucía y gran parte del reino de Toledo.

Son de imaginar los inmigrantes norteños que bajan de Galicia, Portugal, Asturias, León o Castilla sin conocer bien los nuevos términos territoriales. Los pocos moros que no han huido podrían ayudarles. Los norteños, sin embargo, tienen dificultad para reconocer los nombres puestos en árabe. Surgen disputas sobre asentamientos y lindes. Los jueces delegan a alguien para que haga una pesquisa y recoja con fidelidad el testimonio oral de los vecinos... y los vecinos no hablan latín. Juan de Soria se ve ante un caso administrativo: recoger y archivar toda aquella documentación que va generando la vida de los colonos. Si tenía algunos pruritos latinistas, al estilo de los que pudo tener García, la necesidad acabó con ellos. En las reformas administrativas que introdujo en la nueva cancillería, llama la atención el creciente empleo del romance en los textos. Igual que Rodrigo había llenado la catedral toledana de navarros, Juan llenó la cancillería de sorianos y gentes castellanoleonesas. Al paisanismo medieval hay que reconocerle una virtud: posiblemente sin él, navarros y sorianos nunca hubieran tenido necesidad de entenderse en Toledo. Y como ellos, otros muchos que bajaban agrupados y confluían con otros grupos distintos en Brihuega, Madrid, Alcalá, Baena, Córdoba, Se-

villa y tantos lugares que sirvieron para amalgamar un río
humano que de otra manera hubiera permanecido aislado.
Las voces romances de ese río empiezan a llenar los papeles
de Juan de Soria.

Cuando en 1230 se unificaron los reinos de León y Castilla en la persona de Fernando III, Juan aprovechó la ocasión
para unificar las cancillerías leonesa y castellana. Era un aho-
rro. En el fondo, muchos de León iban a seguir en las nuevas
tierras una suerte pareja a los de Castilla y sus asuntos podían
llevarse a la par. Con decisiones así, el área administrativa
leonesa, cuya sede cancilleresca era Santiago de Compostela,
perdió mucho peso frente a las nuevas tierras de frontera, de
modo que los textos administrativos de interés para León, o
para condados como Galicia, pasaron en muchos casos a re-
dactarse en castellano y los escribanos locales, poco a poco,
fueron abandonando el incipiente romance administrativo
leonés o gallego que podría haber tenido desarrollo en otras
circunstancias materiales.

Juan de Soria, posiblemente, siguió en los inicios de la
colonización andaluza los consejos de los juristas de la Universidad de Salamanca —fundada hacia 1200 por el rey leonés Alfonso IX— en el sentido de promover los textos administrativos en el romance de base castellana, frente a los
escritos en latín, y agilizar así los trámites jurídicos castellano-
leoneses, que se iban acumulando dado el incesante crecimiento humano, por repoblación, de las tierras del sur. El romance de los muchachos de Juan de Soria era el propio de
los sorianos, segovianos, burgaleses, santanderinos, palentinos, algunas gentes de León, Cuenca y, en menor número,
de Toledo. En ese castellano se empezarían a detallar en voz
alta a las rudas gentes de la frontera andaluza sus derechos de
pasto y agua, sus lindes y sus privilegios de asentamiento.
Nada raro: muchos rudos también eran sorianos, segovianos,
burgaleses, palentinos, leoneses, conquenses y, quienes no
procedían de allí, sino que eran gallegos, por ejemplo, no tenían mayor dificultad en entender, leídos en voz alta, los documentos que preparaba Juan. Los textos en romance caste-

llano son los más abundantes, al ser éste el código de confluencia. No es que falten otros de la época escritos a la leonesa, incluso escritos en romance asturiano (como el fuero de Avilés). Pero en cuanto los colonos iban bajando hacia el sur y tenían necesidad de entenderse con otros procedentes de distintas áreas, la coloración local del habla, en general, se diluía. Ésta fue otra suerte más del castellano: ser la lengua más ejercitada en todo el papeleo andaluz. Era la única que servía a todos los andaluces nuevos bajados esencialmente de León y Castilla.

Para mayor unificación, los municipios castellanos ya no pudieron consignar por escrito su derecho particular. El rey reforzó su autoridad concediendo fueros a las ciudades del sur bajo el patrón común del viejo *Fuero Juzgo*. Escrito originariamente en latín, el *Fuero* se tradujo al castellano con ocasión de las repoblaciones andaluzas. Muchos repobladores pasaron así a regirse por ley leonesa dictada en castellano. De León venía una ley común, de raíz visigótica. De Castilla la práctica de cómo se hace común una lengua. Una buena mezcla que hacía la vida más cómoda para el reino de Castilla: tan pronto como en 1248 ya se podía ir con ella de Sevilla a tierras de Vizcaya.

Las potencias comerciales que eran Burgos y Toledo nunca dejaron de presionar —activa o pasivamente— respecto a los usos lingüísticos que debían seguirse para el próspero discurrir de los negocios. En 1480, a petición de los toledanos, se promulgó una ley por la que nadie podía obtener título de escribano sin examen ni licencia del Consejo Real donde se observasen sus conocimientos de castellano, de modo que cualesquiera otros romances posibles del reino, fuera el gallego, el asturiano, las hablas leonesas-extremeñas, e igualmente las hablas eusquéricas, quedaban en la práctica inútiles para la administración conjunta, y sin desarrollo escrito notable, frente al poderoso eje comercial y político constituido por Bilbao, Burgos, Toledo, Córdoba y Sevilla.

XLVIII. Un rey a la antigua usanza

La labor de Alfonso X el Sabio. Asuntos políticos y asuntos lingüísticos. Ley, economía e idioma. La "intelectualización" de la lengua

Alfonso el Sabio fue lo que se dice un personaje. Sucedió a su padre, Fernando III, en 1252. No le pusieron el sobrenombre porque tuviera un afán desinteresado y gratuito por las ciencias y las letras. Hizo mucho por ambas, no se puede negar. De su labor inmensa, el castellano medieval salió muy crecido, útil para tratar temas que a casi nadie se le habría ocurrido poner en romance. Sin embargo, las ocurrencias romances alfonsíes tenían un fin político, como corresponde a lo que él era: rey. Pocos habrá habido como él tan conscientes de su autoridad, figura y representación históricas. Alfonso pertenecía a esa tradición de reyes castellanos que fundaban su autoridad en los "saberes" (igual que había monarcas franceses que fundaban la suya en el poder milagroso de sanar enfermos con la imposición de sus manos). No ha sido el único *Sabio* entre los reyes españoles. Para cimentar la autoridad política había que demostrar que se era poco menos que omnisciente, que se sabían todos los arcanos del universo. Alfonso se empleó a fondo en tal demostración y produjo obras prodigiosas: crónicas del mundo (inventadas para demostrar que él era pariente lejano de Júpiter), historias de España (donde era pariente lejano de Tubal, nuestro primer poblador legendario), libros de astronomía útiles hasta los años de Kepler, tratados de los más diversos asuntos materiales e intelectuales, todo ello en romance castellano.

Más importante aún: se empeñó en una obra jurídica que unificara, bajo el patrón del derecho romano, el laberinto de fueros y privilegios locales en que se había convertido la expansión repobladora castellana, un laberinto donde a menudo se perdía la autoridad real. Esa unificación jurídica no podía hacerse sino en la lengua común, es más, condensando esa comunidad lingüística hasta extremos desconocidos antes: para Alfonso estaba claro que el texto legal, genuino, era el que producía él en su escritorio. De allí podían salir copias autorizadas y, en caso de duda interpretativa, había que recurrir al texto original que viajaba con el propio Alfonso. La organización legislativa, por lo menos la planificada por el rey, permitía que un texto jurídico escrito en Sahagún tuviera difusión en Madrid, Escalona, Talavera, Sevilla, Murcia, Córdoba, Alicante y Elche, por lo menos, unificando los criterios a la hora de interpretar el texto legal. En la práctica las cosas sucedían de otro modo —y muchos se quejaban por no entender la lengua y terminología legales de los códigos alfonsíes— pero el sistema de difusión lingüística controlado por una autoridad en particular sí resultaba novedoso y, en teoría, eficaz en cuanto a la centralización de usos lingüísticos y su difusión común por amplios territorios.

La gimnasia que tuvo que hacer un castellano escrito, poco menos que incipiente, para adaptar esos conocimientos típicos del derecho romano, o los de ciencias reservados al trío de lenguas sabias que eran el griego, el latín y el árabe, fue inmensa. Ésa es una de las grandes labores alfonsíes: haber incorporado al castellano rancio de *fazañas,* fueros y alguna obra literaria todo el acervo de conocimientos que en aquellos años era incorporable a una lengua, de modo que ésta se ilustrara, se enriqueciera y fuera capaz de expresar con fidelidad los más sutiles matices del saber y las historias más enjundiosas, bíblicas o profanas. A ese proceso, en mi opinión, Alfonso X le dio alguna vez el nombre de "castellano derecho". Los lingüistas actuales lo llaman "intelectualización"; en todo caso, es un proceso mucho más importante de lo que parece: cuando una lengua no lo lleva a cabo, corre el peligro de quedarse inútil para la vida moderna.

Sin embargo, Alfonso X no fue lo que se dice un pionero en la promoción del romance escrito frente al latín: es contemporáneo del italiano Dante, del francés Guillermo de Lorris, del catalán Ramón Muntaner o del mallorquín Raimundo Lulio, que también escribían en romance. Tampoco es que el rey tuviera una preocupación grande por si había que escribir *zodiacho, zodiaco* o *zodyacho.* Tampoco es que fuera un castellanista acérrimo: en su corte, aparte del obligado latín, se manejaban varias lenguas; las *Cantigas de Santa María* se escribieron en gallego, precisamente lo que se hablaba al noroeste de su reino, lengua considerada más tradicional y de mayor refinamiento que el castellano para la poesía lírica; en su extremo sureste quedaban gentes de habla catalana; el árabe, aunque ya muy disperso, no era ninguna rareza en el dominio castellano y por el Señorío de Vizcaya se oía la *lingua navarrorum;* el propio rey había fundado en Murcia una especie de universidad cristiano-islámica donde el sabio Abubécar enseñaba en árabe y hebreo hasta que se marchó a Granada.

En el fondo, Alfonso escribió el macizo de su obra, no para glorificar a una lengua en concreto ni darle carácter patriótico frente a otras, sino para presentarse ante su súbditos como agente de la Providencia. Para demostrar que sabía muchas cosas, algunas del pasado, otras secretas y arcanas, otras más sobre cómo organizarle la vida a la gente mediante leyes y preceptos, cuya autoridad última reposaba en el propio rey. Escribió, en fin, para fundar su autoridad. No podía hacerlo en otra lengua que no fuera la común y mayoritaria de los plebeyos (y de los nobles, con quienes tuvo muy serios enfrentamientos). En los años alfonsíes, el español multiplica una potencia de desarrollo escrito que estaba ya trazada hacía medio siglo, por lo menos, y que las particulares circunstancias económicas y políticas que suceden en el reino de Castilla durante la segunda mitad del siglo XIII acrecentaron enormemente. Un botón de muestra: el esfuerzo realizado desde los años de Fernando III por unificar las leyes castellano-leonesas según patrón del derecho común romano, labor que quiso incrementar su hijo Alfonso X, es lo que ha determinado que todos los diccionarios jurídicos latino-romances que se escriben en España hasta el siglo XV estén redactados en castellano.

Sin embargo, el gran favor que Alfonso hizo a su lengua, a mi juicio, no fue cultivarla por extenso y en campos, a veces, inauditos para un idioma moderno. Su gran favor fue facilitar la circulación humana por el reino de quienes hablaban esa lengua que él plasmaba en crónicas y leyes. Alfonso X encaminó su política a elevar al reino al mayor nivel de prosperidad. Favoreció medidas que enlazaron los grandes centros comerciales de la España islámica con la Castilla norteña. El comercio marítimo castellano se amplió considerablemente. El desplazamiento fronterizo hacia las zonas meridionales facilitó la expansión de la ganadería y la industria laneras. Para agilizarla, se estipuló que la celebración de las grandes ferias coincidiera con el paso por ellas de la ganadería trashumante. La gente del norte, en fin, encontró un feliz y próspero acomodo al sur. Se unificaron los pesos y las medidas y, en cierto modo, la moneda. Tampoco faltaron dificultades, devaluaciones e inflaciones, pero las fuentes de riqueza castellanas y su renta per cápita se incrementaron. Los castellanos hicieron todo esto hablando, quiero decir, que esa circulación económica facilitó la lingüística. Así pues, las necesidades de escritura en romance, tanto para asuntos civiles como para los religiosos —que en el caso concreto de la enseñanza de las primeras letras no tenían entonces frontera definida— se acrecentaron extraordinariamente. Alfonso X fue, en términos idiomáticos, notario privilegiado de aquella empresa humana que interesaba a mucha gente.

Ésta es una cuestión importante: mucha gente. Según recuentos de los historiadores Vicente A. Álvarez y Luis Suárez, que nos avisan de lo prudentes que hay que ser con este tipo de cifras, al final del reinado alfonsí podrían vivir en la península unos siete millones de personas, cinco de ellos se concentraban en Castilla precisamente. Desde muy temprano, pues, se consolidó una masa de hablantes castellanos que multiplicaba por cincuenta (comparada con Navarra), por diez (comparada con Cataluña) o por cinco (comparada con Portugal) el número de hablantes de otros reinos vecinos. El reino de Castilla ya no iba a abandonar esta ventaja, es más, gracias a ella las calamidades que en forma de pestes, guerras o quiebras económicas diezmaron a otros reinos tuvieron entre castellanos menos gravedad. A principios del siglo xvi la ventaja demográfica se incrementó. Indudablemente, ésa fue otra de las suertes del castellano antiguo: tener desde muy pronto un eco humano sólido, repartido por una extensión geográfica que ninguna otra modalidad lingüística peninsular podía alcanzar. Por todo ello, a finales del siglo XIII se renovó el interés de algunos reinos vecinos por lo que estaba ocurriendo entre los castellanos.

A este respecto, el castellano de la época alfonsí —como observa el hispanista Rolf Eberenz— no necesitó para afirmarse del refuerzo patriótico o propagandístico que sí le dio, por ejemplo, Ramón Muntaner al catalán en sus crónicas. Aquí aparecen los catalanohablantes como el grupo más uniforme y numeroso de la península, y Castilla como una región repartida en muchas lenguas (en esto último al cronista no le faltaba razón). Los catalanohablantes de la época de Muntaner sí podían sentir al grupo castellanohablante como una amenaza que ganaba terreno en Murcia, Aragón, Castellón o Valencia. Pero los castellanohablantes, que podían recorrer un territorio tres o cuatro veces superior al de catalanes o portugueses sin encontrar código lingüístico de peso que amenazase la hegemonía del suyo, apenas muestran reflexiones "patrióticas" respecto a los valores del idioma, ni suelen ligar la suerte de éste a la del pueblo que lo habla. Las observaciones alfonsíes al respecto son vagas, y aunque no cabe duda de que el rey tenía alta conciencia de su genealogía y figura como herederas de una tradición unitaria hispano-visigótica que aspiraba, además, a ser cabeza del Sacro Imperio, no puede decirse que utilizase el castellano voluntariamente como símbolo, aunque no cabe duda de que dicha lengua se benefició enormemente de la ideología imperial regia. Entre los castellanos medievales no hubieran tenido mucho sentido aquellos *Estatutos de Kilkenny* que en 1366 daban énfasis al tiro con arco y al orgullo por el idioma para definir al genuino inglés.

Las apologías expresas de la lengua llegaron más tarde. Son muy frecuentes en los siglos XVI y XVII, la época en que los castellanohablantes se enfrentan con algo verdaderamente próximo y distinto: el laberinto de idiomas que era América, las relaciones multilingüísticas en una Europa cada vez más ligada entre sí y la asimilación de moriscos en España. De aquella época data la leyenda que hacía de Toledo —la vieja capital de la monarquía visigótica— el centro del buen hablar castellano. Ciertamente, las motivaciones de la leyenda eran más políticas que lingüísticas.

XLIX. AÑOS DE PENURIA

La castellanización de territorios vecinos: el caso de la Corona de Aragón. Efectos de la peste negra

Barcelona tenía en 1340, aproximadamente, cincuenta mil habitantes. Una gran ciudad, sin duda. En ese año, Sevilla rayaba los catorce mil. En 1477, sin embargo, Barcelona apenas llegaba a los veinte mil, mientras el censo sevillano da treinta y dos mil vecinos. ¿Cómo pudo ser esto? La respuesta es sencilla: peste negra. España fue un eslabón más de la epidemia que asoló a Europa. La enfermedad apareció en Mallorca en febrero de 1348. Llegaba con fuerza: había matado a la mitad de los habitantes de Florencia, a dos terceras partes de los de Siena y a un tercio de venecianos. Se propagó por el litoral del reino de Aragón. Propagación lógica, pues se transmitía desde Oriente a través de las ratas de los barcos y afectó, sobre todo, a las zonas portuarias. Ninguna ciudad tenía entonces en la península el tráfico naviero de Barcelona o Valencia. Ninguna tenía consulados comerciales en Oriente Medio, estupendo foco de negocios que, por esas ironías de la historia, iba a ser enseguida el foco del morbo. Al cabo de un año toda la península se vio afectada. Pero las mortandades que experimentó Aragón, y especialmente Barcelona y Valencia, fueron incomparablemente superiores a las de cualquier otro lugar.

Que se sepa, el caso de Juan de Atraro es único. Atraro era un vecino del municipio aragonés de Almudévar al que la Corte nombró notario regio, no por sus méritos de letras, que no tenía ninguno, sino por su buena salud: muertos todos los notarios de la zona y moribundos todos los vecinos, Atraro era el único superviviente que podía dar fe de las últimas voluntades de los apestados. Quizá se contagió, quizá se hizo rico. No se sabe de Atraros entre castellanos, que también se vieron afectados, pero la extensión del territorio, la dispersión de los habitantes y el hecho de no tener una vinculación comercial intensa con el circuito que propagó la enfermedad los libró de padecer una calamidad tan notable como la aragonesa.

Aunque años después la virulencia de la peste no iba a ser la misma, lo cierto es que reaparecía inesperadamente. Los lugares que quedaron despoblados seguían sin poblarse y las ciudades diezmadas crecían lentamente. Los trastornos sociales que produjo la peste fueron grandes. La falta de mano de obra, el abandono del campo, la liquidación de los negocios, produjeron una aguda crisis económica. Olvidada su brillante expansión mediterránea, la Corona de Aragón capeó el temporal especializándose en el comercio con el norte de África, la ruta del oro guineano y, sobre todo, la de las especias. Los armadores barceloneses tenían experiencia en el comercio con estos apreciables productos, muy útiles para la industria alimentaria de la época. En todos esos empeños mercantiles los catalanoaragoneses encontraron un duro competidor: Portugal. Para decirlo sin eufemismos: un competidor que les ganaba en todos los terrenos. Los portugueses eran prácticos. Consideraban que la ruta especiera se dominaría, sencillamente, presentándose en los centros productores de Asia. Desde finales del siglo XIV estaban bordeando la costa africana cada vez más al sur. Su proyección parecía constante. El rumbo de los negocios se había trasladado al Atlántico. El mundillo comercial catalanoaragonés así lo advirtió. Por cierto, en el Atlántico había puertos castellanos... y se empezaron a ver transacciones monetarias en Sevilla hechas según patrón barcelonés. Como empezaban a verse transacciones idiomáticas en Barcelona y Valencia, no por casualidad, hechas según patrón castellano. Barceloneses y sevillanos tenían serios competidores en Lisboa. Así que se aliaron frente a ellos.

El problema para Aragón era que los castellanos ocupaban el 76 por ciento del territorio español, frente al 21 por ciento que ocupaban los aragoneses; y en Castilla habitaba el 80 por ciento de la población frente al 14 por ciento que habitaba en Aragón. Con tales cifras, no es de extrañar que el castellano Fernando de Antequera, de la familia Trastámara, reinase en tierras aragonesas a partir de 1412. Fernando no era cualquier persona. Era un magnate del comercio lanero castellano. Eso le facilitó el puesto de rey: con un castellano en el trono los catalanes se verían respaldados frente a la audaz competencia marítima lusa y, de paso, la materia prima castellana contribuiría al resurgimiento de su industria textil.

Y bien, por la ruta que le trazó el comercio marítimo y lanero hizo su aparición el castellano en la nueva Corte aragonesa. El castellano que entró en Aragón, aparte de ser la lengua de la aristocracia cortesana, tenía una ventaja añadida: era una lengua unificada en su forma escrita, experta en ajetreos administrativos y jurídicos desde hacía dos siglos, útil de Cádiz a Santander y que entraba a competir frente a las variedades aragonesa, catalana y valenciana en un territorio tres veces menor que el propio castellano. Los nobles aragoneses confluyeron pronto con la variedad castellana. La confluencia debió de ser rápida e indolora, dada la similitud de rasgos lingüísticos entre ambas variedades: si todavía en 1409 se establece un acuerdo aduanero entre Castilla y Aragón del que, según documentos cancillerescos, se iban a hacer dos versiones, una en castellano y otra en aragonés, cuarenta años más tarde el poeta Pedro de Santafé ya parecía un tipo chapado a la antigua, cuando se empeñaba en escribir poesías llenas de aragonesismos en una época en que todos los poetas de fuste se habían pasado al castellano. La lengua aragonesa se conservó en forma de *fablas* dialectalizadas y dispersas por el medio rural. La confluencia con el catalán no fue tan severa y alguna comunicación cortesana se debió de producir al estilo sesquilingüe: cada cual hablando en su lengua, como muchos años después harían Carlos I y su cuñado don Hernando de Cardona. Para los notables catalanes, sin embargo, estaba claro que el futuro pasaba por dominar el castellano lo antes posible. Al fin y al cabo, era la lengua de don Fernando, de las especias y de la lana.

La unión de Castilla y Aragón en 1474 no hizo sino acelerar las tendencias disgregadoras dentro del dominio catalano-aragonés: las aristocracias catalana y valenciana son atraídas progresivamente a una corte que habla castellano. Algo similar ocurre con las clases mercantiles, mientras que la población restante es incapaz de proyectar su propia cultura, que con las poesías de Ausias March y la novela caballeresca *Tirant lo Blanc* había dado su canto del cisne. Los escritores de lustre estaban relacionados con la corte y estimaban más interesante escribir en castellano. Valencia tendió a deshacerse de la influencia de Barcelona y después de 1500 no queda escritor valenciano de renombre que escriba en la lengua del país: Timoneda, Rey de Artidea, Virués, Guillén de Castro, escriben en castellano como si lo hubieran hecho de siglos atrás. Al barcelonés Juan Boscán le ocurre exactamente lo mismo, publica sus poesías en 1543 en edición póstuma y conjunta con las de otro poeta y amigo nacido en Toledo: Garcilaso de la Vega.

La fragmentación dialectal de la Corona de Aragón estaba servida. Aunque no son pocos los escritores del siglo XVI que todavía defienden el uso del catalán para fines literarios, sus palabras eran como pregón en el desierto. Para colmo, cuando la corte tradicionalmente itinerante se hace sedentaria en Madrid, en los años de Felipe II, la necesidad del castellano entre la aristocracia catalana y valenciana ya no admitirá duda posible, por si quedaba alguna. En ciento cincuenta años, la peste negra, los puertos castellanos del estrecho, la lana de los Trastámaras, la unión de reinos con Fernando e Isabel y la administración de los Austrias habían dejado el dominio lingüístico aragonés muy penetrado por el castellano. Un gran invento de aquellos años, como la imprenta, que podría haber ayudado a la unificación de su disgregada norma lingüística, tampoco sirvió de mucho: los impresores alemanes establecidos en Barcelona desde 1490, a los pocos años, ya estaban publicando en castellano con más frecuencia que en catalán. Sencillamente porque así vendían más libros. La misma imprenta del monasterio de Montserrat se sumó a esta moda lingüística.

La progresiva adopción del castellano en Aragón, Cataluña, Valencia y Baleares ejemplifica un hecho muy bien conocido entre los historiadores de las lenguas: éstas se agrandan no sólo por difusión de su propio grupo hablante sino, sobre todo, porque grupos vecinos las adoptan como segundas lenguas por necesidades de comunicación generadas por motivos económicos o políticos. Esos grupos las hacen tan suyas que no puede decirse sin injusticia que dicha lengua no les sea propia. Considérese el siguiente caso: en 1583, el prelado Francisco García publicó en Valencia su *Tratado utilísimo y muy general de todos los contratos*. No deja de resultar curioso el que un sacerdote valenciano del siglo XVI se dedique a publicar breviarios de economía y comercio en español. El caso tiene su explicación si se considera un hecho: los confesionarios de la época eran el paño de lágrimas de muchos comerciantes católicos, atribulados con las dudas morales que a cada paso les planteaban sus negocios. De manera que algunos confesores vieron la utilidad de publicar breviarios religioso-comerciales que tuvieron mucho éxito. El hecho de que tan particulares catecismos se escribieran en español para el medio comercial valenciano indica dónde estaban los intereses de las Juntas de Comercio levantinas. Rafael Martín de Viciana, que había nacido en Valencia en 1502, daba su particular explicación: "Veo que la lengua castellana se nos entra por las puertas de este reino y todos los valencianos la entienden y muchos la hablan olvidados de su propia lengua".

L. FINAL GRANADINO

Los primeros comentarios que se tienen de cómo era el castellano hablado en Andalucía proceden de los años de la conquista granadina. No son lo que se dice comentarios agradables. Se daba por hecho que la proximidad de la familia árabe concentrada en el reino nazarí había corrompido la natural reciedumbre castellana. Esta idea, que nace a finales del siglo XV, se siguió repitiendo hasta muy tarde. El erudito Salvador José Mañer decía en 1762 que la *h* no se pronunciaba "en España, ni en las Canarias, ni en las Américas, y si por algunos se practica lo contrario en las Andalucías, es resabio de haberse detenido en ellas más que en otra provincia de estos reinos el dominio sarraceno, de quien procede". Mañer no tenía razón del todo, porque alguna aspiración de la *h* había bajado del norte castellanoleonés hasta el sur. Lo que ocurrió en el sur es que se dieron unas condiciones de movilidad humana tales que facilitaron la aparición, se diría que a veces desenfrenada, de tendencias fonéticas que nunca hubieran tenido eco en el norte (aunque estuvieran latentes entre los hablantes radicados en él). Los que al norte distinguían entre *s/z* dejaban de hacerlo en cuanto se acomodaban en el sur. Un burgalés en su solar nunca hubiera "herido la *h*", como se decía entonces, es decir, nunca la hubiera pronunciado como *j;* el mismo burgalés, de la mano de un leonés o un asturiano que bajan a repoblar Extremadura o Andalucía, sí lo hubiera hecho. Para algunos autores, sin embargo, y aunque es asunto discutible, no puede descartarse el influjo del hispanoárabe del siglo XV en la formación de algunas modalidades lingüísticas andaluzas. No es de extrañar que a los puristas las hablas sureñas les sonaran rematadamente mal.

Sin embargo, al contrario de lo que ocurre con otras lenguas, el español nunca tuvo un foco urbano difusor de normas lingüísticas y árbitro indiscutido del buen hablar. El Burgos medieval nos ha dejado algunos usos muy característicos del español común, que ya se han tratado (véase capítulo XLIV). Para los autores del siglo XVI, sin embargo, el habla de Burgos sonaba más bien a cosa antigua y rancia. A algunos les dio entonces por primar el habla de Toledo, pero la verdad es que el modelo lingüístico toledano casi nunca se supo en qué consistía a ciencia cierta o cómo ejercerlo, pues era más bien fruto de una leyenda que cosa real. Madrid puso su grano de arena en la época de Felipe II, no por sí mismo, sino por las gentes que bajaban de Valladolid y la Castilla norteña. Sevilla y Canarias fueron el enlace con América, donde la historia de la norma escurridiza se vuelve a repetir. Cervantes resumió el caso con esta opinión: "El lenguaje puro, el propio, el elegante y claro, está en los discretos cortesanos, aunque hayan nacido en Majadahonda".

Majadahonda es un municipio de Madrid donde no se habla ni mejor ni peor que en otros que rodeen a Santiago de Chile. Modernamente ha repetido esa idea el escritor Ernesto Sábato: "Cada hombre debe hablar con el matiz de su lugar. El argentino debe hablar como argentino, el venezolano debe hablar como venezolano y el madrileño como madrileño. Y eso es hermoso. Yo lo comparo con una orquesta. Una orquesta está formada por instrumentos diversos, pero todos tocan la misma partitura. Nosotros tocamos el oboe, por ejemplo, y el venezolano toca el trombón, y por eso hay orquesta. Una orquesta donde todos tocaran el mismo instrumento sería una orquesta de locos y hay que defender esa unidad dentro de la diversidad".

Don Miguel, como don Ernesto después, trasladan el concepto de norma desde la localización geográfica al estrato social: una persona que se sepa la partitura hablará bien, sea de Quito, México, Bogotá, Caracas, Barcelona, Burgos, Valladolid, Toledo... o vecina de moros, como los viejos españoles en las fronteras del sur. Esas fronteras del reino de Granada.

En tiempos de los Reyes Católicos Granada era un bonito fantasma. Un resto de los viejos reinos de taifas, esos señoríos moros divididos y tributarios de los reinos cristianos. Los mismos señoríos que recorría el Cid cobrando parias para Alfonso VI. Se era condescendiente con los granadinos porque pagaban anualmente un interesante tributo en oro. Cuando el tributo dejó de interesar y empezaron a hacerlo los puertos de Almería, Málaga o Castel de Ferro, en diez años de guerra y diplomacia, se acabó con el dominio nazarí. Era el año 1492.

El mismo año en que Antonio de Nebrija publicó su *Gramática de la lengua castellana*. Nebrija sabía que las lenguas tenían su apogeo en la paz y su declinación en la guerra, por el desmembramiento de las repúblicas y reinos que las hablaban. Así había ocurrido con el hebreo, con el griego, con el latín. En la imaginación de Nebrija, la "república y reino de Castilla" había llegado a su apogeo y máxima conjunción aquellos años. Necesitaba artes para la paz: ¿cuál mejor que una lengua sujeta a reglas definidas, precisas, que le dieran uniformidad, la hicieran fácil de aprender y, además, perdurable? Con el arte nebrijense aprenderían con facilidad la lengua castellana aquellos que sin tenerla como propia la iban a necesitar. Pero el conocimiento de dicha lengua era sólo un paso más en pro de otro medio de comunicación genuinamente universal.

A pesar de que se ha querido ver en las manifestaciones de Nebrija un ejemplo acabado de imperialismo lingüístico castellanista, la realidad es que, en su idea, la lengua que iba a acompañar al Imperio no era el romance sino el latín... bien aprendido desde la base de una lengua materna neolatina. Por otra parte, en la práctica, los españoles dispersos durante siglos por el norte de África, América y Asia no le hicieron mayor caso a Nebrija respecto a que la comunidad lingüística, latina o romance, fuera un arte para la paz. La historia, por su parte, sólo le ha hecho caso a medias: las guerras americanas han sido incontables entre gentes de la misma lengua; en cuanto al Imperio, se desmembró el español, pero no su lengua; el británico, pero no su lengua; el portugués, pero no su lengua. Es más, conforme tales imperios han perdido peso político lo han ganado humano el español, el inglés y el portugués.

Aparte de muchos musulmanes, lo que los castellanos encontraron en Granada fueron comerciantes genoveses. Estaban allí desde hacía tiempo. En 1492, a la vista del resultado de las guerras granadinas, llegaron muchos más. Primero se establecieron en Málaga e inmediatamente se marcharon a Sevilla. Formaban una auténtica piña, incluso pidieron al Papa que nombrara a un genovés obispo de dicha ciudad para que protegiera sus intereses. Casi todos se dedicaron a lo que hoy denominaríamos gestión de empresas. Producto típico de aquel mundillo fue un personaje que había madurado un gran proyecto: alcanzar la especiería y la ruta del oro navegando hacia occidente. Ninguna corte europea le hizo caso. Así que se vino a España. El secretario de la Corona de Aragón, Juan de Coloma, lo contrató en la corte de los Reyes Católicos para que buscara la tierra de las especias. Cuatro meses después partió del puerto de Palos. Hizo escala en la isla de La Gomera para la aguada. Después, navegó rumbo a occidente. Tras semanas de ver mar, empezó a ver árboles muy verdes, frutas de diversas maneras y jóvenes desnudos en la playa. No pudo entenderse con ellos más que por señas. Luis de Torres o Rodrigo de Jerez, los intérpretes imposibles, nunca imaginaron, o no queda constancia de ello, que esos jóvenes llegarían alguna vez a ser gentes de su misma lengua. Aquello se le podía ocurrir a Nebrija porque vivía a miles de leguas. Palpada la realidad de Guanahaní, la cosa ni se podía imaginar. El tiempo no sólo la ha imaginado: la ha hecho. Será por aquello de que la realidad supera a la ficción.

BIBLIOGRAFÍA

Actas del Congreso de la Lengua Española [celebrado en Sevilla, 1992], Instituto Cervantes, 1994.

ALATORRE, Antonio: *Los 1.001 años del idioma español*, FCE, México, 1989.

ALDRETE, Bernardo José: *Del origen y principio de la lengua castellana o romance que oi se usa en España*, Roma, 1606. Edición facsimilar y estudio de Lidio Nieto, CSIC, Madrid, 1972.

ALONSO, Amado: *Castellano, español, idioma nacional. Historia espiritual de tres nombres*, Losada, Buenos Aires, 1ª edición, 1938.

ALVAR, Manuel: *El español de las dos orillas*, Mapfre, Madrid, 1992.

—: *Hombre, etnia, estado. Actitudes lingüísticas en Hispanoamérica*, Gredos, Madrid, 1986.

ÁLVAREZ, Vicente A. y SUÁREZ, L.: *Historia de España. La consolidación de los reinos hispánicos (1157-1369)*, Gredos, Madrid, 1988.

ÁLVAREZ NAZARIO, Manuel: *Historia de la lengua española en Puerto Rico*, Academia Puertorriqueña de la Lengua Española, 1991.

ARCINIEGAS, Germán: *El Continente de siete colores. Historia de la Cultura en la América latina*, Suramericana, Buenos Aires, 1965.

ARIAS, Juan: "El español conquista Brasil", en *El País*, 8 de mayo de 2000.

BARÓN RODRÍGUEZ, José A.: "La independencia lingüística", en *Jahrbuch für Geschitchte von Staat, Wirtschaft und Gesellschaft Lateinamerikas*, vol. 12, 1975.

BORGES, Jorge Luis: *Obras completas*, I-III, Emecé, Barcelona, 1989.

BRYSON, Bill: *Made in America*, Black Swan (ed.), 1999.

CAMPBELL, George L.: *Compendium of the World's Languages*, Routledge, Londres-Nueva York, 1991.

CANDAU DE CEVALLOS, María del C.: *Historia de la lengua española*, Scripta Humanistica, Potomac, USA, 1985.

CANO AGUILAR, Rafael: *El español a través de los tiempos*, Arco/Libros, Madrid, 1988.

CARILLA, Emilio: *El romanticismo en la América Hispánica*, Gredos, Madrid, 1967.

CASTILLO, Antonio: "El poder tecnológico de la lengua española", en Marqués de Tamarón, *El peso de la lengua española en el mundo*, INCIPE, Instituto de Cuestiones Internacionales y Política Exterior, 1995.

CASTRO, Américo: *La peculiaridad lingüística rioplatense y su sentido histórico*, Losada, Buenos Aires, 1941.

CATALÁN, Diego: *El español, orígenes de su diversidad*, Paraninfo, Madrid, 1989.

CERRÓN-PALOMINO, Rodolfo: "La enseñanza del español en contextos bilingües de América: Perú", en *Actas del Congreso de la Lengua Española* [celebrado en Sevilla, 1992], Instituto Cervantes, 1994.

CÉSPEDES DEL CASTILLO, Guillermo: *América Hispánica (1492-1898)*, Labor, Barcelona, 1983.

CHAUNU, Pierre: *Seville et l'Amérique, XVI-XVII siècles*, Flammarion, París, 1977.

CORVALÁN, Graziella: "La enseñanza del español en contextos bilingües de América: Paraguay", en *Actas del Congreso de la Lengua Española* [celebrado en Sevilla, 1992], Instituto Cervantes, 1994.

CUERVO, Rufino José: *Apuntaciones críticas sobre el lenguaje bogotano*, París, 1907.

DÍAZ PLAJA, Guillermo: *Historia del español. La evolución del lenguaje desde sus orígenes hasta hoy*, La Espiga, Barcelona, 1943.

DOUGLASS, R. Thomas: "Notes on the Spelling of Philip II", en *Hispania*, n.º 65, 1982.

EBERENZ, Rolf: "Conciencia lingüística y prenacionalismo en los reinos de la España medieval", en *Einheit und Vielfalt der Iberorromania*, Buske, Hamburgo, 1989.

Echenique, María Teresa: *Historia lingüística vasco-románica,* Paraninfo, Madrid, 1987.

—: "Protohistoria de la lengua española en el primitivo solar castellano", en *Actas del IV Congreso Internacional de Historia de la Lengua Española,* La Rioja, 1-5 de abril de 1997.

El español en el mundo. Anuario del Instituto Cervantes, Círculo de Lectores/Instituto Cervantes/Plaza y Janés, 2000.

Fernández, Pura: "El monopolio del mercado internacional de impresos en castellano en el siglo XIX: Francia, España y 'la ruta' de Hispanoamérica", en *Bulletin Hispanique,* n.º 100, 1998.

Ferrer, Eulalio: "La lengua española en México", en *El País,* 3 de noviembre de 1998.

Frago Gracia, Juan A.: *Historia del español de América,* Gredos, Madrid, 1999.

García de Cortázar, Fernando y González, José M.: *Breve historia de España,* Alianza, Madrid, 1994.

González Ollé, Fernando: "El largo camino hacia la oficialidad del español en España", en M. Seco y G. Salvador: *La lengua española hoy,* Fundación Juan March, Madrid, 1995.

—: "La precaria instalación de la lengua española en la América virreinal", en *Anuario de Lingüística Hispánica,* vol. XII-XIII, Universidad de Valladolid, 1997.

Granda, Germán de: *Español y lenguas indoamericanas en Hispanoamérica,* Universidad de Valladolid, 1999.

—: *Estudios lingüísticos hispánicos, afrohispánicos y criollos,* Gredos, Madrid, 1978.

Grijelmo, Álex: *Defensa apasionada del idioma español,* Taurus, Madrid, 1998.

Grimes, B. F.: *Ethnologue: Languages of the World,* Summer Institute of Linguistics, Dallas, 1996.

Guerra y Sánchez, Ramiro: *La expansión territorial de Estados Unidos a expensas de España y los países hispanoamericanos,* La Habana, 1964.

Guitarte, Guillermo L.: "La unidad del idioma. Historia de un problema", en *La lengua española y su expansión en la época del Tratado de Tordesillas,* Sociedad V Centenario del Tratado de Tordesillas, Valladolid, 1995.

—: "Del español de España al español de veinte naciones", en *Actas III Congreso Internacional del español de América,* vol. I, Junta de Castilla y León, 1991.

HASSÁN, Iacob M.: "El español sefardí (judeoespañol, ladino)", en M. Seco y G. Salvador: *La lengua española hoy,* Fundación Juan March, Madrid, 1995.

HASTINGS, Adrian: *La construcción de las nacionalidades,* Cambridge University Press, 2000.

HEATH, S. B.: *Telling Tongues. Language policy in Mexico. Colony to Nation,* Teachers College Press, Nueva York y Londres, 1972.

HERNÁNDEZ, Francisco J.: "Las cortes de Toledo de 1207", en *Las Cortes de Castilla y León en la Edad Media,* Las Cortes de Castilla y León, Valladolid, 1988.

HERNANDO DE LARRAMENDI, Ignacio: "Geopolítica del idioma castellano para el siglo XXI", en *Actas del I Congreso de Historia de la Lengua Española en América y España,* Universitat de València, 1995.

JUARISTI, Jon: *Vestigios de Babel (Para una arqueología de los nacionalismos españoles),* Siglo XXI, México, 1992.

LAPESA, Rafael: *Historia de la lengua española,* 9.ª ed., Gredos, Madrid, 1988.

LARA, Luis F. de: "La complejidad léxica del español contemporáneo desde el punto de vista internacional", en *Langues et sociétés en contact. Mélanges offerts à Jean-Claude Corbeil,* Max Niemeyer, Tubinga, 1999.

LASTRA, Yolanda: "La enseñanza del español en contextos bilingües de América: México", en *Actas del Congreso de la Lengua Española* [celebrado en Sevilla, 1992], Instituto Cervantes, 1994.

LÁZARO CARRETER, Fernando: "Las academias y la unidad del idioma", en *Boletín de la Real Academia Española,* enero-abril de 1996.

LIPSKI, John M.: *El español de América,* Cátedra, Madrid, 1994.

LODARES, Juan R.: "Consideraciones sobre la historia económica y política de la lengua española", en *Zeitschrift für romanische Philologie,* Band, 115, 1999.

—: *El paraíso políglota (Historias de lenguas en la España moderna contadas sin prejuicios),* Taurus, Madrid, 2000.

LOMAS, Derek W.: "La lengua oficial de Castilla", en *Actas del XII Congreso Internacional de Lingüística y Filología Románicas*, vol. 2, Bucarest, 1971.

LOPE BLANCH, Juan Manuel: "El español de América y la norma lingüística hispánica", en *Actas III Congreso Internacional del español de América*, vol. III, Junta de Castilla y León, 1991.

LÓPEZ GARCÍA, Ángel: "La unidad del español: historia y actualidad de un problema", en M. Seco y G. Salvador: *La lengua española hoy*, Fundación Juan March, Madrid, 1995.

—: *El rumor de los desarraigados (Conflicto de lenguas en la península ibérica)*, Anagrama, Barcelona, 1985.

LÓPEZ MORALES, Humberto: "La hispanización lingüística en Hispanoamérica", en Maria Vittoria Calvi (ed.), *La Lingua Spagnola dalla Transizione a Oggi (1975-1995)*, Mauro Baroni Editore, 1997.

—: *La aventura del español en América*, Espasa Calpe, Madrid, 1998.

LÓPEZ PEÑA, Arturo: *El habla popular de Buenos Aires*, Freeland, Buenos Aires, 1972.

LUQUE, Elisa: *La educación en Nueva España*, Escuela de Estudios Hispanoamericanos, Sevilla, 1970.

MAGALHAEES, Vitorino: *Os descobrimentos e a economia mundial*, Portugália, Lisboa, 1971.

MAGNUS, Mörner: *Aventureros y proletarios: los emigrantes en Hispanoamérica*, Mapfre, Madrid, 1992.

MALMBERG, Bertil: *La América hispanohablante. Unidad y diferenciación del castellano*, Istmo, Madrid, 1966.

MARCOS MARÍN, Francisco: *Reforma y modernización del español*, Cátedra, Madrid, 1979.

MARQUÉS DE TAMARÓN: "La lengua española en los Estados Unidos", en *El guirigay nacional*, Miñón, Valladolid, 1988.

—: *El peso de la lengua española en el mundo*, INCIPE, Instituto de Cuestiones Internacionales y Política Exterior, 1995.

MARRERO, Carmen: *40 lecciones de historia de la lengua española*, Playor, Madrid, 1975.

MARTINELL, Emma: *Aspectos lingüísticos del descubrimiento y de la conquista*, CSIC, Madrid, 1988.

—: *La comunicación entre españoles e indios*, Mapfre, Madrid, 1992.

MARTÍNEZ BARGUEÑO, Manuel: "Pasado y presente del lenguaje administrativo castellano", en *Revista de Llengua i Dret,* n.º 18, 1992.

MENÉNDEZ PIDAL, Ramón: *La lengua de Cristóbal Colón,* Espasa Calpe, Madrid, 1942.

—: *Orígenes del español,* Espasa Calpe, Madrid, 1976 (1.ª ed., 1926).

MEO ZILIO, Giovanni y ROSSI, Ettore: *El elemento italiano en el habla de Buenos Aires y Montevideo,* Valmartina, Florencia, 1970.

MILHOU, Alain: "L'imperialisme linguistique castillan: mythe et réalité", en *Les cahiers du CRIAR,* vol. IX.

—: "Les politiques de la langue à l'époque moderne. De l'Europe à l'Amérique", en Marie-Cécile Bénassy-Berling, *Langues et Cultures en Amérique Espagnole Coloniale,* Presses de la Sorbonne Nouvelle, 1993.

MORENO CABRERA, Juan Carlos: *Lenguas del mundo,* Visor, Madrid, 1990.

MORENO DE ALBA, José G.: *El español en América,* FCE, México, 1988.

—: *Diferencias léxicas entre España y América,* Mapfre, Madrid, 1992.

MUÑOZ CORTÉS, Manuel: "El español, lengua internacional", conferencia de clausura del I Congreso Internacional de la Asociación Española de Lingüística Aplicada, Granada, 1992.

NAVARRO GRACIA, Luis: *Hispanoamérica en el siglo XVIII,* Universidad de Sevilla, 1975.

NIEDEREHE, Hans-J.: *Alfonso X el Sabio y la lingüística de su tiempo,* Sociedad General Española de Librería, Madrid, 1987.

NIÑO-MURCIA, Mercedes: "Ideología lingüística hispanoamericana en el siglo XIX", en *Hispanic Linguistics,* 9:1, 1997.

ONTAÑÓN SÁNCHEZ-ARBÓS, P.: *La posible fragmentación del español en América. Historia de un problema,* Universidad Nacional Autónoma de México, México, 1967.

PENY, Ralph: "Sobre el concepto del castellano como dialecto revolucionario", en *Actas del I Congreso de Historia de la Lengua Española en América y España,* Universitat de València, 1995.

PICÓN SALAS, Mariano: *De la conquista a la independencia. Tres siglos de historia cultural hispanoamericana,* FCE, México, 1992 (1ª ed., 1944).

POUNTAIN, Chris: "Spanish and English in the 21st. Century", en *Donaire* (Embajada de España en Londres, Consejería de Educación y Ciencia), n.º 12, abril de 1999.

Presente y futuro de la lengua española, Actas de la Asamblea de Filología del I Congreso de Instituciones Hispánicas, I-II, Cultura Hispánica, Madrid, 1964.

PULIDO, Ángel: *Los israelitas españoles y el idioma castellano,* Riopiedras, Barcelona, 1992 (1.ª ed., Madrid, 1904).

RAMÍREZ, Arnulfo G.: *El español de los Estados Unidos. El lenguaje de los hispanos,* Mapfre, Madrid, 1992.

RAMOS, Demetrio: *Audacia, negocio y política en los viajes españoles de descubrimiento y rescate,* Casa-Museo Colón, Valladolid, 1981.

RICO, Francisco: *Nebrija frente a los bárbaros,* Salamanca, 1978.

RIVAROLA, J. L.: *La formación lingüística de Hispanoamérica. Diez estudios,* Universidad Católica del Perú, Lima, 1990.

ROLDÁN PÉREZ, Antonio: "Motivaciones para el estudio del español en las gramáticas del siglo XVI", *Revista de Filología Española,* 1976.

ROMERA NAVARRO, M.: "La defensa de la lengua española en el siglo XVI", en *Bulletin Hispanique,* XXXI, 1933.

ROSENBLAT, Ángel: *Estudios sobre el español de América,* vol. III, Monte Ávila, Venezuela, 1984.

SALVADOR, Gregorio: "El español hablado en los culebrones", en *Actas III Jornadas de Metodología y Didáctica de la Lengua y Literatura Españolas,* Universidad de Extremadura, Cáceres, 1993.

—: *Lengua española y lenguas de España,* Ariel, Barcelona, 1987.

—: *Política lingüística y sentido común,* Istmo, Madrid, 1992.

SECO, Manuel y SALVADOR, Gregorio: *La lengua española hoy,* Fundación Juan March, Madrid, 1995.

SOLANO, Francisco de: *Documentos sobre política lingüística en Hispanoamérica (1492-1800),* CSIC, Madrid, 1991.

STAVANS, Ilan: "El mundo hispánico hablará *spanglish",* en *El País,* 2 de enero de 2000.

SUÁREZ ROCA, José Luis: *Lingüística misionera española,* Pentalfa, Oviedo, 1992.

WALKER, Geofrey J.: *Política española y comercio colonial,* Ariel, Barcelona, 1979.

WRIGHT, Roger: *Latín tardío y romance temprano,* Gredos, Madrid, 1982.

ZAMORA VICENTE, Alonso: *Historia de la Real Academia Española,* Espasa Calpe, 1999.

ZAVALA, Silvio: "El castellano, ¿lengua obligatoria? Nuevas adiciones", en *Nueva Revista de Filología Hispánica*, n.º 1, 1992.

ZIMMERMAN, Klaus y BIERBACH, Christine (eds.): *Lenguaje y comunicación intercultural en el mundo hispánico*, Biblioteca Iberoamericana, 1997.

Este libro
se terminó de imprimir
en los Talleres Gráficos de Cayfosa-Quebecor S. A.,
Santa Perpètua de Mogoda, Barcelona, España,
en el mes de febrero de 2001